필도말모이
대화와 어법

팔도말모이 대화와 어법

1판 1쇄 인쇄 2025년 12월 01일
1판 1쇄 발행 2025년 12월 10일
저   자 위평량
발 행 인 이범만
발 행 처 **21세기사** (제395-4060002510020040000015호)
경기도 파주시 산남로 72-16(10882)
Tel. 031-942-7861   Fax. 031-942-7864
E-mail : 21cbook@naver.com
Home-page : www.21cbook.co.kr
ISBN 979-11-6833-191-4

정가 23,000원

이 책의 일부 혹은 전체 내용을 무단 복사, 복제, 전재하는 것은 저작권법에 저촉됩니다.
저작권법 제136조(권리의침해죄)1항에 따라 침해한 자는 5년 이하의 징역 또는 5천만 원 이하의
벌금에 처하거나 이를 병과(倂科)할 수 있습니다. 파본이나 잘못된 책은 교환해 드립니다.

팔도 말모이
대화와 어법

전국 사투리 지도를 한눈에 보다

위평량 지음

| 머리말 |

'찰각', '찰카닥', '찰카닥'.

어린 시절 바쁜 농사일이 끝날 즈음이면 무명베를 짜시는 어머니는 베틀 위에서 종일 내려오지 않고, 그 위에서 동생들 젖을 먹이고, 당신의 끼니를 때우시는 모습을 지켜보았다. 베 짜는 소리와 앞산의 뻐꾸기 울음소리로 우리 집의 하루는 저물어갔다. 밤이 깊어서도 나는 베 짜는 소리가 멈추는 것을 듣지 못하고 늘 잠이 들었다.

세월이 흐르고 값싸고 질긴 나일론 양말과 따뜻한 견직물 옷이 나오자 마을 사람들은 앞다투어 그 지긋지긋했던 베틀을 홍수로 불어난 냇가 큰물에 갖다 버리기 시작하였다. 동네 아낙네들의 끝날 것 같지 않던 길쌈, 베짜기와 옷 만들기의 질긴 숙명을 벗어던지는 해방이 찾아온 것이다. 벼농사의 모심기를 손으로 하지 않고 손쉬운 이앙기라는 기계가 나올 때와 함께였다.

그런데 문제는 이렇듯 발달한 서구의 기계 문명 도입과 함께, 능률이 떨어지고 다루기 힘들다면서 베틀과 물레와 농기구들만 갖다 버린 것이 아니라, 수천 년 이어 내려온 마을의 풍습과 전통 놀이 등 소중한 유산마저 함께 내다 버린 것이다. 고리타분하다고, 시대에 뒤떨어진다고...

우리 선조들 대대로 이어져 내려온 선조들의 정서와 애환, 삶의 정신을 전해주었던 보물과 같은 지역의 언어 역시 예외일 수는 없었다. 한 민족을 이끌어 온 모든 전통의 문화유산 가운데 가장 으뜸이라 할 수 있는 요소는 언어를 제쳐 놓고는 더 이상 논의할 수 없다는 것이 대부분의 문화 전문가들의 공통된 의견이다. 그래서 그분들이 전승해 내려온 그 고귀한 전통의 모든 것은 바로 고향 사투리 속에 고스란히 담겨 있다고 보아야 할 것이다.

이처럼 우리가 근대화를 위하여 표준어를 강조하며 숨가쁘게 달려오는 사이 나도 모르게 다시 복원할 수조차 없을 정도로 전통의 지역 토속어가 사라져가고 있다. 지금이라도 더 사라져가기 전에 우리는 이것을 잘 정리하고 그 속에 담긴 삶의 지혜와 정신을 배워야 할 것이다. 정말로 이제 우리 모두 관심을 가져야 할 때가 온 것이다.

이제 지구상의 어느 민족도 가족이 입을 옷을 만들기 위해 손수 베짜기를 하지 않는다. 그러나 아무리 시대가 변하였어도 우리는 지난날 우리 어머니들이 이처럼 힘든 농사일과 함께 길쌈을 하며 우리를 길러 오셨듯, 수천 년에 걸쳐서 오늘의 우리를 길러 주신 그분들의 치열하고 거룩하신 삶의 정신과 지혜를 우리는 결코 잊어서는 안 될 것이다. 오늘날 우리가 세계사에 우뚝 설 위대한 대한민국의 오늘이 있기까지 지금의 우리를 이끌어 온 선조분들의 한민족 고유의 차원 높은 전통문화와 투철한 사명감이 있었기에 이 모든 것이 가능했다고 할 것이다.

실제 오늘날 너무나 위대하여 한류의 콘텐츠로 자리매김한 한민족의 말과 글, 한국어는 지역별로 다양한 모습으로 존재한다. 그 공통분모를 찾고 가장 이상적인 한국어를 만들어 낸 것이 표준어이다. 역설적이게도 가장 완벽한 표준어를 만들려면 가장 온전한 지역 방언을 잘 보존하고 이를 차원 높게 연구해야 한다. 우리나라 각 지역이 살아가는 지형과 토양이 다르듯, 생각하는 방식이 다르고 성격도 다르고 각각의 생각을 전달하는 말이 다르다. 이렇게 다양한 사고방식과 아이디어가 조화를 이루어 오늘의 위대한 대한민국이 창조되어 오늘에 이른 것이다.

그러기에 더욱 무엇보다 나와 우리 지역과 다른 말을 사용하는 사람들의 말을 배척하거나 거부감을 갖지 말고 오히려 호기심을 갖고 잘 이해하려고 노력해야 한다. 우리는 그 동안 방송매체를 통해서나 자기와 가까운 인연을 따라서 타 지역 사람들과 어느 정도 직·간접적인 소통을 해 보았을 것이다. 내게 익숙하지 않은 말들, 더러 이해하지 못한 대화들도 경험해 보았을 것이다. 신기하게도 느껴지고, 그렇다고 큰 불편은 없었지만 더러 오해를 하여 당황할 때도 있었을 것이다.

이 책은 이러한 가정 하에 한국어 지역별 방언에 대하여 누구든 알기 쉽고 편한 마음으로 다른 지역의 말을 이해하고 접근할 수 있도록 안내하려는 마음으로 엮어 본 저자의 순수하고도 절실한 의욕이 담긴 작품이다. 특히 북한의 경우는 분단으로 인한 여러 한계 때문에 남북한을 아우르며 일반인 누구나 이해할 수 있도록 알기 쉬운 해설 책자를 찾아보기 힘들다. 그래도 방송이나 다른 매체를 통하여 간혹 접할 수 있는 기회가 있지만 좀더 체계적으로 정리한 안내서가 없는 것이 현실이다. 사실 저자 자신도 늘 이러한 관심이 있어 찾아 보았으나 한국어 방언의 전체적인 모습을 시각적으로 한눈에 정리해서 알기 쉽게 보여 준 안내서가 없다는 아쉬움이 있었기에 감히 이 책을 집필하게 된 것이다.

따라서 이 책은 전문적인 내용을 다루는 이론적 성격이기보다는 학생이나 일반인 누구라도 쉽게 볼 수 있는 책, 따라서 어려운 내용이나 까다로운 시각을 알기 쉽게 풀이하려고 노력하였고 쟁점이나 문제가 되는 내용은 되도록 건너뛰려고 노력하였다.

이 글은 수 많은 선학들의 발품과 각고의 노력이 담긴 연구 업적이 없었다면, 특히 이론서로서 우리나라 전국의 방언을 체계적으로 잘 정리하여 길잡이 역할을 해 주신 이기갑(2003), 정승철(2013), 최명옥(2015), 《방언학사전》(2009)과 각 방언권별 연구서와 같은 참고 저서와 논문이 없었더라면 아예 시작조차 하기 힘들었을 것이다. 거의 100여 년이 넘는 시간 동안 축적된 국어 방언학에 대한 연구 저서를 찾고 그 공통분모를 더듬어 저자의 작은 노력을 덧붙인 책이 바로 이 졸저이다.

이처럼 남한의 경우에는 그동안의 깊이 있는 연구와 《한국방언자료집》을 포함한 폭넓은 연구자료가 있었기에 전체적인 방언 분포 양상을 고찰하는 데에 별 어려움이 없었지만, 북한의 경우에는 현지 조사가 불가하고 제한된 기존의 방언사전·자료집 및 연구 보고서 등에 기대야 하는 어려움이 있었기에, 남한으로 이주해 온 북한 5개도 주민들과의 꾸준한 교류를 통하여 자료를 보완하며 이 책을 엮어낼 수 있었다. 조사에 흔쾌히 응해 주신 분들에게 다시 고마움을 표한다. 속히 남북한 교류가 원활하여져서 전국단위의 방언 조사 사업이 이루어졌으면 하는 것은 저자만의 바람은 아닐 것이다.

이 책은 우리말 방언에 대하여 일반인이나 학생들이 가장 쉽게 접근하게 하고자 하는 안내서이다. 갈수록 사라져가는 전통적인 우리 방언에 대한 관심을 조금이라도 불러일으키고 친근감을 갖게하며 결과적으로 우리말의 소중함을 간직하게 하고자 함이다. 따라서 이 책은 필자가 새롭게 연구를 깊게 하고 새로운 사실을 밝혀내는 작업이라기보다는 선학들의 연구 업적을 토대로 핵심되는 내용을 발췌하고 각 방언권간의 특이한 차이점과 연관성을 종합 정리하여 누구라도 우리 방언에 쉽게 다가설 수 있다면 하는 바람으로 이 책을 감히 집필하게 되었다.

  부디 이 책으로 인하여 한국인 누구라도 각 지역만의 독특한 색채를 지닌 토속어들의 차이점을 체험하고 이들을 이해하는 데 조금이라도 도움이 될 수 있다면 더 바랄 것이 없겠다. 이 책은 그저 시작일 뿐이다. 더 풍부하고 완벽한 관련 저서가 이어질 것으로 확신한다.

  이 책에서는 우리나라의 지역별 특징을 잘 보여주는 내용을 선별하여 100장([지도1~100])의 지도를 제작하였다. 지도는 필요에 따라 군 단위, 도 단위로 구분하여 지역별로 선명한 차이를 보이는 형태를 위주로 하였으며, 같은 항목에도 여러 가지 형태가 있을 경우 그 지방의 특징을 가장 잘 나타내는 형태를 지도에 예문을 제시함으로써 이해와 관심을 높이도록 하였다. 참고로 특히 군 단위의 언어지도에서 남한의 경우는 전적으로 《한국방언자료집(1980년대)》과 《한국언어지도(2008)》의 자료를 활용하여 제작하였다.

  책이 나오기까지 그 동안 지역별 방언 조사와 성리, 연구 저시를 남겨 놓으신 선학분들의 노고에 경의를 표하며 무한 신뢰와 격려를 해 주신 최명옥, 이기갑 선생님께 감사를 드린다. 어쭙잖은 일에 몰두하여 가사와 자녀들에는 무관심하여도, 오랜 시간 지켜봐 준 아내와 큰딸 진아, 그리고 은아, 찬웅에게도 미안하고 고맙다는 말을 꼭 해주고 싶다.

책의 출간을 기꺼이 허락해 주신 도서출판21세기사의 이범만 대표님께 경의를 표한다.

저자

목차

머리말 ... 5

제1장 한국어 방언 구획과 특징

1 한국어 방언 구획 ... 22
2 한국어 방언의 특징(성조, 음장) ... 26

제2장 한국어 방언의 높임법

1 한국어 방언의 높임법 단계 ... 30
2 한국어 높임법의 지역별 실현 양상 ... 33

  (ㄱ) 아주높임 ... 33
    ① 서술형: -습니다(33)   ② 의문형: -습니까?(37)
    ③ 명령형: -으십시오(41)   ④ 청유형: -으시지요(45)

  (ㄴ) 예사높임 ... 49
    ① 서술형: -오/-요(49)   ② 의문형: -오?/-요?(53)
    ③ 명령형: -오/-요(56)   ④ 청유형: -오/-요(59)

  (ㄷ) 예사낮춤 ... 62
    ① 서술형: -네(62)   ② 의문형: -가?(66)
    ③ 명령형: -게(70)   ④ 청유형: -세(73)

  (ㄹ) 아주낮춤 ... 76
    ① 서술형: -는다(76)   ② 의문형: -니?(79)
    ③ 명령형: -어라(83)   ④ 청유형: -자(86)

(ㅁ) 두루낮춤(반말) 88
　① 서술형: -어(88)　　② 의문형: 어?(92)

제3장　한국어 방언의 음운

1 음운체계 96
　① 모음 목록(96)　　② 자음 목록(101)

2 음운변화 104
(ㄱ) 교체 104
　① 아래아(·)의 변화 104
　　■ 프리>파리(104)　■ 놈>남(107)　■ 흐고>하고(110)
　② 경음화: 개암 113
　③ 구개음화 116
　　■ 밭이(116)　■ 겨드랑이(119)　■ 혀(122)
　④ 전설모음화 125
　　■ 병아리(125)　■ 아침(128)
　⑤ 고모음화: 거머리 131
　⑥ 모음조화: 134
　　■ 밟아(134)　■ 더러워서(137)
(ㄴ) 탈락 140
　① 중간자음 ㅅ, ㅂ, ㄱ 유지와 탈락 140
　　■ 모이(140)　■ 다리(덧머리)(143)　■ 여우(147)　■ 무(149)
　② 불규칙 활용 152
　　■ ㅅ-불규칙: 이어서(152)　■ ㅂ-불규칙: 추우면(155)
　③ 자음군단순화 158
　　■ 흙이(158)　■ 굵고(161)　■ 밟고(164)　■ 밟는다(167)
(ㄷ) 축약 170
　① 거센소리되기: 밥하고>바파고, 바바고 170
　② 단모음화: 비비어라>비벼라 173

제4장　한국어 방언의 형태와 통사

1 조사　　　　　　　　　　　　　　　　　　　　　　　　　　　178
(ㄱ) 격조사　　　　　　　　　　　　　　　　　　　　　　　　178
　① 주격(이)(178)　　　　② 목적격(을)(182)
　③ 공동격(와)(186)　　　④ 여격(에게)(189)
　⑤ 여격(더러)(192)　　　⑥ 비교격(보다)(195)
　⑦ 비교격(마냥)(198)　　⑧ 호격(201)

(ㄴ) 보조사　　　　　　　　　　　　　　　　　　　　　　　　204
　① 는(204)　　　　　　　② 까지(207)
　③ 조차(210)　　　　　　④ 커녕(213)

2 보조용언　　　　　　　　　　　　　　　　　　　　　　　　　216
　① -버리다(216)　　　　② -가지고(219)
　③ -싶다(222)　　　　　④ -(은)가 보다(225)
　⑤ -을까 봐(228)

3 기타 품사　　　　　　　　　　　　　　　　　　　　　　　　231
　① 때문에(의존명사)(231)　② 어째서(부사)(234)
　③ 엄청나게(부사)(237)　　④ 그러니까(부사)(240)
　⑤ 암(감탄사)(243)

4 선어말어미　　　　　　　　　　　　　　　　　　　　　　　　246
　① -았/었-(246)　　　　② -댔-(249)
　③ -겠-(252)　　　　　　④ -더 (255)

5 연결어미　　　　　　　　　　　　　　　　　　　　　　　　　258
　① -으면(258)　　　　　② -으면서(261)
　③ -으니까(264)　　　　④ -어서(267)
　⑤ -으려고(270)　　　　⑥ -지마는(273)
　⑦ -을수록(277)　　　　⑧ -듯이(280)

제5장 한국어 방언의 독특한 쓰임

1 부정문 284
① '안' 부정(284) ② '-지 않' 부정(287)

2 사동, 피동문 291
① 알리다(291) ② 갇히다(295)

3 인용문 298
① 직접 인용(298) ② 간접 인용(301)

4 담화표지 304
① 잉, 요, 예(304) ② 거시기(308)

5 일상표현: "빨리 오세요." 311

제6장 한국어 방언의 친족 어휘

① 할머니(316) ② 외할아버지(318)
③ 장모(321) ④ 큰아버지(323)
⑤ 고모부(325) ⑥ 홀어머니(327)
⑦ 의붓어머니(330) ⑧ 올케(332)
⑨ 시동생(335) ⑩ '아재'의 뜻(337)

참고문헌 341
미주 349

| 지도 목차 |

[지도1]   한국어 6개 방언 구획 개관   22
[지도2]   한국어 방언의 특징(성조, 음장): 말(言)   26
[지도3]   한국어 방언의 높임법 단계   30
[지도4]   ~습니다(아주높임 서술형)   33
[지도5]   ~습니까(아주높임 의문형)   37
[지도6]   ~으십시오(아주높임 명령형)   41
[지도7]   ~으시지요(아주높임 청유형)   45
[지도8]   ~오(예사높임 서술형)   49
[지도9]   ~오(예사높임 의문형)   53
[지도10]   ~오(예사높임 명령형)   56
[지도11]   ~오(예사높임 청유형)   59
[지도12]   ~네(예사낮춤 서술형)   62
[지도13]   ~가(예사낮춤 의문형)   66
[지도14]   ~게(예사낮춤 명령형)   70
[지도15]   ~세(예사낮춤 청유형)   73
[지도16]   ~ㄴ다(아주낮춤 서술형)   76
[지도17]   ~니(아주낮춤 의문형)   79
[지도18]   ~어라(아주낮춤 명령형)   83
[지도19]   ~자(아주낮춤 청유형)   86
[지도20]   ~어(반말 서술형)   88
[지도21]   ~어(반말 의문형)   92
[지도22]   게(갑각류)(모음 목록)1   96
[지도23]   정거장, 쌀(米)(자음 목록)   101
[지도24]   파리(아래아의 변화)   104

[지도25]	남(他人)(아래아의 변화)	107
[지도26]	하고(아래아의 변화)	110
[지도27]	개암(경음화)	113
[지도28]	밭이(밭 田+이)(구개음화)	116
[지도29]	겨드랑이(구개음화)	119
[지도30]	혀(舌)(구개음화)	122
[지도31]	병아리(전설모음화)	125
[지도32]	아침(전설모음화)	128
[지도33]	거머리(고모음화)	131
[지도34]	밟아(모음조화)	134
[지도35]	더러워서(모음조화)	137
[지도36]	모이(닭의 먹이)(탈락)	140
[지도37]	다리(덧붙이는 머리)(탈락)	143
[지도38]	여우(탈락)	146
[지도39]	무(채소)(탈락)	149
[지도40]	이어서(承)(불규칙 활용)	152
[지도41]	추우면(불규칙 활용)	155
[지도42]	흙이(자음군단순화)	158
[지도43]	굵고(자음군단순화)	161
[지도44]	밟고(자음군단순화)	164
[지도45]	밟는다(자음군단순화)	167
[지도46]	밥하고(밥하고 떡하고)(축약)	170
[지도47]	비벼라(축약)	173
[지도48]	이/가(주격조사)	178
[지도49]	을/를(목적격조사)	182
[지도50]	와/과(공동격조사)	186
[지도51]	에게(여격조사)	189
[지도52]	더러(여격조사)	192
[지도53]	보다(비교격조사)	195
[지도54]	마냥(비교격조사)	198

[지도55]	야, 요(호격조사)	201
[지도56]	는(보조사)	204
[지도57]	까지(보조사)	207
[지도58]	조차(보조사)	210
[지도59]	커녕(보조사)	213
[지도60]	~버리다(보조용언)	216
[지도61]	~가지고(보조용언)	219
[지도62]	~싶다(보조용언)	222
[지도63]	~(은)가 보다(보조용언)	225
[지도64]	~을까 봐(보조용언)	228
[지도65]	때문에(의존명사)	231
[지도66]	어째서(의문대명사)	234
[지도67]	엄청나게(정도부사)	237
[지도68]	그러니까(접속부사)	240
[지도69]	암, 그럼(감탄사)	243
[지도70]	~았~/~었~(선어말어미)	246
[지도71]	~댓~, ~랏~(선어말어미)	249
[지도72]	~겠~(선어말어미)	252
[지도73]	~더~(선어말어미)	255
[지도74]	~으면(연결어미)	258
[지도75]	~으면서(연결어미)	261
[지도76]	~으니까(연결어미)	264
[지도77]	~어서(연결어미)	267
[지도78]	~으려고(연결어미)	270
[지도79]	~지마는(연결어미)	273
[지도80]	~을수록(연결어미)	277
[지도81]	~듯이(연결어미)	280
[지도82]	'안~'(부정문)	284
[지도83]	'~지 않'(확인 부정)	287
[지도84]	알리다(사동사)	291

[지도85]	갇히다(피동사)	295
[지도86]	직접 인용(~고 하다)(인용동사)	298
[지도87]	간접 인용(~고)(인용조사)	301
[지도88]	잉, 유, 야, 예(담화표지)	304
[지도89]	거시기(담화표지)	308
[지도90]	빨리 오세요(일상대화)	311
[지도91]	할머니(친족 어휘)	316
[지도92]	외할아버지(친족 어휘)	318
[지도93]	장모(친족 어휘)	321
[지도94]	큰아버지(친족 어휘)	323
[지도95]	고모부(친족 어휘)	325
[지도96]	홀어머니(친족 어휘)	327
[지도97]	의붓어머니(친족 어휘)	330
[지도98]	올케(남편 남동생 부인)(친족어휘)	332
[지도99]	시동생(남편의 동생)(친족 어휘)	335
[지도100]	'아재'의 뜻(친족 어휘)	337

[지도] 우리나라 군 단위 지도(1954년 개편 이전)

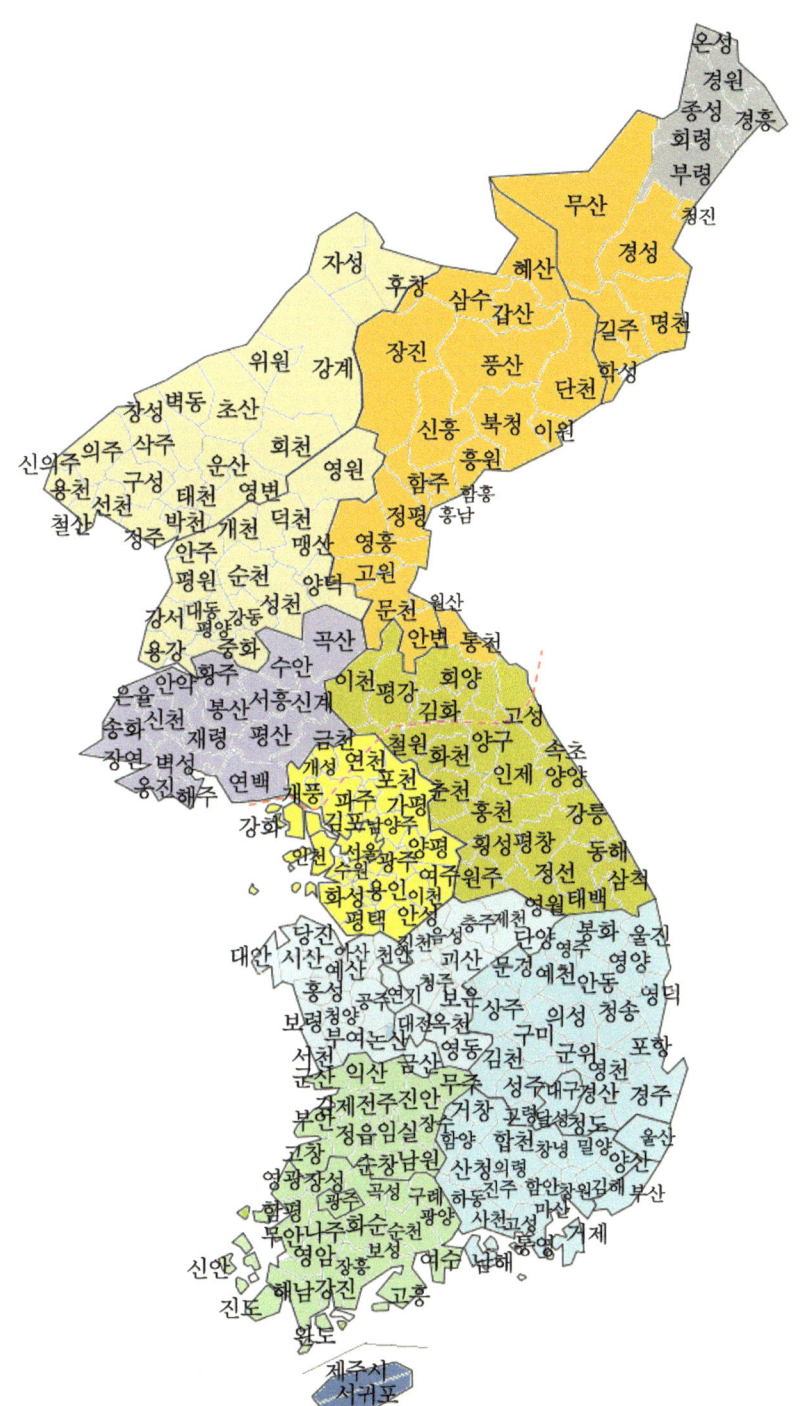

제 1 장
한국어 방언 구획과 특징

1. 한국어 방언 구획
2. 한국어 방언의 특징(성조, 음장)

1 한국어 방언 구획

[지도1] 한국어 6개 방언 구획 개관[1])

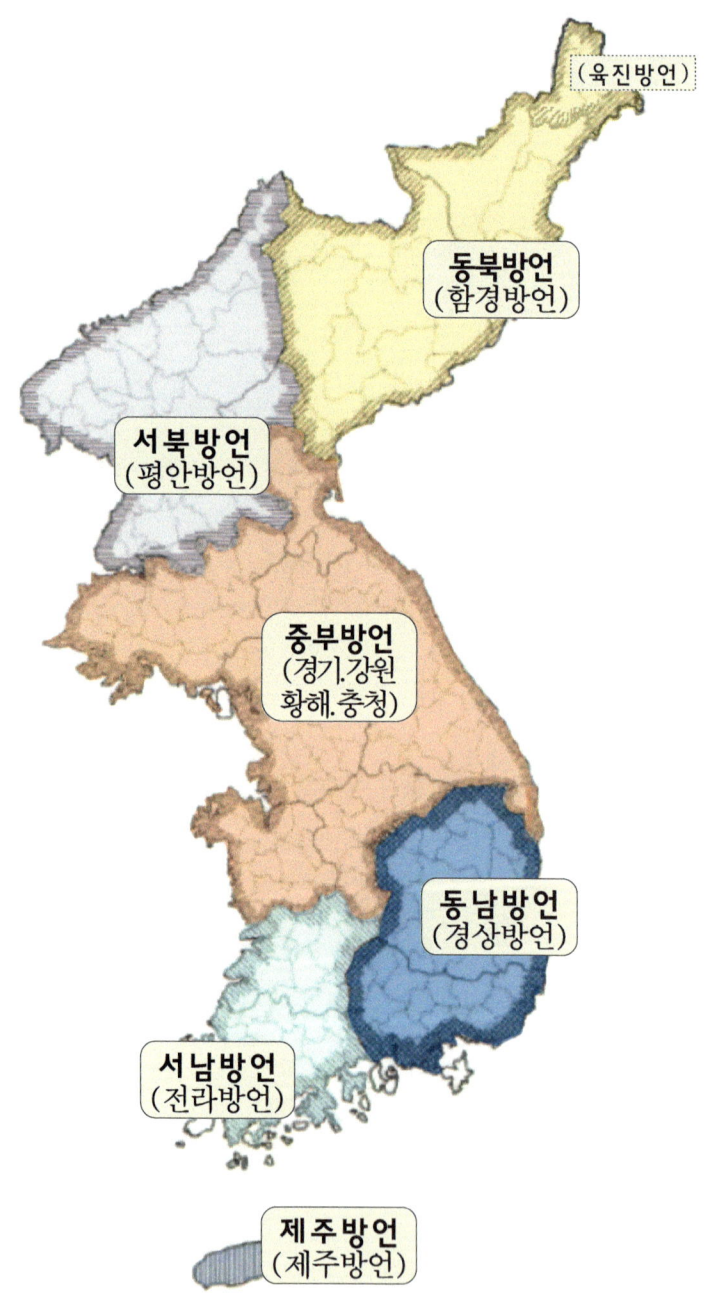

■ 한국어 6개 방언 구획과 행정구역

행정구역	경기,황해 충청,강원	평안도	함경도	전라도	경상도	제주도
방언구획	중부방언	서북방언	동북방언 (육진방언)	서남방언	동남방언	제주방언

현대 한국어의 방언 구획을 나누는 일은 국어학자 이극로(1932)에서 기초가 마련되었으며, 제주도를 포함한 전체의 체계적인 구분법은 일본인 학자 오구라신페이(小倉進平)에 의해 이루어졌다고 볼 수 있다. 그리고 이러한 방언 구획은 대체로 우리나라의 행정구역과 거의 일치한다고 보면 된다. 다만 중부방언만 4개의 도를 하나의 방언권으로 합한 모습입니다. 그래서 6개의 대방언권으로 나눌 수 있는데 중부방언, 서북방언, 동북방언, 서남방언, 동남방언, 제주방언이 그것이다. 동북방언 중에서 함경북도 최북단 지역을 육진방언으로 분류하고 있기도 하다.

이를 분류하는 학자들의 기준은 대체로 말의 고저와 장단, 음운(아래아(ㆍ), ㅚ, ㅕ, ㅛ, 중간자음 ㅿ, ㅸ, ㄱ), 어휘(벼~나락, 옥수수, 달팽이, 외래어), 어법(종결어미, -음/습니다) 상의 특징 등을 고려하여 그 경계 지역을 나누고 있다.

중부방언은 서울을 포함한 경기도, 충청도, 강원도, 황해도를 아우르는 이 일대의 언어적 특성이 뚜렷한 차이가 드러나지 않기 때문에 하나의 대방언권으로 묶인 것이다. 중부방언 중에서 강원도 영동 지역과 충북 일부 방언은 동남방언의 특징이 드러나기도 한다. 사실 황해도나 충청도, 강원도도 나름대로의 특징적인 점 때문에 충분히 독자적인 방언권으로 나뉠 가능성을 가지고 있다.[2]

서북방언은 평안남북도 전역에서 사용하는 말인데, /ㄷ, ㅌ/-구개음화 현상을 받아들이지 않은 점은 이 방언의 특징으로 제일 먼저 들어야 할 것이다{뎡거당(정거장), 바티(밭이)}. 참고로 현재 북한 문화어의 기준이 되는 평양말은 지역 방언으로서의 전통 평양말이 아니라, 문어(글말)를 통해 서울말이 북한에 널리 보급된 상태의 평양말이라 할 수 있다.[3]

동북방언은 함경도 방언을 일컫는 용어로 쓰이고 있는데, 험준한 낭림산맥을 경계로 서북방언과 접하고 있으며, 대체로 함남 정평 이북의 언어를 말한다. 참고로 정평 이북의 함경도는 조선초 하삼도(下三道-전라, 경상, 충청도) 사람들의 사민정책으로 대거 이주한 곳이기도 하다. 지형상 고립 방언의 성격을 띠고 있어서 성조(말의 고저)를 보유하거나 독특한 높임법 등 보수적이고 이질적인 요소가 많이 남아 있다.

그리고 함경도의 맨 윗부분을 육진방언이라고 구분하기도 하는데 세종 당시에 개척한 최북단 6진 지역을 일컫는 말이다.

서남방언은 전라도에서 쓰는 말이며 호남방언이라고도 한다. 소리의 길이가 변별적인 기능을 하며, 전라도의 동부는 경상도의 영향을 받고 북부는 충청도의 영향을 받는 등 방언 차를 보이는 특징을 가지고 있다. 중세국어 /·/(아래아)가 /ㅗ/로 변해 왔다는 점, 높임법이나 형용사 등에서 섬세한 표현이 발달되어 있는 점 등의 특징을 보이고 있다.

동남방언은 물론 경상도에서 사용하는 말인데, 인접한 강원도 동부 일부를 포함하기도 한다. 이 방언에서는 아직도 동북방언과 같이 성조가 남아 있으며, 단모음으로 /ㅡ/와 /ㅓ/가 구별되지 않고 /ㅔ/와 /ㅐ/의 구별도 되지 않으며, /ㅚ/, /ㅟ/는 이중모음으로 실현되거나 /ㅔ, ㅣ/로 바뀌는 등 가장 적은 수의 단모음(6개)을 가지고 있는데, 이 부족함을 성조를 통하여 보완하고 있다.

제주방언은 제주도 전역에서 쓰는 말이며, 고립되어 있다고 해서 제주방언에 고어(古語)가 많이 남아 있다고 단정짓기는 어렵다. 오히려 다른 방언들과 비교해 독자적 발달을 보인 형태를 매우 풍부하게 보여준다는 점에서 더 주목된다. 음장과 성조 중 어느 요소도 변별적이지 않은 특성과 독특한 어휘, 그리고 다른 지역과 형태가 다른 조사, 연결어미, 종결어미 등의 통사적 특징도 그러한 독자성과 관련된다 할 수 있다.[4]

위와 같이 6개 방언권은 각 지역별 독특한 언어적 특징을 가지고 있지만 이러한 각 방언의 이질적인 요소는 시간이 지나면서 빠르게 사라지거나 변화하고 있다. 현대적인 매체의 영향과 문화의 급변으로 인한 영향 때문이기도 하고 또 다른 지역 사람들과 소통하기 위해서는 어쩔 수 없는 변화이기는 하나 궁극적으로는 한국어의 소중한 자산이 그만큼 줄어든다는 점에서 안타까운 현실이 아닐 수 없다.

2 한국어 방언의 특징(성조, 음장)

[지도2] 한국어 방언의 특징(성조, 음장): 말(言)[5]

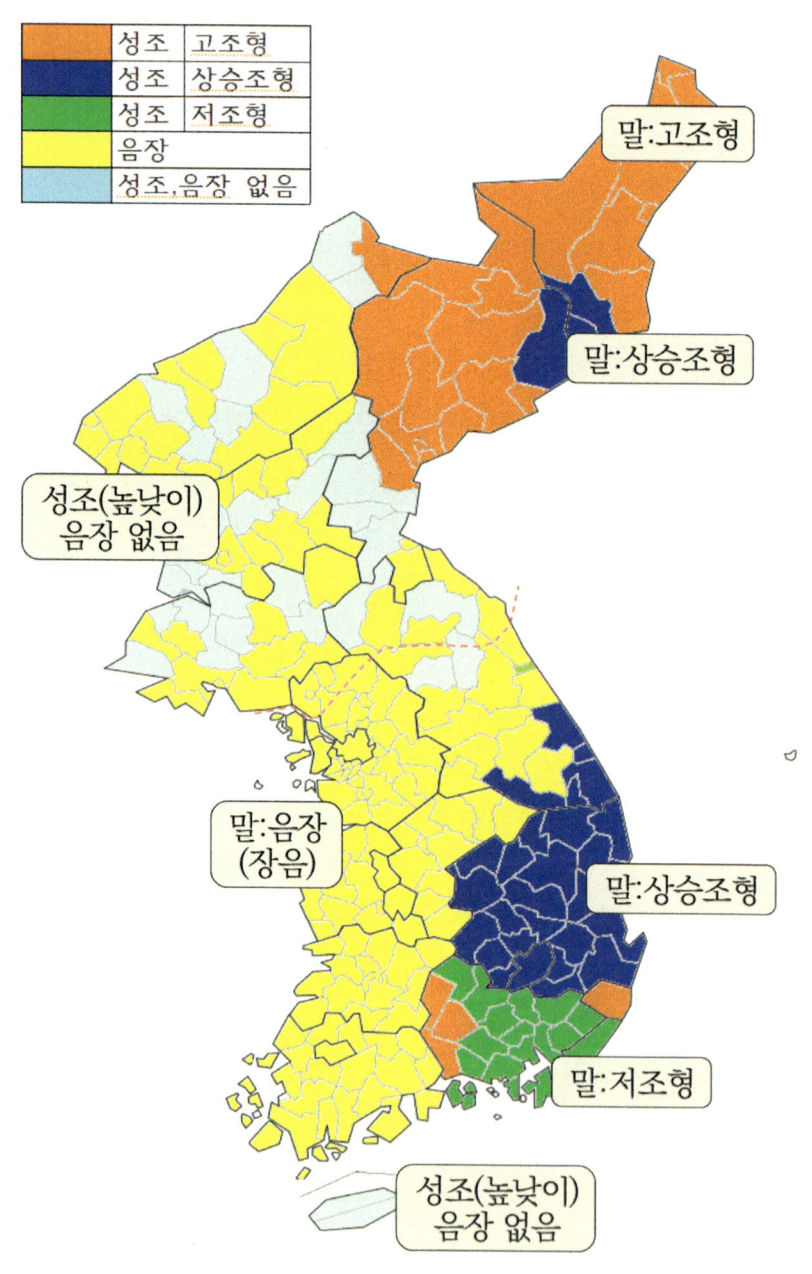

■ 우리말에서 '성조', '음장'이 실현되는 지역별 양상

중부방언	평안도	함경도	전라도	경상도	제주도
장단	장단 (일부지역은 성조, 장단 모두 없음)	성조 (고조,저조)	장단	성조 (고조, 저조, 상승조)	성조, 장단 모두 없음

■ '말(言)'의 성조가 실현되는 방식[6]

말(言)[고조(H), 저조(L), 상승조(R)]

함경방언				경북방언				경남방언			
●		●		●⌒●		●⌒●					
	●		●	●		●		●			
							●			●	●
말ᴴ	이ᴸ	많ᴴ	다ᴸ	말ᴿ	이ᴴ	많ᴿ	다ꟳ	말ᴸ	이ᴴ	많ᴸ	다ᴸ

    표준 한국어는 성조가 없지만 위의 지도에서 보듯 동북방언, 동남방언에서는 성조를 통하여 높낮이로 그 뜻을 구별하고 있다. 그리고 중부방언, 서남방언, 서북 일부 방언에서는 장단(길고 짧은 것)으로 그 뜻을 구별하며, 아예 성조와 장단이 없는 지역(평안, 황해, 제주, 강원 등)도 얼마간 존재한다는 사실도 확인할 수 있다.

    우리가 표준어로 '말'이라는 글만 보아서는 3가지 뜻을(言, 馬, 斗) 구분하기 힘들지만, 소리를 듣고 성조나 장단을 통해서는 이들을 구분해 낼 수 있다. 또 성조는 지역에 따라 조금씩 차이가 있는데 그 실현방식의 예를 들면 위의 표와 같다.

사람이 하는 '말(言)'은 함경도 사람들은 높게 발음하고 경상도 사람들은 앞부분을 낮게 발음한다. 물론 나머지 대부분의 지역에서는 높낮이가 없이 길게 장음으로 발음하는 것은 모두 잘 알 것이다.

이렇듯 고저, 장단은 지역마다 각기 다른데, 처음 만난 사람도 억양이나 말투만 들어 본다고 하더라도 내 고향 사람임을 쉽게 알 수 있는 이유가 여기에 있다.

참고로 함경도의 성조가 훈민정음의 성조와 일치되는 면이 많고, 경상도 말과는 상당한 차이가 있다고 말한다. 또 경북방언은 고조(H)와 저조(L) 외에 중세국어의 상성에 대응하는 장음이 존재하지만 경남방언에서는 장음은 없고 고·중·저조의 3단계를 유지한다는 점에서 분명한 차이를 보여준다고 한다.[7]

성조와 높낮이가 있다는 것은 실제 그 지역에 존재하는 단모음의 숫자를 이보다 더 늘리는 효과가 있다. 그래서 경상도에서는 단모음이 6개로 가장 적지만 성조가 이를 보완하고 있어서 오히려 더 많은 경우의 변별이 가능하다. 예를 들어 '이의 이승'을 말할 때 다른 지역과는 달리 2와 e의 높낮이가 다르기 때문에 2^2, 2^e, e^2, e^e 서로 다른 4개의 조합을 모두 구분하며 말하고 이해할 수 있다고 한다.[8]

제 2 장
한국어 방언의 높임법

1. 한국어 방언의 높임법 단계
2. 한국어 높임법의 지역별 실현 양상

1 한국어 방언의 높임법 단계

[지도3] 한국어 방언의 높임법 단계

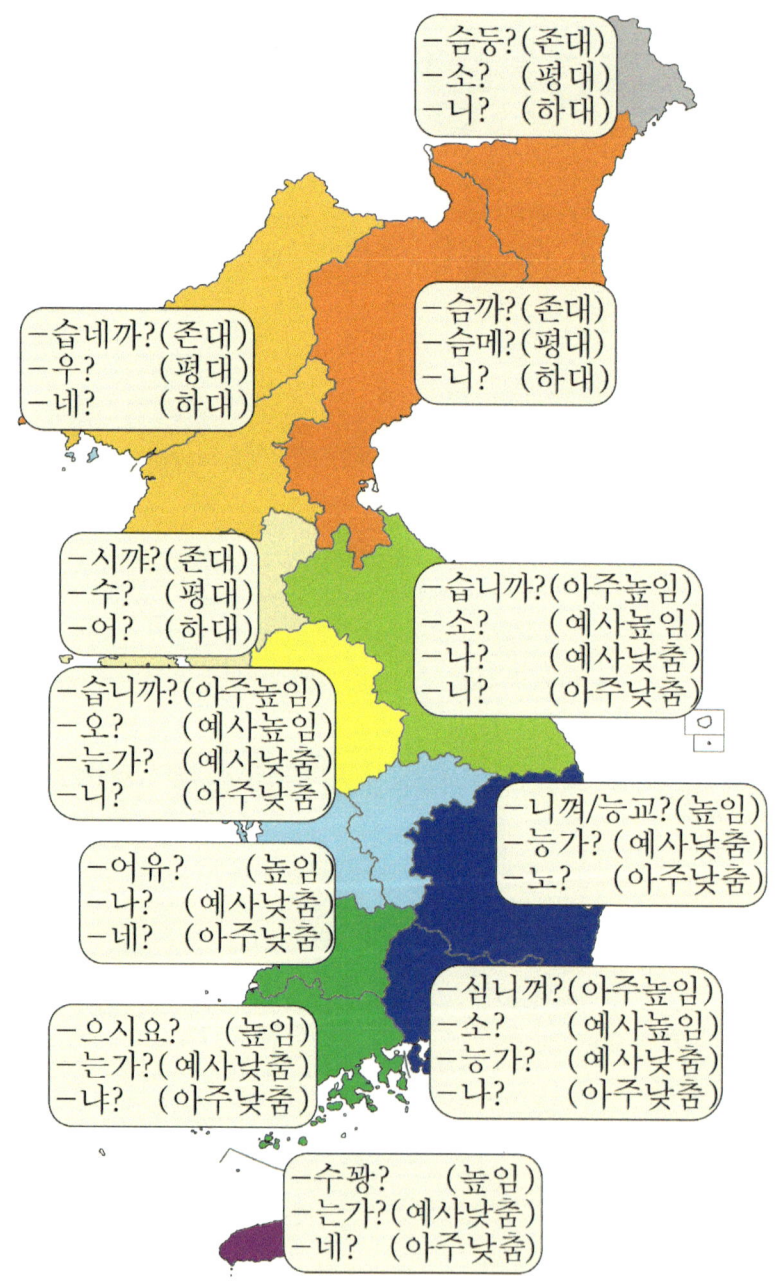

■ 한국어 방언의 높임법 단계 분류

등급	지역별 구분		아주높임	예사높임	예사낮춤	아주낮춤
표준어	격식체	하십쇼체	하오체	하게체	해라체
	비격식체		해요체		해체	
4등급	경기, 강원, 경남, 경북 일부	4	3	2	1
3등급	충청, 전라, 경북 일부, 제주	4~3(높임)		2 (예사낮춤)	1 (아주낮춤)
	평안, 황해, 함경, 육진	4(존대)		3~2(평대)	1(하대)

　한국어 방언의 높임법 체계는 모든 방언에서 일률적이지 않고 방언권별로 상당한 차이가 있으며, 연구자에 따라서도 조금의 차이가 있다. 실제로 표준어에서는 한국어의 존대 등분이 격식체에서 아주높임, 예사높임, 예사낮춤, 아주낮춤의 4등급 체계로 보지만, 생각보다 많은 방언권에서 3등급 체계만으로 별 지장 없이 언어생활을 해 오고 있는 것이 현실이다.

　그래서 학자에 따라서 조금씩 차이는 있지만 대체로 격식체에서 표준어와 같은 4등분은 중부방언(경기도, 강원도)과 동남방언(경상남도, 경상북도의 일부)에 한정되고 나머지의 방언은 3등분으로 분류하고 있다.[1]

　다만 같은 3등급 체계라 할지라도 높임의 범위가 다르다는 점을 눈여겨 볼 필요가 있다. 3등급으로 분류된 대부분의 방언권에서 '아주높임'과 '예사높임'이 하나로 '높임'으로 통합되어, '높임, 예사낮춤, 아주낮춤'으로 3등분되는데 비하여, 북한에서는(평안도, 황해도, 함경도) '예사높임'과 '예사낮춤'이 구분이 없이 '같음(평대)'으로 통합되어 '높임, 같음, 낮춤' 또는 '존대, 평대, 하대' 등으로 3등분된다는 점은 특이한 일이다.[2]

그래서 종결어미 '-하오'의 경우 중부방언에서는 '예사높임'에 해당하지만, 함경도에서는 '같음' 등급으로 분류되어 표준어의 '예사높임'에 해당하기도 하지만, 또 장인이 사위에게 대하는 '예사낮춤(하게)'의 경우에도 두루 사용되는 특징을 보이고 있다.

또 같은 등급이라도 상대방을 높이는 대상과 범위가 역시 방언권별로 상당한 차이가 있다. 예를 들어 경북 일부 지역과 경남방언의 경우 표준어와 같은 4단계로 구분하기도 하지만, 경북에서는 '아주높임'과 '예사높임'이 등급상 불완전할 뿐만 아니라 '하게체'나 '해라체'도 매우 불완전하다고 한다.

참고로 경북 북부(안동·예천·봉화) 반촌에서는 그대로 '하게체'를 사용하고 있지만, 민촌에서는 여성 친족에 대해 연령과 관계없이 '해라체'를 사용하고 있고, 또 아주 친근한 관계인 경우에도 '해라체'가 사용된다고 보고되고 있다.[3]

그리고 전라도에서는 표준어에서 대체로 아랫사람에게 '하게체(예사낮춤)'에서 사용하는 '-은가?'의 경우, 이것을 아랫사람(예사낮춤)은 물론이고 친근한 선배나 어머니 등 윗사람에게까지(예사높임) 자연스럽게 사용한다는 특징이 있다.

2 한국어 높임법의 지역별 실현 양상

[지도4] ~습니다(아주높임 서술형)

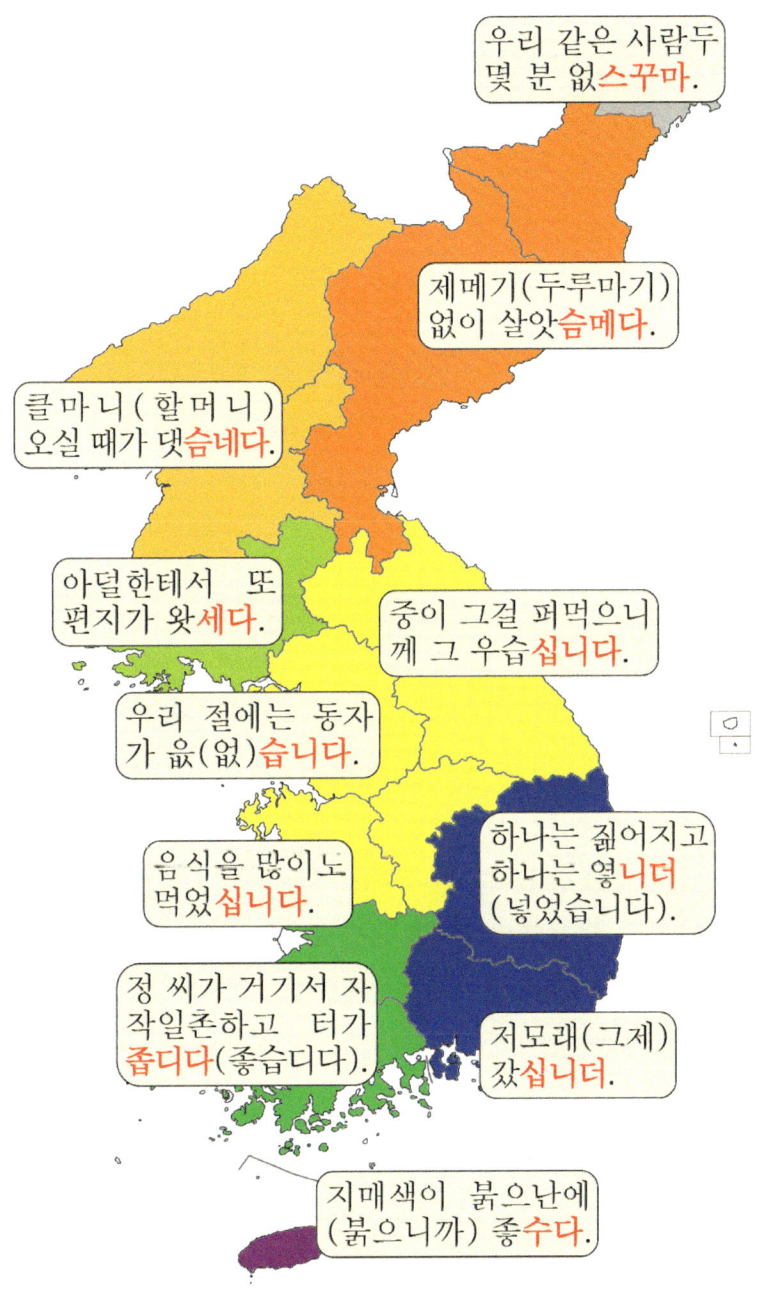

■ ~습니다: 아주높임 서술형 종결어미 전국 분포

중부방언	평안도	함경도	전라도	경상도	제주도
-습(십)니다 -외다/세다 (황해)	-습네다 -슴무다 -쉐다/웨다 -수다/우다	-습메(미)다 -슴다 -수다/우다 -스꾸마 -스꿔니(육진)	-소/(으)요 -습디다 -십니다	-십니더 -니이더 (경북일부) -요(경북일부)	-수다/우다 -쑤궤(게) -습네다

표준어의 아주높임은 '합시오체'라고도 하는데 '-습니다'는 문어체의 느낌을 주기 때문에 일상생활에서 그다지 활발하게 쓰이지는 않으며, 각 방언권에 따라 종결어미는 위의 표와 같이 다양하게 사용되고 있는 것을 볼 수 있다.

서울을 포함하고 있는 중부방언이라 하더라도 넓은 지역에서 다양한 분화가 일어나기 때문에 세세한 표현에서는 표준어와 상당한 차이를 보인다.
강원도에서도 '-습니더', '-십니다' 형이 나타나기도 하고, 황해도에서는 전통적으로 '-습니다'보다는 '-십니다', '-외다/세다'가 쓰이고, 강조의 경우 '-습디다레' 형도 나타난다.[4]

걱정 마시오. 내가 달리 모 씨게(묘 쓰게) **합니더**.(강원 양양)[1]
저는 정처없이 떠나 댕기는 눔인데 갈 데두 **읎십니다**(없습니다).(강원 횡성)
날 여맹위원장(여성동맹위원장)을 하라구 **합디다레**.(황해도)

---

[1] 이 책에 실린 거의 모든 대화는 남한의 경우는 〈한국구비문학대계(1980년대)〉, 북한의 경우 국립국어원 〈남북지역어조사(2005~2007)〉의 원문을 수정하지 않고 실었다.

평안도에서는 '-습네다', '-습무다', '-습먼다(습멘다)' 등이 있으며5), '-쉐다/웨다', '-수다/우다'도 아주높임 종결어미로 사용된다. 다만 '-습네다'가 깎듯한 격식체의 말투라면 '-쉐다'는 격식이 누그러진 부드러운 말투라는 점에서 약간의 차이가 있다.

"할아버지 인사드립네다." 기리케 인사디랫시오.(평남 온천)

문을 닫아 걸구 내다보디두 않습무다.(평북)

그 말이 옳쉐다(옳습니다).(평북 선천)

함경도에서는 '-습메(미)다', '-슴다', '-습데다', '-습지요', '-수다(우다)' 등을 들 수 있다. '-슴다(음다)'는 주로 함경북도에서 사용되는 서술형 종결어미로, '-습니다(읍니다)'의 축약형으로 노년층들은 잘 쓰지 않고 젊은층에서 즐겨 사용하며, 사용 시 소리를 길게 내면서 억양을 살짝 높여 준다고 한다.

그리고 육진방언에서는 '-스꾸마', '-스꿔니'가 있는데, '-스꿔니'는 좀 더 정중성을 나타내려고 할 때나 생소한 사이에서 높임을 나타낼 때 사용하고, 지금도 '-스꾸마', '-스꼬마'가 활발하게 쓰이는 대표적인 종결어미라고 한다.

높이 부르는 말은 '이랬슴다, 저랬슴다'하구 그냥 존칭으로 부르는 거는 '이랬소, 저랬소' 이럼다.(함남 삼수)

데덩(제정, 일제)시기 지주놈들두 이처럼 못살앗스꿔니.(육진)

아덜 몇으 더부리구 시장에 물건 사러 갓스꾸마.(아이들 몇을 데리고 시장에 물건 사러 갔습니다.)(육진)

서남방언에서는 '-습니다' 형은 표준어로 인식되어 잘 사용되지 않지만 그래도 '-십니다'의 모습으로 나타나고, 주로 '-소', '-으요', '-습디다' 등이 사용된다.

시님, 잔등에가 하도 좋아서 시님(스님께) 반찬 할라고(드리려고) 이렇게 무거와도 뽑아갖고 왔**십니다**.(전남 신안)

"짚불 내가 난디, 우리 서당이 탄가 부**요**.(짚불 냄새가 나는데, 우리 서당이 타는가 봅니다.)(전남 보성)

"뭐 복숭나무 밑에 뭐 없드냐?" "복숭아 딸라다 떨어졌는가 뭐 있**습디다**."(전남 화순)

동남방언은 '-십니더', '-심더', '-니이더'가 쓰이는데, 이 중에서 특이한 형태인 '-니이더'는 존칭의 선어말어미 '-습(읍)'이 들어 있지 않는 모습이다.6)

금년엔 고만 저도 사회로 한번 나가봐야 되겠**심더**.(경북 군위)

대추 딸라면은 저 물에다 그물을 치**니이더**(칩니다).(경북 안동)

제주방언에서는 '-수다(우다)'와 '-습네다'가 있는데 '-수다'는 마치 평안도에서 쓰이는 '-수다(우다)'와 거의 일치하지만 다른 점은 의문형으로 '-수과(우과)'가 발달하였다는 점이다.

참고로 '이 물은 맛이 좋수다.'는 지금 맛이 좋다는 뜻이고, '이 물은 맛이 좋읍네다'는 오랫동안 좋았던 물맛이란 뜻이라 한다.

셋웨삼춘이 "내가 가것**습네다**." 고, 겨니(그러니), 하르방(할아버지)은, "가지 말라." "기여코, 가 보것**습네다**."(제주시)

아지마님 은덕 어떵(어찌) 다 갚읍네까. 고맙**수다**.(제주시)

[지도5] ~습니까(아주높임 의문형)

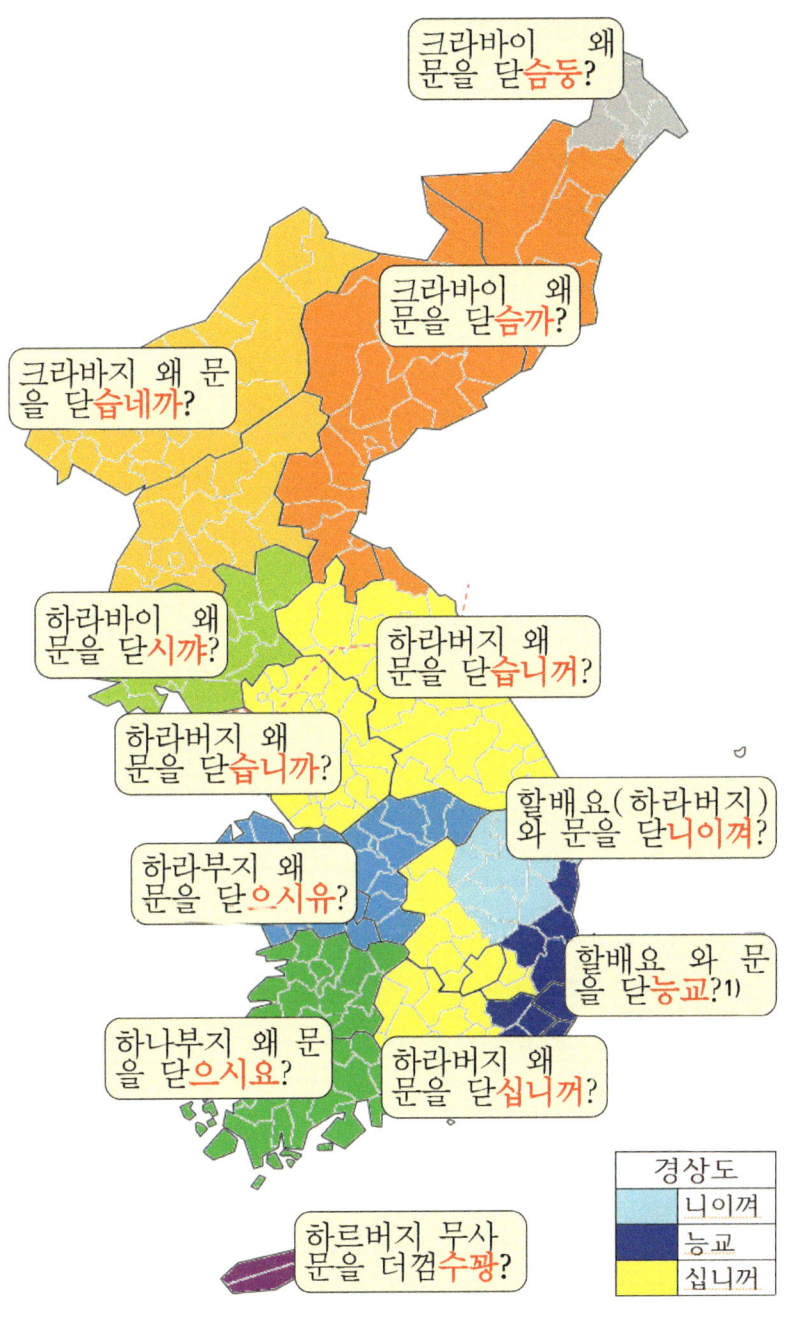

■ ~습니까: 아주높임 의문형 종결어미 전국 분포

중부방언	평안도	함경도	전라도	경상도	제주도
-습니까(꺼) -시꺄 (황해도)	-습네까 -습데까	-습니까, -슴까 -습지요, -습데까 -슴둥, -스꾸마(육진)	-소 -으시요 -습디까 (꺼) -라우	-십니꺼 -니이껴 (경북일부) -능교 (경남북일부)	-수까(과) -수꽝 -습네까

아주높임의 의문형은 표준어에서는 '-습니까'인데, 위의 표에서처럼 각 방언권별로 가장 다양하고 흥미로운 모습을 보이고 있다. 대부분의 방언권에서 '-습-'이 결합되어 있는데 경상도에는 '-습-'이 없는 '-니이껴'가 주목을 끈다.

중부방언에서는 표준어와 같이 대체로 '-습니까'이지만 지역별로 조금씩 변이형의 모습이 나타난다. 강원도 일부 지역에서는 '-습니꺼(껴)', 그리고 황해도에서는 '-시꺄'가 널리 쓰인다고 한다.7) 경기도 강화도의 '-시꺄'도 황해도의 영향으로 보인다.

남편이 오지 않았으니까, 같이 나하고 마중을 같이 갈**랍니꺼**?(강원 속초)
가난해도 화목하지 못하면 부자 되까**시꺄**(되겠읍니까)?(경기 강화)
열 살 아래 된 것이 알 것**시꺄**?(황해도)

평안도에서는 '-습네까', '-소'를 볼 수 있다. 다만 '-습네까'는 젊은이들 사이에서는 잘 쓰이지 않는다고 한다.

안 이러먼, 채디 않으먼 어덕**합네까**?('이러지 않으면, 훔치지 않으면 어떡합니까?'
(평북 초산)

함경도에서는 '-슴까', '-습니까'가 실현되는데 '슴까(음까)'는 대체로 표준어나 문화어로부터 차용한 것으로 보이는 '-습니까'의 '-니-'가 줄어들었다고 보고 있다.[8]
할아버지 고기잡이 가겠**슴까**?(할아버지 고기잡이 가겠습니까?)

육진방언에서는 흥미롭게도 '-슴두', '-스꾸마'가 사용되는데, 본래 '-슴둥(음둥)'이었으나 오늘날에는 /ㅇ/ 받침소리를 내지 않고 콧소리가 섞인 '슴두'로 발음하고 있다. 그리고 '-스꾸마'는 서술형 어미와 다를 바 없고 문장의 끝에서 억양을 살짝 올리면 그대로 의문문이 된다.
아바이 어디루 **감둥**?
그 일으 다 했겠**슴두**?
뭐가 이리 많**스꾸마**?(뭐가 이렇게 많습니까?)

서남방언에서는 '-습니까' 형은 잘 쓰이지 않고 '-으시요', '-소', '습디끼(껴)', '-습딩겨', '-라우' 등이 사용된다.
아 그런디, 어르신들은 무슨 취미로 산을 돌아 대이**시요**(다니십니까)?(전남 고흥)
그랑께로 그 돈을 갖고 약주를 딱 들어 불고 "점을 한께 뭐라고 하**십디까**?"(전남 보성)
"편히 주무셨**소**? 방일랑 안 춥**습딩겨**?" "오냐, 안 춥드라."(전남 신안)

동남방언에서는 앞의 지도에서 보듯 지역에 따라 대체로 '-습니까/십니꺼', '-니이껴', '-능교'의 3가지의 모습을 볼 수 있다. 강원도의 영동지방에서도 '-니이껴'를 사용한다고 한다. [지도5]에서 보듯 '-니이껴'는 주로 경북 북부 지역과 동해안에서 많이 나타나고, '-습니까'는 경북의 상주를 중심으로 하는 서부 지역과 경남 대부분, 그리고 '-능교'는 경주를 중심으로 경남북의 동해안 쪽에 분포하고 있다.

그리고 이들은 지역의 차이도 있지만 일부 반촌에서는 같은 지역의 성씨에 따라서도 '-니이껴', '-능교'를 달리 사용한다는 보고도 있다.9)

우리가 그 돈 아이면 못 사**니이껴**? 어디 그따우 짓이나, 하고 댕기니껴? 그런 법이 가 어디 있**니이껴**?(경북 영덕)

전에사(예전에야) 머구리(개구리)가 먼지 아**능교**? 마 아주 인제 큰, 큰물만 지면 인자 그래 울아 가(울어 가지고), (경북 경주)

할머니, 내가 여기 자고 가몬 어떻겠**십니꺼**?(경남 의령)

제주방언에서는 '-수까(우까)', '-수꽝', '-습네까' 등이 쓰인다. '-쿠강(-쿠가)'은 추측·의도·가능 따위를 묻는 경우에 쓴다.

그 선생인가 정신가보고(風水에게), "당신 우리광(우리와) 무슨 원수 이**수꽈**?"(서귀포)

아지마님 팔자(八字)가 언마 허영(얼마나 해서) 우리 뜬 집안 오라근(와서) 고생 고생**옵네까**?(제주시)

"는 대로(말하는 대로) 들우**쿠가**(듣겠습니까)?" "난 너 죽으랭 민(죽으라고 하면) 죽곡 살랭 민 살키여(살겠다)."(제주시)

[지도6] ~으십시오(아주높임 명령형)

■ ~으십시오: 아주높임 명령형 종결어미 지역 분포

중부방언	평안도	함경도	전라도	경상도	제주도
-으십시오 -으시겨(갸)(오) (경기, 충청, 강원) -으시랴(라오) (충청, 강원)	-으시라요 -으시우	-읍소세 -읍소 -수다/우다 -읍쇼(육진)	-으(시)씨요 -으이다 (전남일부)	-으시이소 -으이소	-읍서

　아주높임의 명령형 종결어미 '-으십시오'는 지역별로 다양한데 중부방언 중에서도 충남, 강원 등의 지역에서는 '-시겨', '-시갸' 등이 쓰인다. 그리고 충북에서 사용되는 '-시랴(오/우)' 등은 표준어의 '-으십시오', '-으시오'에 대응한다.

　나두 말이여, 새끼를 꼴 테니까 짚을 좀 갖다 주**시겨**.(경기 강화)
　나가 보시겨. 대감님 나가 보**시겨**.(강원 속초)
　무슨 도움이 될런지두 모를 거 아닙니까? 그러닝께 일러 주**시겨**.(충남 대덕)
　예 시방이래두 그 놔두구 가라문 그저 가겠읍니다. 목숨만 살려 주**시랴우**.(충북 단양)

　그리고 황해도에서는 가장 널리 쓰여 온 고유한 높임은 '-으세요'라고 한다.10)
　줄 안에 들으갔다 나왔다 하문스라무니 "손님 들어오**세요**" 이루케 하면서 하는 거 있구.(황해 신계)

평안도에서는 '-으시라(우)요', '-으시우'가 쓰이는데, 이는 아주낮춤 '-으라'에 존칭의 '-시-'와 강조의 의미로 보이는 '-우-', 예사높임을 나타내는 '-요'가 붙어서 아주높임이 된 모습이다.

그렇가 허구서라무니 더쪽으루 건너오**시라요**.(그렇게 하고서는 저쪽으로 건너오세요.)(평남 의주)

영감두 여기 좀 앉**으시우**.(영감도 여기 좀 앉으세요.)(평북 운전)

함경북도에서는 주로 '-읍소세', '-읍소' 등이 쓰이고, 함경남도는 '-소(오)'가 대신하고 있다.[11] 그리고 주로 여자들 사이에서 '-솔세'라는 형태도 볼 수 있다.

그리고 육진방언에서는 '-읍쇼'도 쓰이는데 이는 '-오'에 '-읍시'가 삽입된 것이므로 '-읍소'보다 더 공손한 표현이라고 한다.

온 나죄 **옵소세**.(오늘 저녁에 오십시오.)(함북)

빨리 앉**솔세**.(빨리 앉으십시오.)(함남)

이걸 **듭쇼**.(이걸 드십시오.)(육진)

전라도에서는 '-으씨요', '-으시씨요', '-으이씨요'가 아주높임 명령으로 널리 쓰이고, 전남 동부 지역인 여수, 광양 등에서는 특이한 '-으이다', '-으시이다' 형이 사용되고 있다.

아이고 내가 알아서 할 테니까 막 좀 드러누워 계**시씨오**.(전남 보성)

인자 그만 놀고 얼른 오**시이다**(오십시오).(전남 광양)

경상도에서는 '-으이소', '-으시이소'가 쓰이는데, 둘 중에서 '-으시이소'를 더 높은 등급으로 보기도 한다.

손님, 우야든(어쨌든) 저거 집(우리 집)에 하루 저녁 유해가주(머물러서) 그래 가도록 하**시이소**.(경북 군위)

아, 선상님, 재주 함 비이 주**이소**.(아, 선생님, 재주 한번 보여 주십시오.)(경남 진주)

제주도에는 아주높임 명령형으로 '-읍서'가 쓰인다. 이는 함경도의 '-읍소'와 비슷한데, '-읍서'는 억양을 바꾸어 명령형 이외에 의문이나 서술형으로 쓰이지는 않는다고 한다.

경 해수다(했읍니다). 나 껀(말하거든) 들**읍서**.(서귀포)

나 입단 거(입던 것) 다(조금도) 추접이(더럽게) 생각 말앙 입**읍서**.(제주시)

[지도7] ~으시지요(아주높임 청유형)

■ ~으시지요: 아주높임 청유형 종결어미 분포

중부방언	평안도	함경도	전라도	경상도	제주도
-으시지요 -으십시다	-습(읍)세다 -시자(우)요	-읍세다 -수다/우다 -겝소(육진)	-으입시다 -으십시다	-으입시더 -으시더 (경북북부)	-읍주

아주높임 청유형은 중부방언에서 대체로 '-읍시다', '-으시지요'로 실현된다. 황해도에서도 '-읍시다'가 쓰이기도 하지만, 황해도 북부 지역에서는 '-읍시다레', '-읍시다리' 등이 더 자연스럽게 쓰인다고 한다.

할머니 혼자 집이 계시느니 가**십시다**.(경기 화성)

먼 데 오시느라 수고 했으니, 술이나, 약주나 한잔 하**시지요**.(강원 속초)

우리도 함께 **갑시다리**.(황해 평산)

서북방언에서는 '-습(읍)세다', '-시자(우)요'가 쓰인다. '-습세다'는 자음 다음에 '-습-', 모음 다음에 '-읍-'으로 실현되고 '-습수다(읍수다)'로 변동을 보이기도 한다.

나:제는 한국 갔다 도루 둘우오디 **맙세다**.(향후에는 한국에 갔다가 도로 들어오지 맙시다.)(평남 의주)

장인 어른, 소 한 마리 잡**습세다**.(평북 운전)

장모님, 오늘 닭 한 마리 잡으**십세다**.(장모님, 오늘 닭 한 마리 잡으시지요.)(평북 초산)

형님 내과 같이 가시**자요**.(형님, 나와 같이 가시지요).(평북 구장)

함경도에도 '-읍세다'가 쓰이는데 중앙어의 '-읍시다'와 완전히 일치한다. 그리고 '-수다(우다)'는 주로 함경남도에서 쓰이는데, 원래 서술형이지만 억양을 달리하여 청유, 의문, 명령에도 쓰일 수 있다고 한다.

육진방언에서는 '-겝소', '-깁서'가 쓰여 함경도와는 전혀 다른 형태를 보인다.

우리 집이서 해이합세다.(우리 집에서 회의합시다.)(함경)

날래 가겝소. 날래 가깁서.(얼른 갑시다.)(육진)

아바니! 내가 같이 가겝셔(할아버지! 나와 같이 가시지요).(육진)

전라도에서는 '-으입시다' '-으십시다'가 쓰이는데, 대체로 '-읍시다' 보다 좀 더 깍듯한 존칭 표현에 해당한다.

바람도 좀 쐐시고 생전 장에도 안 가신께 장에 가입시다.(전남 보성)

자기 처가집을 가 가지고 자기 장인보고, "장인 영감 오늘은 집으로 좀 가십시다."
(전남 신안)

경상도에서의 청유법은 '-으입시더'가 주로 쓰이지만 '-입-'이 탈락된 '-으시더'가 경북의 북부 넓은 지역에서 나타난다.

아부지 저저 그 애기가 귀하지요? 나도 귀한데 한번 안아 보입시더.(경북 선산)

이튿날 아침에 밥을 해 먹고, "숯껑 굴에 가보시더(숯 굽는 굴에 가봅시다)."(경북 봉화)

제주방언은 '-읍주'가 사용되는데, 예사낮춤의 '-주' 앞에 '-읍-'이 합해진 모습이다. 그리고 '-읍주'는 억양을 달리하여 서술과 물음도 가능지만, 권유의 말맛이 강하다고 한다.

좌수님, 어딜 가십니까? 나도 중문이(中文里) 감수다. 디 **갑주**.(나도 중문리 갑니다. 같이 갑시다.)(서귀포)

조그만 더 강(가서) 내**립주**(내립시다). 조끄만 더 강 내립주.(서귀포)

[지도8] ~오(예사높임 서술형)

■ ~오: 예사높임 서술형 종결어미, 조사의 분포

중부방언	평안도	함경도	전라도	경상도	제주도
-오/소/요 -우/수 -유(충청)	-우/요/소 -구레	-소/오/우 -습메/슴, -습지(비) -습디(육진)	-소/요 -라우 -이다(전남일부)	-소/요 -예	-예 -양 -마씀

　　방언권에 따라서는 존칭 등급에서 예사높임이 따로 설정되어 있지 않아, '아주높임'과 '예사높임'이 구분되어 쓰이지 않고 '높임' 하나로 통합되어 있기도 하고, 또 '예사높임'과 '예사낮춤'이 구분되지 않아 '같음' 등급으로 분류되어 있기도 하기 때문에 '예사높임'의 사용 범위는 지역별로 조금씩 차이가 날 수밖에 없는 것이 현실이다. 그리고 여기서는 방언권별 균형을 맞추기 위하여 '두루높임'의 '-요/유'를 지역에 따라 '예사높임'의 등급에 준하여 포함시키고자 한다.

　　경기도(강원도 포함)의 종결어미 중 '-우'는 예사높임의 등급을 가지며 친근한 사이에 쓰이는데, 이들은 억양에 따라 서술, 의문, 명령, 청유에 두루 쓰일 수 있으나, 지금은 잘 쓰이지 않는다.[12] 그리고 '-유'는 충청도를 중심으로 중부 방언권 전역에서 두루 쓰인다. '-유'는 연세가 많거나 친근한 사이일수록 사용 빈도가 높다고 한다.[13]

딸자식두 자식인데 편지두 안 해니 이런 일이 있수.(경기 인천)
우린 행복한 생활을 하고 있수.(황해도)
저 지금 장가 못 들어유, 무얼 갖구 들어유?(충남 태안)

평안도에서 예사높임의 '-우'는 억양을 달리하며 모든 서법에 두루 쓰이는 점은 표준어와 같다. 그런데 평안도의 하오체는 그 지위가 매우 불안정하여 노부부 사이에서나 아주 가까운 형님에게만 쓸 수 있으며, 그 외에 하오체를 사용해야 하는 상황에서는 주로 해요체를 사용한다고 한다.[14] 그리고 표준어 '-구려'에 해당하는 '-구래'가 이 등분에서 쓰인다.

젠에 그 사람들은 나머지 잔돈 띠구 게산해 줏다**우**.(전에 그 사람들은 나머지 끝자리는 떼구 계산해 줬다오.)(평북 의주)

목하 타는 거 없어서 활이래는 거 잇어시**요**(있었어요).(평남 용강)

가시어머니 좀 안즈**구래**.(장모님, 좀 앉으세요.)(평북 구장)

함경도에서는 '-소/오/우'와 '-슴메', '-습지(비)', '-슴' 등이 있고, 육진방언에서는 '-습디'를 볼 수 있다. 이 중에서 '-소/오'는 사용의 폭이 넓은데, 함북지역에서는 친밀한 관계의 윗사람, 특히 친부모나 친척 관계의 사람에게 사용할 수 있다는 점에서 표준어의 하오체와 거의 같은 기능을 한다고 할 수 있지만, 장인, 장모가 손아래인 사위에게도 '-소/오'를 쓸 수 있다는 점에서 표준어의 하게체와 비슷한 면을 보이고 있다.

아르 공비르 시기자무 돈이 많이 드**우**.(아이를 공부를 시키자면 돈이 많이 드오.)(함북 길주)

우리 큰 아들을 세 살 때 떨궜**슴메**.(우리 큰 아들을 세 살 때 잃었어요.)(함북 단천)

사두이 말이 옳**습지비**.(사둔 말이 맞지요.)(함북 명천)

전라도에서는 '-소', '-(으)요', '-라우' 등이 높임 등급으로 아주높임을 포괄하면서 사용되고 있으므로 아주높임과 예사높임을 따로 구분하여 설정하지 않는다.

우리집 말 새끼는 다른 여물은 하나도 안 먹**으요**.(전북 정읍)
양식을 채로(빌리러) 왔는디, 여(여기)서 밥을 먹어야 되겄**소**.(전남 고흥)
성 장개가는디, 따러가는 것 아니다. 그냥 따라갈**라우**.(전북 부안)

동남방언에서는 지역에 따라 아주높임과 예사높임을 구분하여 4등급으로 보기도 하고 둘을 통합하여 3등급으로 보기도 한다. 예를 들어 경북의 상주나 경남의 김해 지역의 경우에는 4등급 체계로 보는데 이런 지역에서 예사높임으로는 '-소', '-요(여)' 등이 사용된다고 알려져 있다.
헝님이 밤 하나 잡숫걸래 난도 밤 하나 먹었**소**.(경북 상주)
그걸 이래 개매에로(개처럼), 옛날 개들은 배 고프면 말이라, 벗거 논 등게(벼의 껍질)를 싹싹 핥아 먹더래**여**.(경북 상주)
지사(제사) 모신 집이 있으이 가믄 요구(요기)를 할 기**요**.(경남 김해)

제주방언에서도 아주높임과 예사높임 등급을 선명하게 구분하기 힘들어 표준어의 두루높임인 '-요'에 해당하는 '-예', '-양', '-마씀' 등이 결합된 문장으로 등급의 균형을 맞추어 볼 수 있을 것 같다. '-마씀'은 좀 더 격식을 갖추고 거리감이 있을 때 주로 사용한다고 한다.
앚이민(앉으면) 일로 피 부떠난 거(붙엇던 것) 잇어**예**.(제주시)
똑 돈을 받고서 허여 주는 건 활인(목숨을 살림)이 아니라**마씀**.(제주시)

[지도9] ~오?(예사높임 의문형)

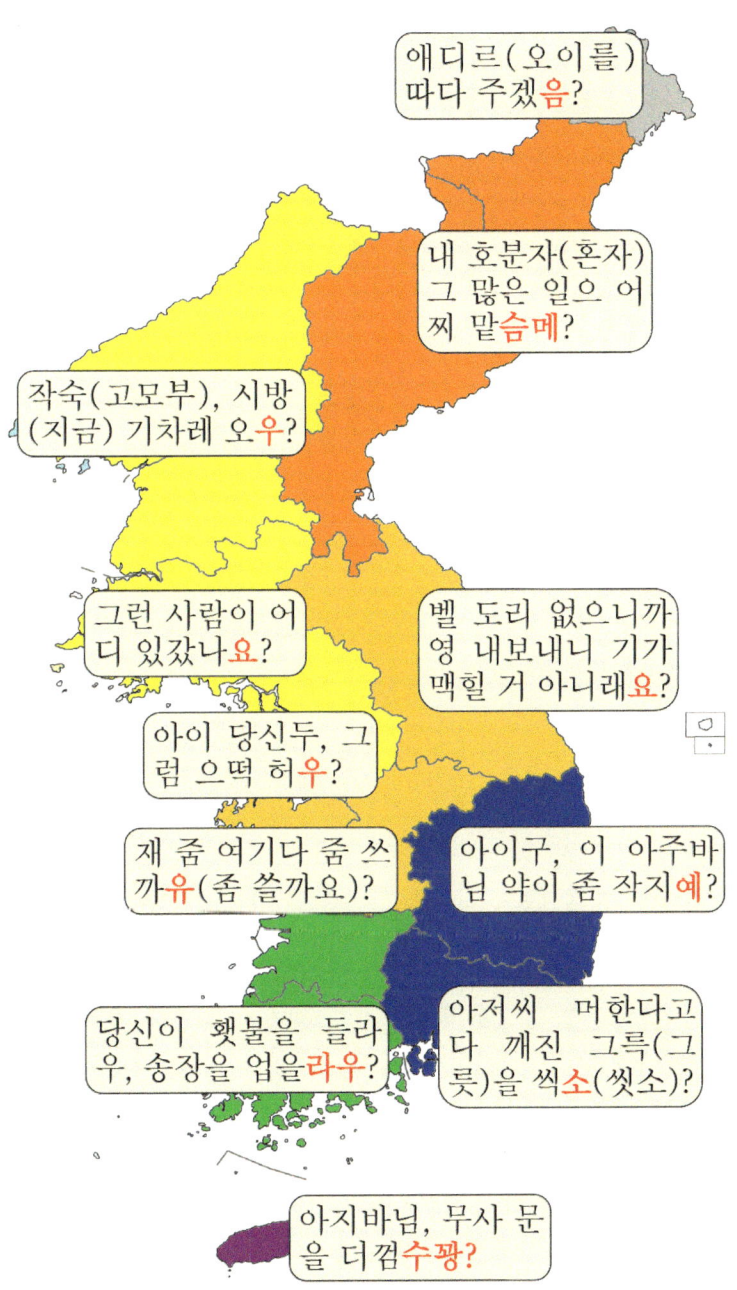

~오: 예사높임 의문형 종결어미, 조사의 분포

중부방언	평안도	함경도	전라도	경상도	제주도
-오/소 -우/수 -요(쇼)/유(슈)	-우/소 -요	-슴메, -습지 -습데(디),-우/오/소 -슴/음(육진)	-소/요 -라우 -이다	-소 -능교 -예, -요	-마씀(씸) -양 -예

중부방언에서 예사높임 의문문에 쓰이는 어미는 서술문에서와 같이 '-오/소', '-우/수', '-요', 그리고 충청도에서도 '-오/우'가 '-시-'와 결합할 경우 '-쇼(시오)', '-슈(시우)'로도 나타난다. 충청도의 '-유'는 비격식적인 말투에서 친근감의 기능을 가지며 의문문에서 사용 빈도가 높다고 한다.

음력 사월이거든 생일이. 그때는 더우니까는 선짓국들을 누가 먹**우**?(경기 화성)

여자두 오직 감정이 나면 그랬겠**수**?(강원 속초)

"아니 선생님 왜 그러**슈**?" "고향생각 나서 그런다."(충남 아산)

왜 당신 뭣허…(뭣하러) 물어 보**쇼**?(충남 보령)

평안도에서는 '-우/소', '-요' 등을 볼 수 있으며, 함경도에서는 '-소/오'와 '-슴메', '-습데', '-습지' 등이 의문문에 쓰인다. 평안도, 함경도의 '-우/오'는 같음으로 분류하여 높임으로 생각하지 않는 경향도 있다.

"아즈바니, 비레 오**우**?(아저씨 비가 오나요?)" "비 온다."(평북 운전)

어드런(어떤) 사람이 이레 다 해 주갓**소**?(평북 운전)

그런데에 우리집이 모두 멧 펭이**오**?(함북 학산)

"집에 가네?" 기래서 "어, 집 간다" 기랫디요?(평북 의주)

슾이 있슴메? 슾으(을) 가져 옵세.(숲이 있나요? 숲을 가져 오세요.)(함북 단천)

아! 싸이 비 오오?(아! 사위 비 오나?)(육진)

전라도에서는 '-소', '-요', '-라우'가 아주높임과 예사높임에 두루 사용되지만, 경상도 일부 지역에서는 예사높임으로 '-소', '-요'. '-능교'가 쓰인다. 물론 '-능교'는 지역에 따라(경북 동해안) 아주높임으로 사용되기도 한다.

어떤 놈이 좋고 안 좋은지를 알겄소? 그래 당신 원한은 뭐요?(전남 화순)

넘(남) 답답어 우는 줄 모르고 그래 기경(구경)한다고 서가 있소?(경남 김해)

누구는 포수질 해가 묵고 사는데 당신은 이래가 되겠능교?(경북 달성)

제주도에서는 의문형에서도 역시 '-예', '-양', '-마씀(씸)'이 높임의 첨사로 사용된다.

누게가 간 경 눙뜰어 불잰 경 해신디마씸?(누가 가서 그렇게 눌러 버리려고 그렇게 했는데요)?(서귀포)

나머지는 대개 다 씨를 뿌리지 아느꽈양?(나머지는 씨를 뿌리지 않습니까?)(북제주)

[지도10] ~오(예사높임 명령형)

~오: 예사높임 명령형 종결어미, 조사의 분포

중부방언	평안도	함경도	전라도	경상도	제주도
-우/수(-오/소) -요(유) -슈(충청)	-우 -구래	-소/오, -구래 -습지, -습디 -습게(육진)	-으씨요 -요 -이다(전남일부)	-으소 -요 -예	-마씀 -예 -양

예사높임 명령형 종결어미로 중부방언에서는 대체로 '-우/수'로 사용되는데 이는 평서문, 의문문에서와 같다. 충청도에서는 '-우'에 '-시-'가 붙어 '슈'가 나타나는 것도 흔한 일이다.15)

　큰 재목을 맨들래면은 가리켜야 되니까는 거 내한테 맡기시우.(경기 인천)
　찬물 한 동이 떠 놓구 바가지 갖다 띠우슈.(충남 대덕)

평안도에서는 '-우'와 '-구래'가 있다. 그런데 최근의 연구에 의하면 하오체와 하게체는 해요체와 해체로 대체되는 변화 과정을 겪고 있으며 따라서 이 지역 경어법은 4등급 체계가 아니라 실제로는 낮춤과 높임의 단순한 2등급 체계로 단순화하는 과정에 놓여 있다고 볼 수 있다고 한다.16)

　넝간 가기 전에 날래 상복 만드우.(영감이 돌아가기 전에 빨리 상복을 만드세요.) (평북 초산)
　가시어머니 좀 안즈구래.(장모님 좀 앉으세요.)(평북 구장)

함경도에서는 '-소/오', '-구래', '-습게' 등이 사용된다.

　"잘 가시오." 하구선 그래. 여느 사람은 "잘 가오. 갔다 오오." 뭐 이렇게 하구.(함북 갑산)

한 발으 예상해 보**옵게**.(한 발쯤을 예상해 보오).(육진)

전라도의 여수, 광양과 경상도의 남해 등지에서는 특이한 형태인 '-이다'가 예사높임의 명령형뿐만 아니라 의문형, 평서형에도 두루 사용되고 있다.
   요것 잠 보**이다**(보세요), 요. 긍께 멀쩡허고, 온 뻬따구 관절땀새 안 아픈 데가 없어요.(전남 광양)
   그것도 기억이 안 나**이다**? 그걸 왜 몰라**이다**, 알지.(그것도 기억이 안 나요? 그걸 왜 몰라요, 알지.)(전남 여수)

동남방언에서 예사높임 명령문으로는 지역에 따라 '-소', '-으소'를 사용하는데, 흥미로운 점은 '-소'는 전라도에서는 일반적으로 표준어의 '-게'와 등분이 같은 예사낮춤에 해당한다는 것이다.
   "형님!" "아이구, 이 사람, 밤에 우째 늦게 오노?" "그런 기 아이라, 이거 받아 놓**으소**."**(동생이 형에게)**(경남 의령: 예사높임)
   이렇게들 다 지사(제사) 모시는 것을 자네들이 알**으소**.**(어른이 동네 청년에게)**(전남 장성: 예사낮춤)

제주도에서는 명령형에서도 표준어의 두루높임 '-요'와 비슷한 의미기능을 가진 '-예', '-마씀', '-양'이 사용된다. 이렇게 발화상황에 따라 이들 높임의 첨사를 사용하여 더욱 친밀감을 느낄 수 있고 다양하게 높임법을 실현할 수 있다고 한다.
   기꽝? 사천 원치 줍서. 하영 줍서**예**.(그래요? 사천원 어치 주세요. 많이 주세요.)(제주시)
   많이 담암수다양. 맛있게 드십서**양**.(많이 드립니다. 맛있게 드세요.)

[지도11] ~오(예사높임 청유형)

■ ~오: 예사높임 청유형 종결어미, 조사의 분포

중부방언	평안도	함경도	전라도	경상도	제주도
-오/소 -우/수 -요/-유(충청)	-우 -읍세/습세 -자우요	-읍세/습세, -소/오 -기오 -습지, -습디(육진)	-읍시다 -요 -이다 (전남동부)	-읍시더 -예 -요	-마씀 -예 -양

    예사높임의 청유형 종결어미는 중부방언과 서북방언의 '-우'를 들 수 있는데, 이는 높낮이가 다를 뿐 서술형, 의문형, 명령형에도 그대로 같이 쓰여 두드러진 차이가 없다는 점에서 청유형으로만 사용하는 동북방언의 '-습세', '-기오'와 동남방언의 '-입시더' 등과 차이가 난다.

    한 잔 먹구 이러구서 오늘 지역에 우리 집에서 같이 주무시**우**.(충남 아산)-**청유형**

    한 댓 살쯤 먹은 걸 놔 두고 그래니 고행(고향)이 어덴지 우떡해(어떻게) 알**우**?(강원 속초)-**의문형**

    앞으루 큰 재목을 맨들래면은 가리켜야 되니까는 거 내한테 맡기시**우**.(경기 인천)-**명령형**

    평안도의 예사높임 청유형에는 '-우', '-습세'가 있으며, 함경도는 '-소/오'와 '-습세', '-기오'가 있는데 '-기오'는 '-오/우'처럼 쓰임의 폭이 넓어 예사높임과 예사낮춤에도 사용할 수가 있어서 부모가 장성한 아들이나 며느리에게, 화자와 청자가 성인이면서 비슷한 연배 또는 그 아랫사람에게 말할 때 쓰인다고 한다.

    이머 '한 상 채리자(차리자), 머 하자**우**. 떡 달래나 머 고기 달래나 술 달라.' 이케 하

문 돛캇는데(좋겠는데).(평남 온천)

　정월 초하루에 떡으르(떡을) 한 함지 만들어 주어서 뒷산에 올려 보**냅세**.(함남 흥원)

　시장 동무! 같이 가시**기오**(가지요).(함북 길주)

　서남방언에서는 '-요', '-읍시다', 동남방언에서는 '-읍시더'가 쓰이는데 이들은 때로 아주높임에도 통용되어 나타날 수 있는 어미이다.

　아, 당신 생일날로 그 날짜를 정**합시다**.(전남 화순)
　무슨 일을 하든지 해서 돈을 벌어가, 이 아이들을 키우고 믹**입시더**.(경남 경주)

　제주방언에서는 예사높임 청유형도 역시 높임의 첨사(덧붙이는 말)인 '-마씀', '-예', '-양'으로 실현된다. 물론 이들은 아주높임으로도 사용될 수 있다고 한다.

　제주특별자치도에서 살게**마씀**.(제주자치도에서 삽시다.)
　물지가 언제꽝? 바당에 곧지 가게**마씸**.(물 때가 언제 입니까? 바다에 같이 갑시다.)

[지도12] ~네(예사낮춤 서술형)

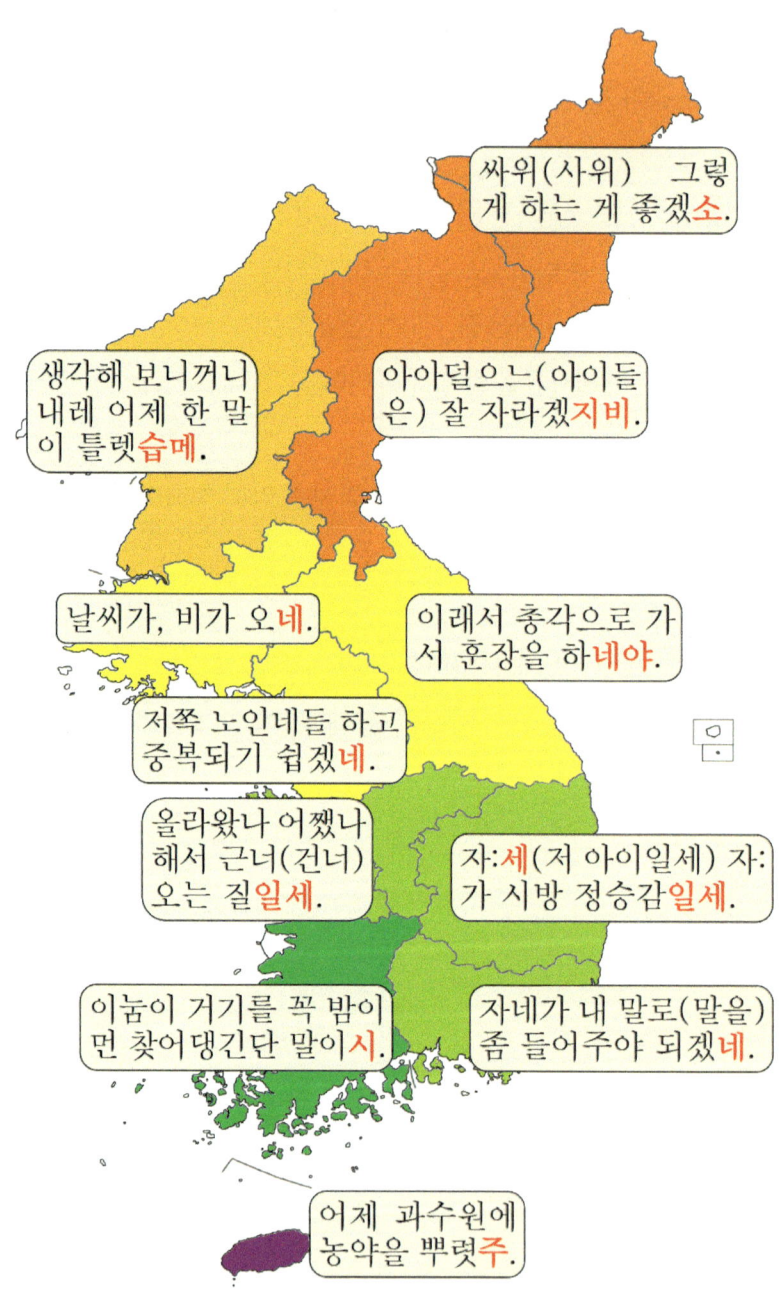

~네: 예사낮춤 서술형 종결어미 전국 분포

중부방언	평안도	함경도	전라도	경상도	제주도
-네 -ㄹ세	-습메 -습데 -소웨	-슴(메) -소/오 -지비	-네 -으시 -음세	-(느)네 -ㄹ세	-어, -주 -메, -고 -음

예사낮춤의 하게체 서술형은 주로 어느 정도 나이가 든 화자가 나이가 든 손아랫사람이나 같은 연배의 친숙한 사이에 사용하는데 전국에서 가장 많이 사용하는 형태는 '-네'이며, 방언권별로 다양한 형태가 보인다. 청자는 대체로 '자네'와 어울린다고 볼 수 있다.

중부방언에서는 '-네', 충청남도, 강원도에서는 서술격조사 다음에서 '-ㄹ세'가 쓰인다.

자네 돈 빌려 달라고 하는 건 좋은데, 돈이 한푼도 없네. 없을 때 와서 걱정일세.(강원 영월)

아이구 죽은 소 살렸다구 동네 사람들이 또 야단일세.(충남 아산)

평안도에서 사용하는 종결어미는 '-습메', '-소웨', '-습데' 등인데, 대체로 아주높임의 종결어미 '-습메다', '-소웨다', '-습데다'에서 '-습메다 > -습메', '-소웨다 > -소웨', '-습데다 > -습데'의 방식으로 끝부분의 '-다'가 탈락한 모습이다.

그리고 여기 붙어 있는 '-습-'은 높임을 나타내는 것이 아니라 본디 화자의 겸양을 나타내던 '-습-'이 청자를 높이는 기능으로 바뀌면서 높임의

기능을 상실한 것으로 볼 수 있다.[17]

　시방 기차레 **옴메**.(지금 기차가 오네.)(평북 초산)
　기래 개지구 집이 돌아오디 않앗**습메**.(그래 가지고 집에 돌아오지 않았네.)(평북 의주)

　함경도에서는 '-슴(메)', '-오/소', '-지비' 역시 예사높임과 예사낮춤을 넘나들며 통용되고 있는데, '-지비'는 함남에서 주로 사용되는데, 평대의 서술, 의문, 청유형에 두루 쓰일 수 있는 어미라고 한다.
　부시때기를 아궁이에 꽂아 두무 아이 **됨메**.(부지깽이를 아궁이에 꽂아 두면 안 되네.)(함경북도)
　그렇지, 네 애비를 닮은 줄 암메? 그래두 애비르 닮았**지비**, 그까짓 외.(함북 학성)

　전라도의 '-네', '-소', '-가' 등은 높임의 위계가 다른 방언과 차이가 있는데, 표준어의 하오체의 일부와 하게체를 포괄하는 쓰임을 갖는다고 할 수 있다. 그래서 그 쓰임의 폭이 넓은데, 대체로 젊은이들 사이에서 쉽게 발견할 수 있는 말투이며, 남편이 아내에게 하는 전형적인 말투이고, 조부모가 어린 손자들을 귀여워할 때에서 사용하기도 한다. 또 전남 동부 일부 지역에서는 아이들이 엄마에게, 동생이 오빠나 누나에게, 후배가 나이 차가 많지 않은 선배에게 쓰기도 한다.
　성은 언제 올랑**가**? 나 인자사 집에 가**네**.(형은 언제 오려오? 나는 이제야 집에 가려오.)(**동생이 형에게**)
　엄마, 나 양발이 다 떨어져 부러서 몇 커리 사오**소**잉.(엄마, 내 양말이 다 떨어져 버려서 몇 켤레 사 오세요.)(**아이가 어머니에게**)
　우리 새끼 거그서 멋 헌**가**? 우리 손지 참말로 오지**네**(흐뭇하네).(**할머니가 손자에게**)

그리고 전라도에서는 중앙어의 '-ㄹ세'는 잘 쓰이지 않지만 남부 서남방언에서 /ㄹ/이 탈락한 '-시'가 친근한 사이에서 흔히 사용된다.
그렇게 비를 세워서 세워줬다, 아 그러더란 말이시(말일세).(전남 순천)

동남방언에서의 특징은 거제, 진주를 비롯한 일부 지역에서 현재시제의 '-느-'와 '-네-'가 합하여 '-느네'가 쓰이고, 경북 안동, 예천 등지에서 표준어의 '-네'와 같은 뜻인 '-ㄹ세'가 쓰인다는 점이다.
새가 몇 마리 앉았더노? 묻느네.(경남 진주)
그놈 가(개) 말 한번 들어봤으만 좋을세(좋겠네).(경북 봉화)

제주방언에서는 중부방언에서 쓰이는 '-네', '-게', '-세' 등은 나타나지 않고 '-어', '-주', '-메' 등이 주로 대신하고 있다.
궁기를(구멍을) 판(파서) 들어간 게, 그, 저, 굴을 판 안테레(안으로) 막 들어갔어.(제주시)
그 흙은(굵은) 퐁낭(팽나무가) 있는 집이 그 집이주(집이네).(서귀포)
밭 번지가 어시메, 번지, 펭수가 어시메(없네).(서귀포)

[지도13] ~가?(예사낮춤 의문형)

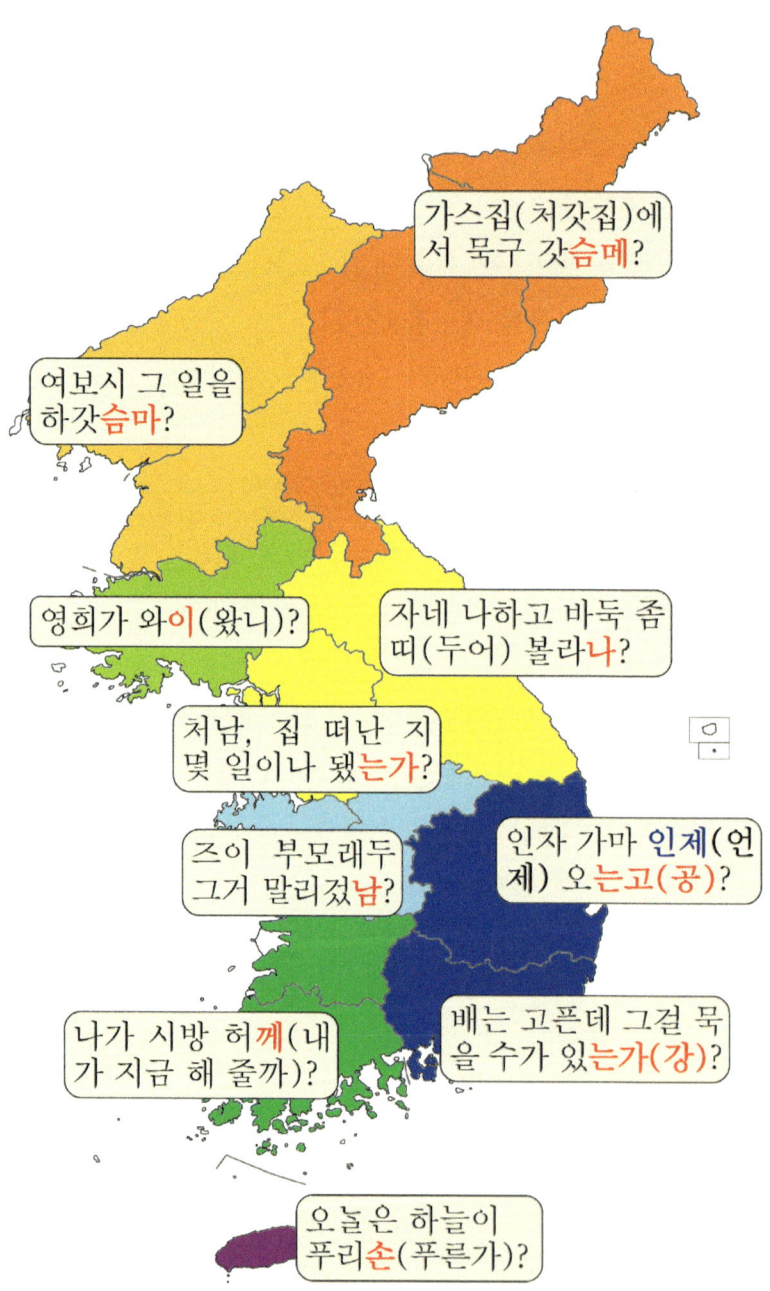

■ ~는가: 예사낮춤 의문형 종결어미 전국 분포

중부방언	평안도	함경도	전라도	경상도	제주도
-는가 -나/누/너	-습마 -소와 -는가	-습메, -습지 -소/오, -는가 -습디(육진)	-은가 -으께	-는가/는고 -는강/는공	-은가/은고 -어, -주 -센/손(여성)

    예사낮춤 의문형은 대체로 '-는가/-은가' 형이 전국적으로 실현되고 있는데, 특이한 점은 경상도와 제주도에서는 설명의문문과 판정의문문에서 달리 실현되고 있다는 것이다.

    중부방언에서는 '-는가'와 '-나'가 쓰이는데, '-나'도 결국 '-는가'의 변화형으로 보고 있다(-는가(ᄂ가) > -능가 > -능아 > -느아 > -나).18)
    강원도 횡성, 양양 지방에서는 '-나' 대신에 '-너'가 쓰이기도 하는데 이것은 주격조사 '가' 대신에 '거'가 쓰이는 것과 같은 방향의 변화라 할 것이다.
  "아유, 선생님 날 좀 살려주소." "그 살리는 재간이 어디케(어떻게) 있나?"(경기 강화)
  아! 와(왜) 자네 왜 그렇게 급하게 오는가?(충남 대덕)
  이 둘째 딸은 우떻케 할라구 그래너(어떻게 하려고 그러니)?(강원 횡성)

    평안도에서는 하게체에서 평서형은 '-습메'이고, 의문형은 '-습마'로 형태적 분화를 보이고 있다.19) 그리고 '-습마', '-소와'는 화자가 청자를 어느 정도 존대하는 것이어야 한다. 그래서 연장자가 청자인 연하자가 성년이 되어서 그를 대접하는 상황, 예를 들어 어른이 나이든 조카에게, 또는 장인이나 장모가 사위에게 하는 말에 적합하다고 한다.[20]

그 친구레 올해 한국에서 들어**옵마**?(그 친구가 올해는 한국에서 귀국하는가?)(평북 초산)

기니까니 그걸 내주갓**습마**?(그러니까 그걸 (대신) 내주겠는가?)(평북 의주)

여보시, 어느 집이 둏**소와**?(여보게, 어느 집이 좋은가?)(평북 운전)

님제레 날 끌구 와 놓구 와(왜) 가라고 하**능가**? 나 안 가갔다.(평북 삭주)

함경도에서도 예사높임과 예사낮춤이 큰 차이를 보이지 않아서 예사낮춤으로 보이는 상황인 장인이 사위에게, 70세 노인이 조카뻘 되는 촌장에게 하는 말에서 예사높임의 종결어미와 같은 '-소/오', '-습메' 등을 사용하고 있다고 한다.

자는 어쨰서 뜬뜬해서 저러고 있**습메**?(쟤는 어째서 뚱해서 저러고 있는가?)(함남)

아이덜으느 잘 자라**오**? 지금 무스거르 하**오**?(함북: **장인이 사위에게**)

동남방언과 제주방언의 특징은 예사낮춤에서 의문사(왜, 누가 등)가 없을 때는 '-는가'이고 의문사가 있을 경우는 '-는고'를 사용한다는 점이다. 이때 경상도의 '-는가', '-는고'가 '-는강'과 '-는공'으로 바뀌면 직접적인 물음 대신 말할이의 의구심이나 추정과 같은 간접적인 물음의 뜻을 갖게 된다.

참고로 '-는강/는공'은 지역에 따라 '예사높임, 예사낮춤, 아주낮춤'으로 다르게 분류하고 있기도 하다.[21]

자네도 같이 갈**란가**?-여보게 이 사람은 **누군고**?(경북)

그가 옳은 인간이 될 텍이 있**는강**?-'이 좋은 처녀여, **우얘다가**(왜) 손목이 없**는공**'
싶어 가주고 가엾기가 한이 없어.(부산)

가이가 질을 막암**신가**?[22]-**누게가** 질을 막암**신고**?(제주)

그리고 제주방언에서는 '-어'와 '-주', '-엔'이 사용되는데 '-주'는 예사높임 등급으로도 사용된다.

차좁쌀 가루에 더운 물을 넣어서 되게 반죽하고는 고리 모양으로 둥그렇게 만든 떡인데, 오메기 모르**주**?(서귀포)

이건 무시거이**엔**?(이것은 무엇인가?)

이거 느 첵이**엔**?(이것은 네 책인가?)

한편 제주에서는 예사낮춤으로 나이 많은 여성들이 쓰는 '-센', '-손'이 있다.

철수가 혹교에서 돌아오랏**센**(학교에서 돌아왔던가)?

오늘은 하늘이 푸리**손**(하늘이 푸른가)?

[지도14] ~게(예사낮춤 명령형)

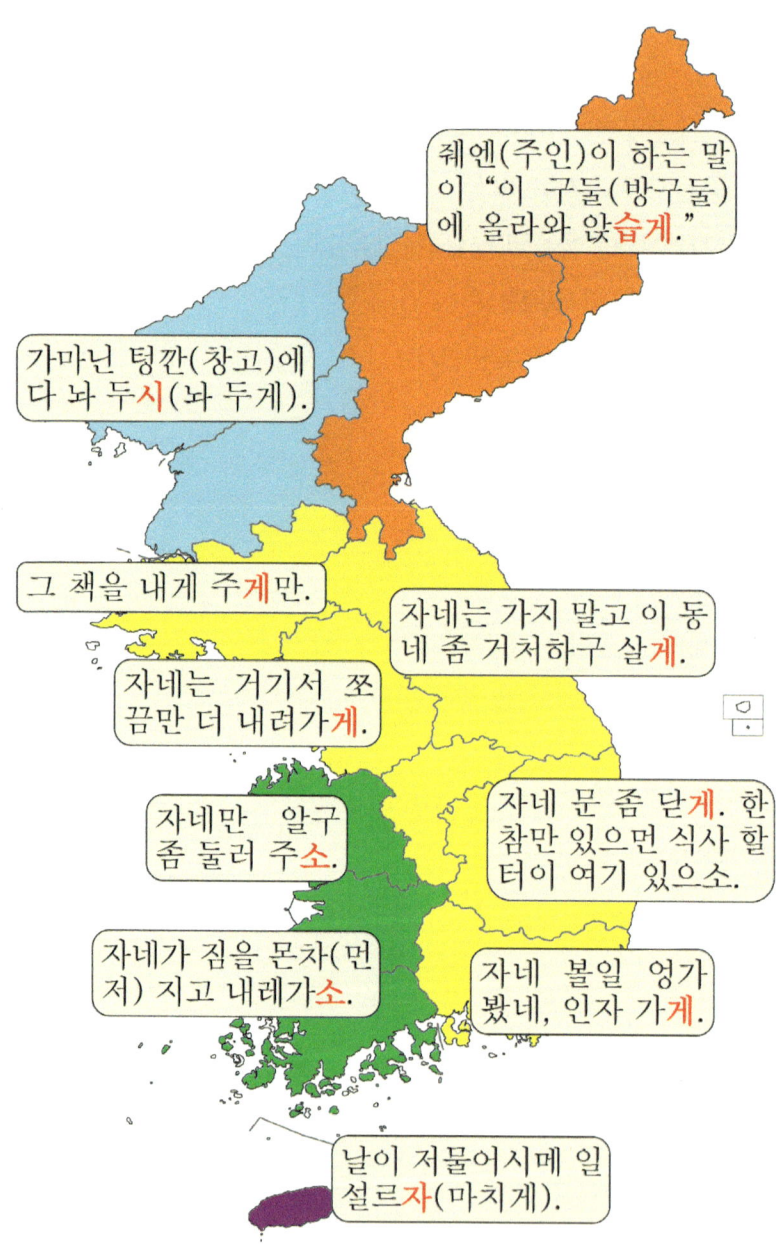

~게: 예사낮춤 명령형 종결어미 전국 분포

중부방언	평안도	함경도	전라도	경상도	제주도
-게 -소(충남)	-으시 -으시다나	-습게/읍게 -소/오 -습지, 습디(육진)	-소 -게(전남일부)	-게	-어, -주 -자 -심(여성)

예사낮춤 하게체의 명령형은 중부방언에서는 경기도, 강원도에서 표준어의 '-게'가 사용되는데, 충남에서는 전라도와 같은 -소가 쓰인다.[23] 그리고 중부방언 '-게나'는 '-게'보다 좀 더 부드럽고 친밀한 느낌을 주는데[24], 젊은 층에서는 잘 쓰지 않는다.

"부자되는 법을 알으켜 주게." "낼 아침에 일찌감치 우리 집으로 오게. 내 부자되는 법을 알으켜 줄게."(경기)

아이구, 가차우면 버선 커리나 제 주게나.(강원)

그 아이를 잘 키울 도리가 있는가 좀 가르쳐 주소.(충남)

평안도의 예사낮춤 명령형 종결어미는 주로 '-으시', '-으시다나'를 쓰는데 이 어미는 청자가 사위이거나 화자보다 나이가 조금 적으면서도 친숙한 사이일 경우 사용한다고 한다.

그리고 평안도에서는 예사낮춤 어미와 호응하는 표현이 '자네'가 아니라 '님재'라고 하고 '여보게'와 같은 굳어진 표현도 '여보시'라고 한다.

님재레 말해달내기 해는 봤쉐만 그만두시 그만둬.(평북 선천)

여보시, 이리앉으시. 여보시, 이리 앉으라우.(장모가 사위에게)(평북 운전)

함경도의 '-습게/-읍게'는 높임의 등급에서 평대(예사높임~예사낮춤)로 두루 사용되지만, 사용되는 환경을 보면 예사낮춤에 더 가까워 보인다.

고바에 가서 왜매재르 가제옵게.(광에 가서 오미자를 가져오게.)(함남)
우티르 벗습게.(옷을 벗게).(육진)

서남방언의 가장 특징적인 것으로는 '-소'를 들 수 있는데 이것은 표준어 예사낮춤인 '-게'에 그대로 대응한다. 물론 전남의 남부 일부 섬 지역에서 표준어와 같은 '-게'가 더러 쓰이고 있다.

여기서 국어의 역사에서 지금은 표준어로 쓰이지 않는 예사낮춤 명령형 어미 '-소'는 16세기 경에 먼저 나타나고, '-게'는 18세기 이후에 출현한 점으로 '-소'가 더 오랜 표현이라 할 것이다.

오늘 애기 쪼금 봐 주소. 모 숭굴라먼 나가 가야 쓰겄네.(오늘 아기 좀 봐 주게. 모 심으려면 내가 가야 하겠네.)(전남 여수)
몬야(먼저) 만났응께, 자네가 큰 사람 노릇을 하게.(전남 신안)

그리고 전라도에서는 형태는 같으나 의미가 전혀 다른 '-게'가 쓰이는데, 예사낮춤이 아니라 표준어 '-시+어(요)'에 대응하며 상대방을 존대하는 발화에서 사용되는 것을 볼 수 있다.

아재, 다리 아픔께 쩌가 앙거게.(아저씨, 다리 아프니까 저기 앉으세요.)(전남 나주)

제주방언의 예사낮춤 명령은 '-어', '-주', '-자'가 쓰인다.

날이 저물어시메 일 설르자.(날이 저물었으니까 일을 마치게.)

[지도15] ~세(예사낮춤 청유형)

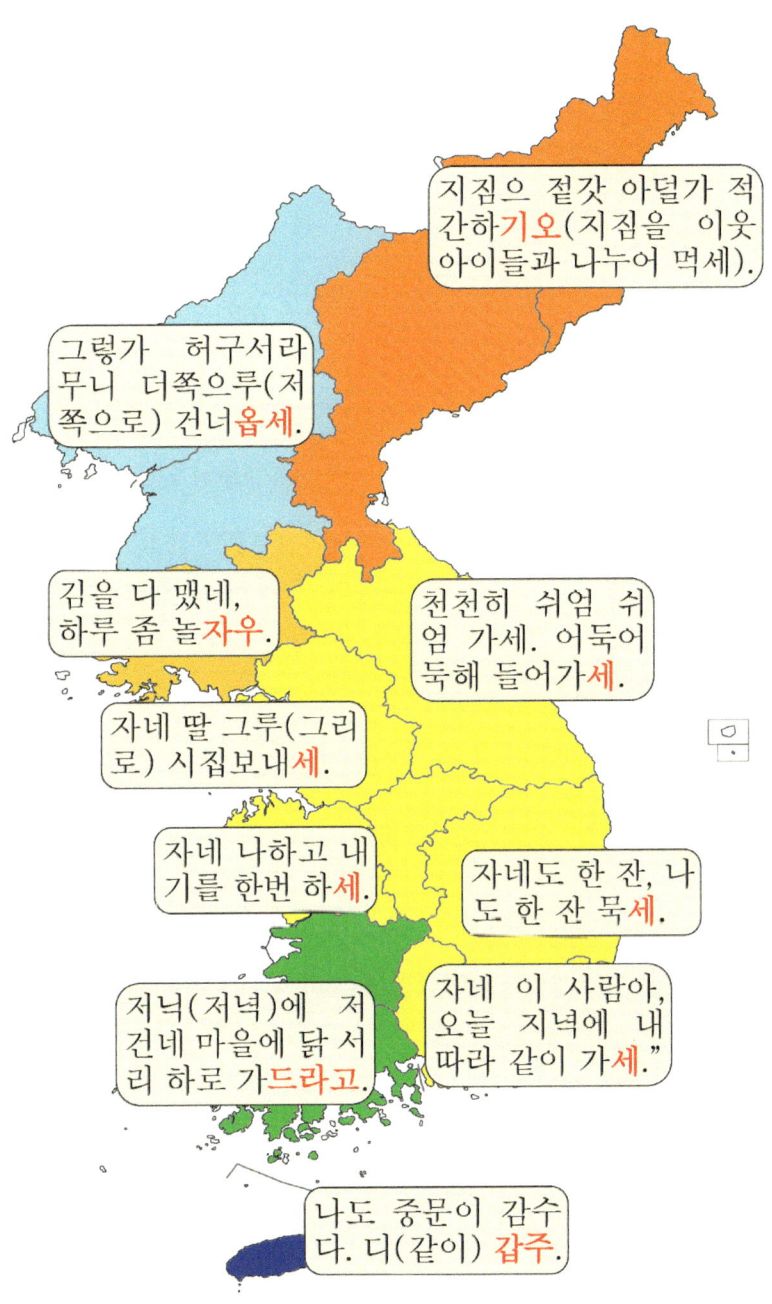

~세: 예사낮춤 청유형 종결어미 전국 분포

중부방언	평안도	함경도	전라도	경상도	제주도
-세 -자우(황해)	-습세/읍세	-습세/읍세, -기오 -습지, -습디(육진)	-세 -드라고	-세	-어, -주

예사낮춤 청유형 종결어미는 평안도, 함경도와 제주를 제외하고는 모든 방언권에서 '-세'가 우세하다.

중부방언의 '-세'는 넓은 지역에서 공통으로 사용되고 있고, 황해도에서는 아랫사람을 대우할 때 '-자우'를 쓴다고 한다.
할아버지가 도깨비 보고, "들어오게, 막걸리나 한 잔 하세."(경기도)

평안도와 함경도에서는 '-습세/읍세'를 들 수 있으며, 함경도에서는 '-기오', '-습지' 등이 쓰인다. 여기에서 '-습세', '-기오', '-습지' 등은 모두 예사높임에서도 사용된 어미인데, 대체로 이 지역이 예사높임과 예사낮춤이 크게 구분되지 않고 사용되기 때문이다. 이때의 '-습-'은 존칭성이 약화되어 실현된다.
사름이 한내 모즈라는데 당신 같이 가압세.(사람이 하나 모자라는데 당신 같이 가세.)(육진)
지낙 믁구 위강창 같이 가기오.(저녁을 먹고 어항 공장에 같이 가오.)(함북 삼수)

서남방언과 동남방언 모두 '-세'가 널리 사용되며, 전라도에서 예사낮춤 청유형으로 흔히 '-드라고'가 사용되는데 이는 상대에 대한 간접적이며 완곡한 명령이나 청유를 나타내는 점에서 '-세'와 말맛의 차이를 보인다.

무슨 놈의 보신을 신어? 다 벗고 앙거서 놀**드라고**.(무슨 놈의 버선을 신어? 다 벗고 앉아서 놀세.)(전남 여수)

야이 머, 신(짚신) 삼을 거 머 있는가. 우리 신 삼지 말고, 오늘 앉아 노**세**(놀세).(경남 거창)

제주방언에서는 '-어'와 '-주'가 그대로 청유형에도 쓰이고 있다.

이디서 ᄀ찌 질을 막**주**.(여기서 같이 길을 막세.)

[지도16] ~ㄴ다(아주낮춤 서술형)

■ ~는다: 아주낮춤 서술형 종결어미 전국 분포

중부방언	평안도	함경도	전라도	경상도	제주도
-는다	-는다	-는다	-은다	-는다	-다, -저(쩌) -나

아주낮춤 서술형 종결어미는 모든 방언권에서 대체로 '-는다'를 사용한다. 다만 특이한 모습으로 전라도에서는 현재형일 때도 '-은다'로 굳어졌고, 제주도에서는 '-나', '-라' 등의 변화형이 보인다.

그리고 아주낮춤의 종결어미라도 지역에 따라서 사용하는 범위나 대상이 다른 경우가 있다. 예를 들어 경북 북부 지역에서는 청자가 친족 여성에게는 반촌의 경우 '하게체(예사낮춤)'를 사용하지만, 민촌에서는 '해라체(아주낮춤)'의 등급을 사용한다는 점이다.
할매, 오늘 내가 장아 간다.(할머니, 오늘 내가 장에 갑니다.)

또 동남방언에서는 아주낮춤에서 특이한 형태도 있는데, 경북 북부 지역에서 쓰이는 부정의 형용사 '이니다'의 경우 '아있다'로 실현되기도 하고, 추정이나 의도를 나타내는 '-을다'가 쓰이기도 한다.
자 이 사람들아 그른게 아있다.(그런게 아니다.)(경북 예천)
그래 이늠이 아무래도 안 될다.(그래 이놈이 아무래도 안 되겠다.)(경북 군위)
피곤하기도 하고 명을 잣다 피곤해서 오늘 못 가주 올다(오겠다.)(경북 봉화)

전라도에서는 현재 사건이나 사실을 서술하는 뜻을 나타내는 종결어미인 '-는다'를 쓰지 않고 현재진행이라 할지라도 대부분의 경우에 '-은다'로 대신하고 있다.

밤중에 종소리가 세 번 나면 살 것이고 그렇지 않으믄 죽**은다**(죽는다).(전남 화순)

인자 매느리가 빨래를 해 가지고 와 가지고는 빨래솥에 빨래를 역고 삶**은다**(삶는다) 말이여.(전남 신안)

제주방언에서는 표준어 현재 진행의 '-ㄴ다'와는 전혀 다른 '-엄쩌', '-쩌'가 대신하고 있으며, 또 특이한 형태인 '-나'가 쓰이고 있다.

철순 지금 밥 먹**엄쩌**(먹고 있다).

아이덜이 지금 흑교 감**쩌**(가고 있다).

낮 말은 새가 듣곡, 밤 말은 쥥(쳉)이가 듣**나**.(낮 말은 새가 듣고, 밤 말은 쥐가 듣는다.)

가가니까 동네 사람들이, "야, 오늘은 가면 틀림없이 죽**나**(죽는다)" 그래서 갔는디, (서귀포)

[지도17] ~니?(아주낮춤 의문형)

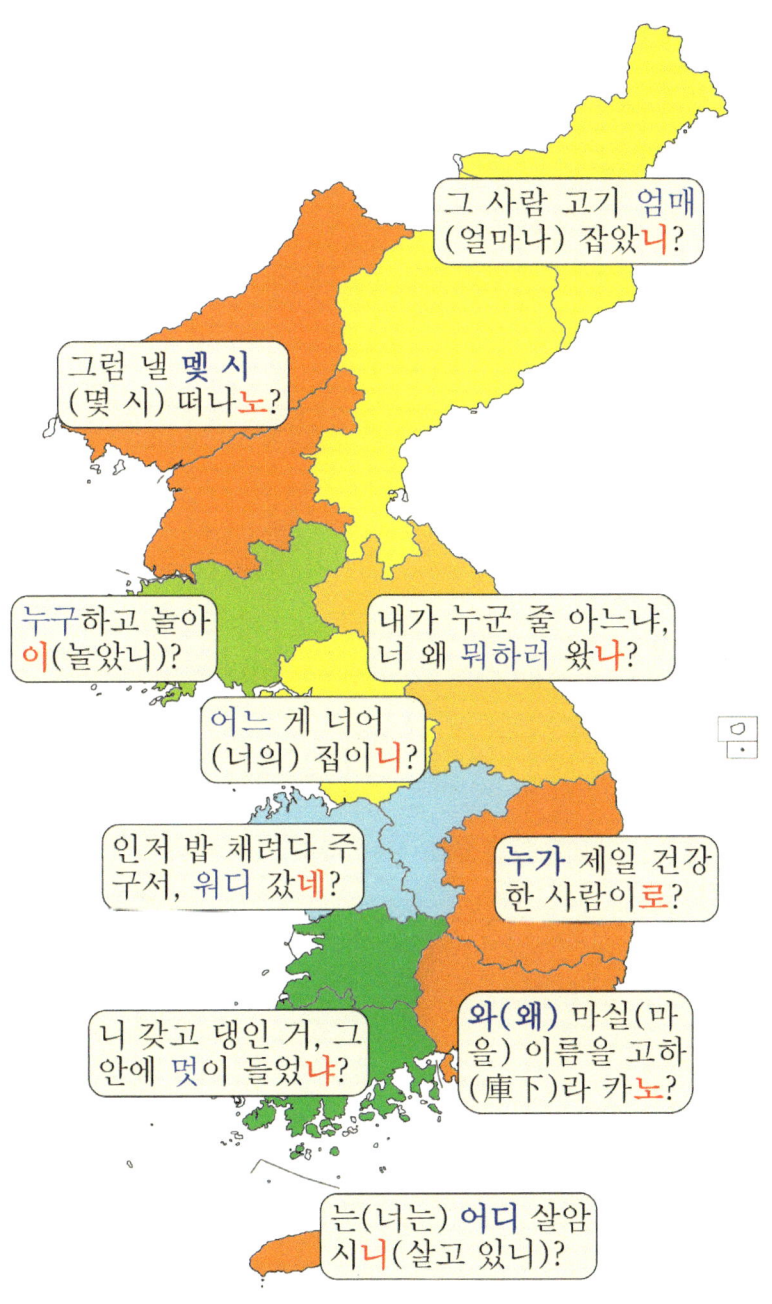

■ ~느냐: 아주낮춤 의문형 종결어미 전국 분포

중부방언	평안도		함경도	전라도	경상도		제주도	
공통	판정	설명	공통	공통	판정	설명	판정	설명
-니, -냐 -나(강원) -네(충청) -이(황해)	(-네,-가) (-언/안)		-니 -냐	-냐	-나	-노	(-네)	
					-가	-고	-가	-고
	-나	-노			-라	-로	-으냐	-으니
							-은디아	-은디

 아주낮춤 의문형의 특이한 점은 의문사가 있을 때(설명의문)와 없을 때(판정의문) 종결어미가 달리 실현되는 방언권이 있다는 점이다. 2가지로 달리 실현되는 지역은 '서북방언', '동남방언', '제주방언'이다.
 이러한 특징은 중세국어에서부터 이어져 온 전통을 그대로 유지하고 있는 모습이다. 즉 중세국어에서 의문사가 없는 판정의문문은 '-아'형이고, 의문사가 있는 설명의문문은 '-오'형이 잘 지켜졌기 때문이다.
 또 하나의 특징은 거의 모든 방언에서 '-느냐'는 그 쓰임이 현저히 줄어들고 있다는 점이다.

 2가지 방식의 질문법이 있는 방언권에서는 의문사가 없는 경우에는 대체로 '아'형(-나, -가)이 사용되고, 앞의 [지도17]처럼 의문사(언제, 누구, 무엇)가 있으면 '오'형(-노, -고) 등으로 바뀐다는 점을 알 수 있다.

이 세 방언 중에서 중세국어처럼 설명의문문에서 '-오(-노, -고, -로)' 형을 가장 잘 유지하고 있는 곳은 동남방언이다. 제주방언에서는 설명의문문에서 '-오'형 이외에 '-으니', '-은디'를 더 볼 수 있는데, 이 중 '-은디'는 2인칭일 때만 사용한다.

그럼 낼 **몇** 시 떠나**노**?-물레질 헐 줄 아**나**?(평안)

니가 소원이 **뭐고**?-누고? 요거 순자 아이**가**?(경상)

누가 제일 건강한 사람이**로**?-니 내 말 들을**라**?(경상)

어들로(어디로) 가는**고**?-지금 질을 막암신**가**?(제주)

는(넌) **누게** 아덜**인디**?-는(넌) 철수 아덜**인디아**?(제주)

그리고 서북방언과 제주방언에서의 '-네'는 판정의문문과 설명의문문 모두에 사용된다.

아이, 개레 **어니메** 잇**네**?(아니, 개가 어디에 있니?)(평안도)

평안도에서 '-네'는 과거시제 '-엇'이나 추측의 '-갓', 회상의 '-더'와 결합할 경우는 각각 '-언', '-간', '-던'으로 바뀐다. 육진방언의 '-니'와 강원도 강릉, 삼척에서의 '-나'도 때때로 /ㄴ/으로 줄어들어 쓰이는 수가 있는데 이는 시북방언과 같다.

영화 **봔**?(영화 봤니?), 죽으먼 어텋가**간**?(어떻게 하겠니?)(평북 선천)

기래 너 한 사람만 주**던**?(그래 너 한 사람만 주더냐?)(평북 초산)

갸아들이 파리 몇 마리나 잡**안**?(그 애들이 파리를 몇 마리나 잡았니?)(육진)

우떠거 **안**?(어떻게 알았니?)(강원 강릉)

그냥 탁 잡아 채니깐, "니가 날 잡으러 **온**(왔니)?"(강원 횡성)

강원도에서는 '-니' 대신에 '-나'가 실현되고, 충청도에서도 '-네'가 나타난다. 전라도에서는 '-느냐'는 잘 쓰이지 않고 주로 '-냐'가 사용된다.

그래, 이 어떻게 돼서 이렇게 모두가 잘 사**나**?(강원 속초)

인저 밥 채려다 주구서, "너 아이기 워디 갔**네**?" "자능개베요."(충남 보령)

우리집 남편은 어찌 안 오**냐**(오느냐)?, 이제까지 안 오**냐**?(전북 부안)

야 아 니가 이놈아 시골서 그따구(그따위) 짓을 해서 서울로 왔는디 엇띠게(어떻게) 중매를 허**냐**(하느냐)?(전남 함평)

경상도와 제주도에서는 '예사낮춤'에서도 '아주낮춤'과 같이 의문사가 있는 설명의문과 의문사가 없는 판정의문에서 차이가 있다는 점은 앞서 말한 바 있다.

자네도 같이 갈란**가**?-여보게 이 사람은 **누군고**?(경북)

가이가 질을 막암신**가**?-**누게가** 질을 막암신고?(제주)

[지도18] ~어라(아주낮춤 명령형)

■ ~어라: 아주낮춤 명령형 종결어미 전국 분포

중부방언	평안도	함경도	전라도	경상도	제주도
-어라	-으라(우)	-으라(우) -나라, 가라(육진)	-어라	-어라 -ㄴ나	-으라

아주낮춤 명령형은 대부분 방언권에서 '-어라'인데, 평안도, 함경도, 제주도에서는 아직도 '-으라'를 사용하고 있는 점이 눈에 띈다.

평안도와 황해도, 제주방언의 '-으라'는 중세국어에서 쓰였던 고어 형태인 명령형의 모습을 아직 그대로 사용하는 모습이다. 참고로 현대 표준어에서는 모두 '-어라'로 바뀌고 안은문장에서만 그 흔적을 보인다(표준어: 그가 '나에게 밥 먹으라'고 한다).

너 여기 좀 앉**으라**.(너 좀 앉아라.)(평안도)
술오메기 떡 못 먹느냐? 먹어지컨(먹을려면) 먹**으라**.(제주도)

평안도에서 아주낮춤 명령의 '-으라'는 예스럽거나 막연하게 시킬 때 사용하고 '-으라우'는 보통 평등으로 말할 때 독촉의 뜻을 나타내는 종결어미가 된다고 한다.[25]

돈을 꼭 갚으**라우**.
빨리빨리 헐레먼 크면 안 대. 작게 허**라우**.

경상도에서는 구비문학대계를 보면 '-어라' 이외에 동사 '오-'의 경우

'-ㄴ나'가 흔히 사용되는 것을 확인할 수 있다. 그리고 전라도, 경상도. 평안도 등에서 명령형 어미에 붙는 '마', '이' 등의 종결조사를 볼 수 있는데, 이는 강조를 나타내기도 하지만 친근한 부탁이나 확인을 의미할 때 사용한다.

이 돈 열 냥 가이(가져) 가서 오늘 다 쓰고 온나.(경북 상주)
고개로 쑤구리고 들어 가거라이.(경북 청도)

그리고 표준말 '-거라', '-너라'가 평안도와 육진방언에서는 '-가라', '-나라' 불규칙을 보인다. 이것은 표준어의 '-너라', '-거라'에 대응하는 말이다. '오너라'는 '오나'로 실현되기도 한다.

넌 가만히 집에 있가라.
내일 우리 집에 오나라.<이상 평안도>
즈르먹길르 가가라. 곧은길르 가무 머다.(지름길로 가거라. 곧은길로 가면 멀다.)
솔잎 좀 가제오나라.(솔잎 좀 가져오너라.)
개 오나(가져 오너라).<이상 육진방언>

제주방언에서는 명령형은 인용구문이 아닌데도 '-으라'를 쓴다. 그리고 명령문처럼 보이는 '-아라'가 쓰인 문장은 평서문인데, 이는 과거의 일을 회상하면서 말할 때 어말어미를 '-라'로 바꾸고 그 앞에 회상의 선어말어미 '-아-/-어-'를 결합시켜 준 문장이다.26)

경 됐젠 응, 그 말건 들으라.(그렇게 되었다고 응, 그 말하건 들어라.)(서귀포)
가이가 ᄀ싸 질을 막아라.(그 애가 아까 길을 막더라.)

[지도19] ~자(아주낮춤 청유형)

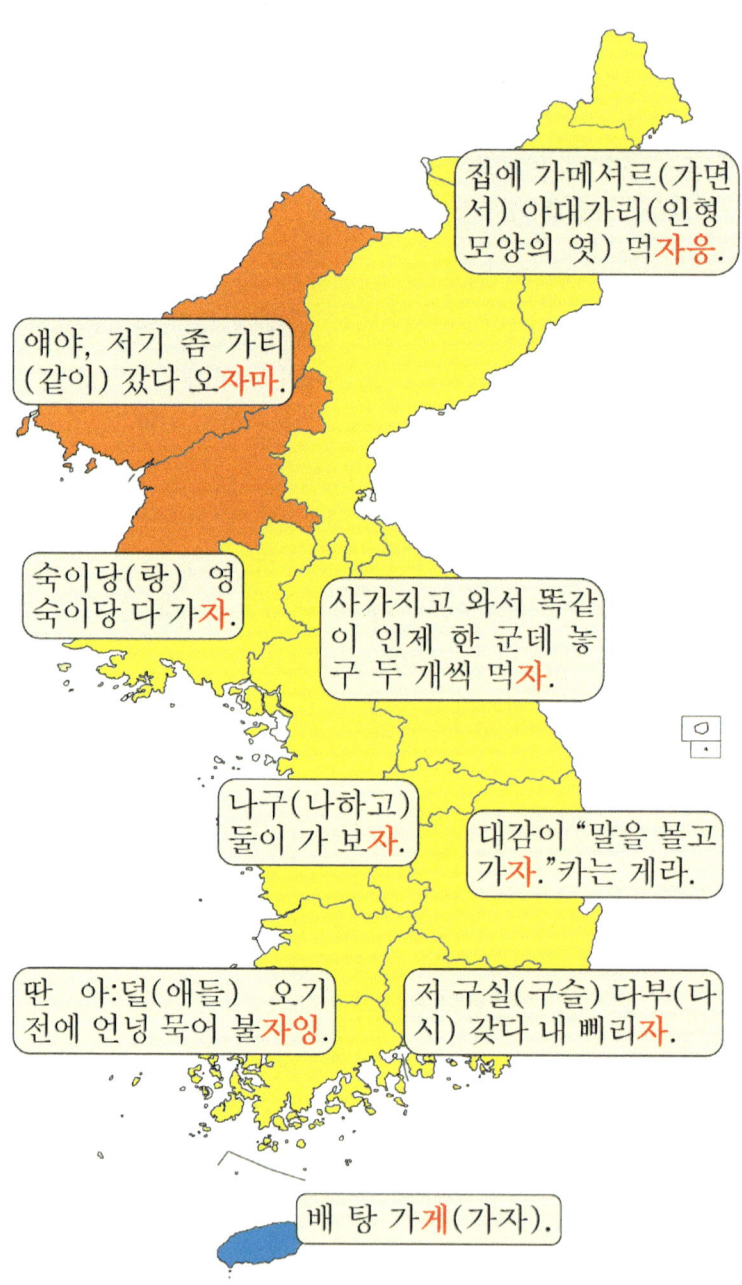

■ ~자: 아주낮춤 청유형 종결어미 전국 분포

중부방언	평안도	함경도	전라도	경상도	제주도
-자	-자(우) -자무나, -자마	-자	-자	-자	-게 -자, -저

화자가 청자에게 자기와 행동을 함께하기를 요구할 때 사용되는 아주낮춤 청유형 종결어미에서 제주도를 제외한 전체 방언권에서 '-자'형이 쓰이고 있는 것을 알 수 있다.

평안도에서 '-자(우)'와 '-자마', '자무나', '-자꾸나' 등이 함께 쓰인다. '-자우'는 '-자'에 비해 상대적으로 격식을 가질 때 사용된다. '-자마'는 '-마'와 결합으로 '화자가 청자의 행위에 대한 화자의 바람을 나타내지만 명령의 의미는 아니므로 청유형에 속한다.

밥 짝으먼 "까말티 먹**자우**" 기래.(밥이 적으면 "누룽지 먹자"고 그래.)
밤에 야덟 시 넘어 달아나**자마**.(밤에 여덟 시 넘어 달아나자.)(이상 평북)

제주방언의 청유형 종결어미는 특이한데 '-자'와 '-서' 말고도 '-게'가 있다.

어서 앙가**저**(찾아가자).
"야, 낭 지레 가**게**.(야, 나무 지러 가자.)", "난 말다.(난 싫다)"

[지도20] ~어(반말 서술형)

■ ~어: 반말(두루낮춤) 서술형 종결어미 전국분포

중부방언	평안도	함경도	전라도	경상도	제주도
-어, -지 -아(강원일부) -여/야(충청)	-어 -디	-지비(배) -지, -디(육진)	-어 -제	-라/래 -제	-여

반말[2]은 '해체'라고 하며 표준어에서 '-아', '-어', '-지' 등의 종결어미로 실현되는 두루낮춤을 말하는데 대체로 '하게체'와 '해라체'를 포괄하는 형식으로 두루 쓰일 수 있는 말투이다. 얼른 버릇없는 말투로 들릴 수도 있으나 대체로는 상대방에 대한 친밀감을 나타내는 말투로 볼 수 있다.

참고로 중부방언의 '-어'는 강원도 영동에서 '-아'로 실현되는 경우가 보인다. 또 충청도에서는 '-여', '-야'가 많이 나타난다. 이때 나타나는 '-댜'는 간접 경험이나 인지한 명제에 대한 사실을 전제로 하기 때문에, '-데(직접 경험)'와 차이를 보인다.[27)]

명승지 하나 있어서 포매친 상이다, 견불리라 한다. 그 순간은 명당지 하나 있**아**.(강원 속초)

이웃에 이러고 살아도 말 한마디 이래 도투막질 하는 건 읎**아**[음**싸**].(강원 강릉)

말이구 뭐이구 뭐 그냥 집어 내 뻐리구서는 그냥 내빼 오**능겨**.(충남 대덕)

구렁이가 들어 와서 그 궤짝을 칭칭 감어서루다가 용을 쓰구서루다가 그냥 그것이

---

2 흔히 국어학적 개념이 아닌, 일반적인 '반말하다'를 상황에 따라 상대방을 무시하면서 하는 말투로 받아들이기도 한다.

굉장히 세**댜**(세다고 해).(충북 청주)

그리고 평안도와 함경도에서는 구개음화가 되지 않은 '-디'가 보인다. 주로 함경남도에서 널리 쓰이는 독특한 형태인 '-지비'는 앞에서 예사높임으로도 쓰이는 것을 보았는데, '동년배 또는 손아랫사람에 대한 답을 할 때'도 사용한다.

참고로 동북방언과 육진방언의 연구자들은 대체로 반말의 등급을 선호하지 않았는데, 이 지역의 화자들은 '반말'이라는 말을 흔히 쓰지만 완말(높임의 표현을 완전하게 드러낸 말)에 대응하는 말이며, 써서는 안 될 경계의 대상으로 여기고 있다고 한다.[28]

넝감보구 "딴 데루 이새 가자우" 기랫**디**. (영감보고 "다른 곳으로 이사 가자"고 그랬지.)(평북 초산)

그래두 애비르 닮았**지비**. 그래 월급은 얼마라디?(함북 학성)

반말하디 말라구 해두! 반말 써 놓우무 습관이 돼 못 고틴단(고친단) 말입구마. 완말으 해 버릇해야 데**디**.(육진)

전라도, 경상도에서는 '-지'가 약간 변형된 '-제'로 나타나며, 서남방언에서는 '-여', '-이야'가 쓰이기도 한다.

그 앞의 둥치을 하나 비이 내마 될 겐데 그것도 모르고 헛고상하**제**.(그 앞의 나무 밑동을 하나 베어 내면 될 텐데 그것도 모르고 헛고생을 하지.)(경북 성주)

음력 사월 초파일날이면 등불놀이를 히**여**(해).(전남 화순)

멀리 갈 것이 없이**야**.(멀리 갈 것이 없다.) 요 너머에 가다가 거기다가 닻을 놓고 어망을 드려라.(전북 부안)

경상도의 경우 '이다, 아니다'에 이어지는 '-어' 대신에 '-라', '-래'를 주로 사용하고, 또 경상도, 함경도에서 반말의 종결어미 '-어'가 잘 쓰이지 않고, 대체로 해라체 표현으로 대신하는 경우가 많다. 이것은 아마 우리나라 동부 지역에서 반말의 '-어'가 발달하지 못하였기 때문으로 보인다. 그래서 '-라', '-래'는 그 기능이 다른 지역의 반말보다는 이 지역에서는 오히려 아주낮춤의 등분에 속한다고 보기도 한다.

그 처녀를 따라갔어. 가븐께네 저 챙이(키) 만들고 그 유기 그릇하는 그 집이라.(경남 거창)

또 몇 해 있다가 그 중이 인제 한 일 년 지냈는 동 왔든 모양이래(모양이라).(경북 안동)

제주도에서 사용하는 아주낮춤과 예사낮춤의 어미에 두루 쓰이는 반말체로 '-여'를 들 수 있겠다. 제주방언의 반말투 종결어미에는 비격식투의 대우 화용 첨사 '마씀, 마씸'이 덧붙을 수 있다는 점에서 쉽게 반말투 여부를 판정할 수 있다고 한다.[29]

원 그 사름인지(사람인지) 만지(아닌지) 모르고, 먼저 도덕놈인지 만지 몰른 사름이 와서 그렇게 했다 말이여.(서귀포)

[지도21] ~어(반말 의문형)

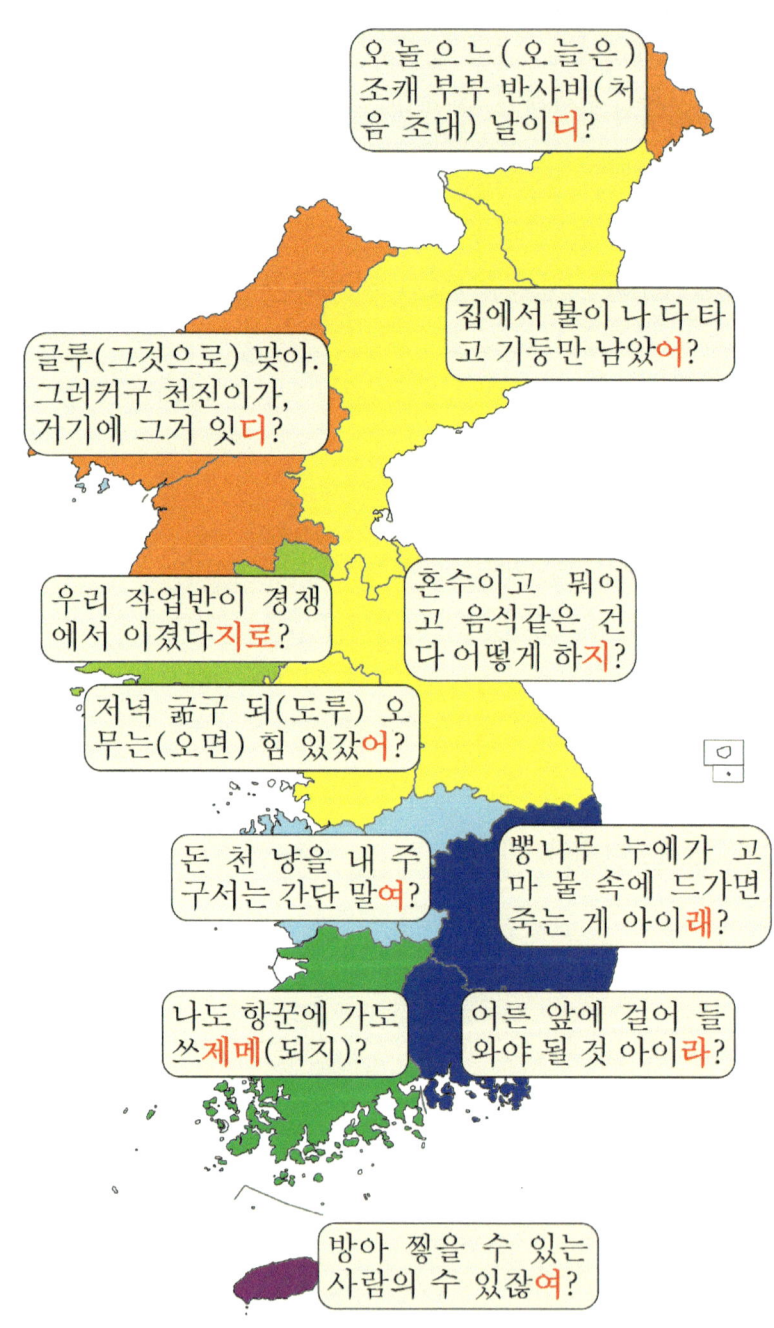

■ ~아: 반말(두루낮춤) 의문형 종결어미 전국 분포

중부방언	평안도	함경도	전라도	경상도	제주도
-어, -지 -야(강원일부) -여/야(충청) -간/남(충청)	-어 -디	-지 -디(육진)	-어 -제(메)	-라/래 -제	-어 -여

표준어에서 반말의 의문형 종결어미 역시 서술형과 동일한 '-어', '-지' 인데 이들 문말 억양을 높여주면 그대로 의문문이 된다.

그래서 중부방언의 충청도에서 반말의 서술형 어미 '-여', '-야'가 의문형에서도 그대로 억양을 달리하며 실현되고 있다. 그리고 충청도에서는 '-간', '-남', '-감', '-담' 등의 어미를 볼 수 있다.

크은 절이 있어. 무량절(無量寺) 겉은 절이 있덩개벼(있던가 봐)?(충남 보령)

관리인꺼정 뒈야 허는디 우리가 무신 돈이 있간?(충남 서산)

그냥 훠어넌(훌쩍) 그 산이루해서 도망해서, 암만해두 여자가 따러오겄남? 남자 내빼는디.(충남 부여)

서남방언에서는 '-지'의 변이형 '-제'에 '-메/멩'이 붙어서 확인의 의문을 나타내는 경우가 있다.

와 본개 부모님 뫼를 썼는디 요새 왜 이렇게 찔쭉허니(길쭉하게) 나와 있제?(전북 부안)

중국에 이 산동성 거기에 천태산 유명헌 산이 있다메?(전북 정읍)

그리고 평안도와 함경도 육진방언 위주로 역시 구개음화가 되지 않은 '-디'형이 쓰이는데, 이는 표준어 두루높임의 '-지'형에 대응하는 어미다.

너 멀 채레 나왓구나. 알디 머, 멀 채레 나왓디?(너 뭘 훔치러 나왔구나. 알지 뭐, 뭘 훔치러 나왔지?)(평안도)

오놀으느 조캐 부부 반사비 날이디?(오늘은 조카 부부 반살미(신혼부부를 친척집에서 초대하는) 날이지?)(함경도)

경상도에서는 두루낮춤 반말의 종결어미로 '-라', '-래', '-제', '-지러' 등이 의문형에 쓰인다. 황해도 일부 지역에서도 '-지러', '-지로'가 쓰인다고 보고되어 있다.[30]

냄새는 나고 있는데 그래도 그것도 모리는 기라?(경남 진주)

누에가 고마 물 속에 드가면 죽는 게 아이래?(경북 안동)

야, 가래질 마카(모두) 준비해 났지러?(경북 영덕)

하이고 하이고, 야 요거 요 개! 개 와 쫓는동 모르제?[31](경북 경주)

저 선생이 수학선생이지러?(황해도)

제주도에서 '-여'는 억양을 달리하여 물음법에도 쓰인 것을 알 수 있다.

눈 둘레가 범(虎) 모냥이여. 동끄라앙 매눈(참매의 눈) 동그랑지 안여(않아)?(서귀포)

제 3 장
한국어 방언의 음운

1 음운체계

2 음운변화

1 음운체계

[지도22] 게(갑각류)(모음 목록)[1]

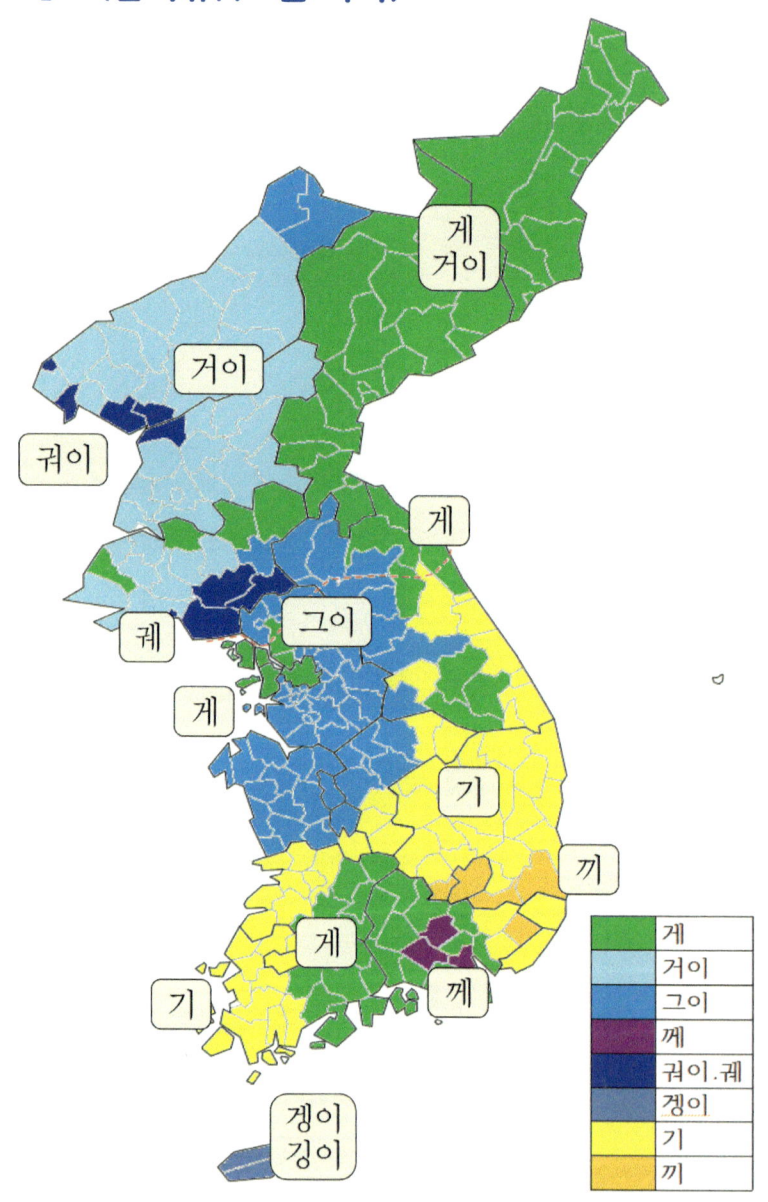

[1] 이 책의 모든 군 단위 지도는 남한의 경우 〈한국방언자료집(한국정신문화연구원, 1980년대)〉을 그대로 반영하였고 북한의 경우는 그동안 조사된 가장 보편적 자료를 인용하여 제작하였다.

■ 게(蟹): 단모음 /ㅔ/의 전국 분포

중부방언	평안도	함경도	전라도	경상도	제주도
게, 그이, 기	거이, 궈이	게, 거이	게, 기	기, 끼, 게, 께	겡이, 깅이

■ 단모음 목록의 방언권별 현황

단모음		개수	ㅏ	ㅗ	ㅓ	ㅡ	ㅜ	ㅣ	ㅐ	ㅔ	ㅚ	ㅟ	아래아
중부방언	노년층	10	○	○	○	○	○	○	○	○	○	○	×
	젊은층	7	○	○	○	○	○	○	O/E/(중간음)		×	×	×
	황해도	9	○	○	○	○	○	○	○	○	○	×	×
평안도		8(6)	○	○	○	○	○	○	○	○	×	×	×
함경도	노년층	10	○	○	○	○	○	○	○	○	○	○	×
	젊은층	8	○	○	○	○	○	○	○	○	○	○	×
전라도		9	○	○	○	○	○	○	O/E/(중간음)		○	○	×
경상도		6	○	○	○	○	○	○	O/H/		×	×	×
제주도		9	○	○	○	○	○	○	○	○	×	×	○

우리말의 모음 중에서 가장 어려운 것이 /ㅔ/와 /ㅐ/를 구분하는 일이라고 한다. 듣고 뜻을 구별하기가 힘들 뿐만 아니라 또 구분하여 말할 수 있는

사람이 점점 줄어가고 있기 때문이다.

   표준어 국어의 단모음은 10모음체계이지만 위의 [지도22]에서처럼 '게(蟹 바닷가 갑각류)'를 [기]라고 말하는 지역은 대체로 /ㅔ-ㅐ/를 구분하지 못하고 한 가지로만 쓰기 때문에 그만큼 단모음의 숫자가 적은 지역이라고 볼 수 있다.
   다시 말하면 이러한 지역은 대체로 '개(犬)-게(蟹)' 구분이 잘 안 되는 지역이어서 /ㅔ-ㅐ/의 중간음 /E/로 발음하거나 /ㅔ/나 /ㅐ/ 어느 한쪽으로 발음한다. 반면에 '게'('거이', '그이' 포함)라고 발음하는 지역은 대체로 /ㅔ/와 /ㅐ/가 모음체계로 자리잡고 있는 지역이기 때문이다.

   중부방언은 대체로 10모음체계인데 최근 연령층에 따라 급격하게 모음체계가 변화하고 있어서 10~7모음의 다양한 체계를 보여준다고 한다. 예를 들어 /ㅔ/와 /ㅐ/는 중부방언의 노년층에서 공통적으로 변별되지만 젊은층에서는 차츰 변별이 약화되어 가는 중이라고 한다. 또 연령이 낮을수록 단모음 /ㅚ/가 이중모음(/ㅞ, ㅙ/)이나 단모음(/ㅔ, ㅐ/)으로 실현되고 (예: 쇠다→쇄다, 세다), /ㅟ/가 이중모음 /ㅟ[wi]/나 단모음 /ㅣ/로 실현된다고 한다(뒤→뒤:, 디). 그리고 /ㅔ/와 /ㅐ/의 대립은 제1음절보다는 제2음절 이하에서 그 변별력이 점차 빨리 사라지고 있다.

   서북방언은 전통적으로 8개의 단모음을 가졌지만, 광복 이후에 출생한 화자들 대부분은 6개의 단모음(/ㅣ, ㅔ, ㅐ, ㅏ, ㅜ, ㅗ/)만을 발음한다고 하는데, /ㅓ/는 후설 원순모음인 /ㅗ/로 합류되어(예: 어마이→오마이) 구분이 잘 되지 않고, /ㅡ/는 /ㅜ/에 합류되었다(예: 느리다→누리다).

또 표준어 /ㅐ, ㅔ/ 등은 [아:이](가:이 < 개, 犬), [어:이](거:이 < 게, 蟹)로 실현된다. 이것을 통하여 /ㅐ, ㅔ/의 이전 형태가 이중모음이었음을 시사해 주는 증거로 본다.

동북방언은 10모음체계이지만 서북방언과 같이 /ㅓ/와 /ㅗ/의 음성 간극이 매우 좁아 평상적인 발화에서는 구분이 안 되어서 '거저'를 [고조]와 같은 방식으로 발음한다. 이러한 /ㅓ/ → /ㅗ/ 대립 상실은 젊은 세대에서 더욱 현저하다. 동북방언도 서북방언처럼 10모음체계에서 8모음, 6모음체계로 바뀌고 있다고 한다.

서남방언은 /ㅔ-ㅐ/가 대체로 동부 쪽에서는 변별이 잘 되고, 서부는 변별이 잘 안 되어 /E/로 통합되는데, 차츰 이 둘을 구분하지 못하는 지역이 늘어나고 있는 실정이다. /ㅚ, ㅟ/도 이중모음이나 /ㅔ/, /ㅣ/ 등의 단모음으로 바뀌고 있다.

경상도 말에 대한 인상 중 가장 큰 특징은 모음 수가 6개로 매우 적다는 점이다. /ㅚ, ㅟ/는 단모음으로 발음되지 않고, /ㅔ/와 /ㅐ/가 구별되지 않으며 노년층의 말에서는 /ㅡ/와 /ㅓ/도 구별이 잘 되지 않는다. 이처럼 모음 수가 적은 부족한 부분을 성조를 통하여 보완하고 있다. '말' 소리만 듣고서도 '말(言語), 말(馬), 말(斗)' 3가지의 뜻을 구분할 수 있는 것이다.

그런데 경상도 일부 지역에서는 /ㅔ-ㅐ/가 구별되며, 젊은층의 경우에는 /ㅡ/와 /ㅓ/가 변별되는데, 최근에 차츰 그러한 경향을 보이는 것은 교육에 의한 문자를 의식한 결과로 보인다.

제주방언에는 현대 표준어에서 사라진 아래아(/·/)가 존재한다는 점이 특징이다. 그래서 '흔저 옵서예'라는 노래 가사가 마치 [혼자 옵서예]처럼 들리기 때문에 다른 지역 사람들이 오해를 하기도 했었다. 그리고 제주도에서도 젊은 세대로 올수록 차음 /·/와 /ㅗ/, /ㅔ/와 /ㅐ/를 구별하지 못한다고 한다.

[지도23] 정거장, 쌀(米)(자음 목록)

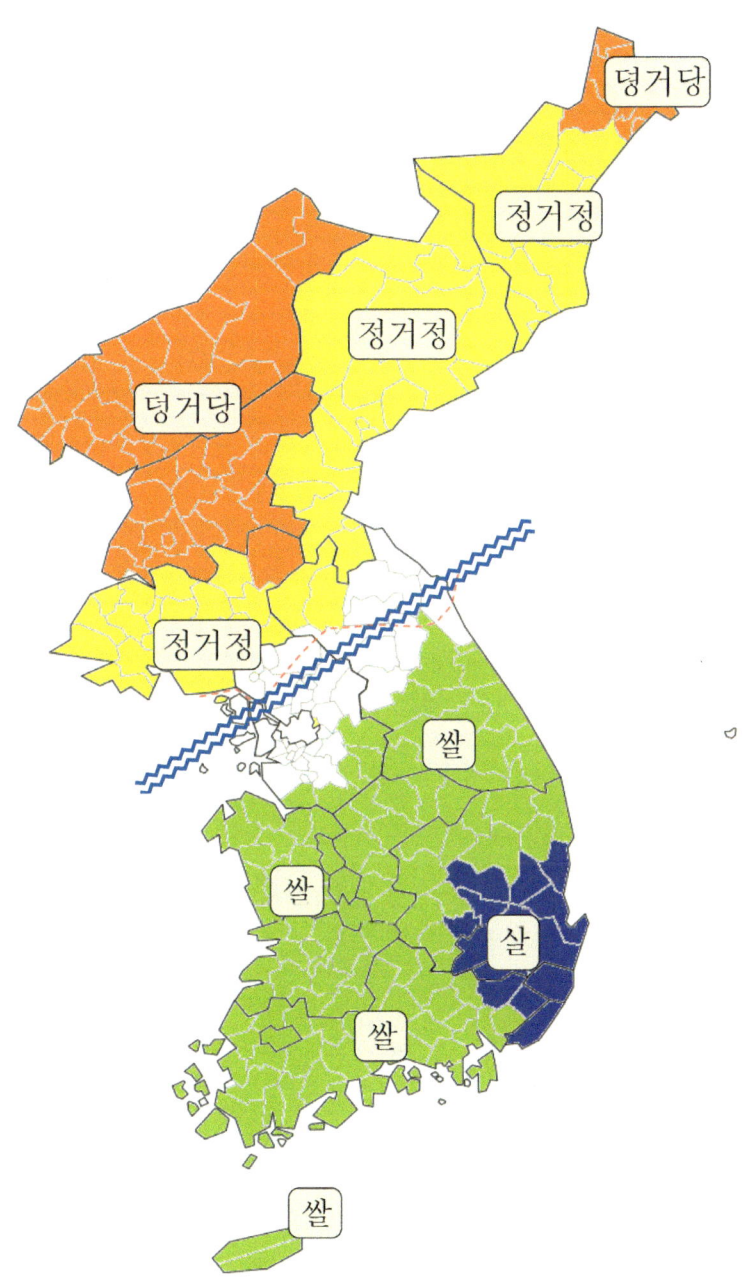

■ 정거장(북한), 쌀(남한) : 자음 /ㅈ/, /ㅆ/의 전국 분포

중부방언	평안도	함경도	전라도	경상도	제주도
쌀(米)	쌀	쌀	쌀	살, 쌀	쌀
정거장 정거정(충청)	덩거당	정거장 덩거당(육진)	정거정	정거정	정거장

■ 자음 목록의 방언권별 현황

방언권	자음수	자음 목록
동남 방언	18개	ㄱ,ㄴ,ㄷ,ㄹ,ㅁ,ㅂ,ㅅ,ㅇ,ㅈ,ㅊ,ㅋ,ㅌ,ㅍ,ㅎ,ㄲ,ㄸ,ㅃ,ㅉ(경북 일부, 경남 일부 지역에는 ㅆ이 없어 ㅅ으로 발음됨)
기타 방언	19개	ㄱ,ㄴ,ㄷ,ㄹ,ㅁ,ㅂ,ㅅ,ㅇ,ㅈ,ㅊ,ㅋ,ㅌ,ㅍ,ㅎ,ㄲ,ㄸ,ㅃ,ㅆ,ㅉ
평안 방언	19개	ㅈ,ㅊ= ㄷ,ㅌ과 비슷하게 소리가 남 ㄷ>ㅈ 변화(구개음화) 안 된 말이 많음

우리말 자음 중에서 하나의 특이한 점이 2가지 있는데 하나는 일부 동남 방언에서 /ㅅ/과 /ㅆ/의 대립이 잘 안 된다는 것이다. 그래서 경상도에서는 /ㅆ/ 발음을 잘하지 못해서 '살(膚, 피부)'과 '쌀(米, 곡식)'을 둘 다 [살]이라고 발음하는 경우를 한국 사람이라면 누구든 한 번쯤은 경험해 보았을 것이다. 그래서 이러한 지역에서는 '쌀[살]'뿐만 아니라, 군대에서 군가를 부를 때 '싸움'도 [사움]이라고 하는 경우를 보기도 한다.

그런데 /ㅅ-ㅆ/ 변별은 같은 경상도에서도 지역에 따라 차이를 보이고 있는데, 같은 경상도라 하더라도 낙동강을 경계로 동과 서로 구분되고 있어 자연환경과 방언분화의 상관관계를 알 수 있다. 그런데 요즈음 오늘날 학교 교육의 영향으로 차츰 변별이 가능해지고 있다고 한다.

또 하나 자음에서 특이한 점은 표준어 '정거장'을 평안도에서는 '덩거당'이라고 한다는 점이다. 이것은 /ㅈ, ㅊ/의 소리가 좀 다르기 때문인데, 평안도와 황해도 일부, 육진방언에서 입 안쪽의 입천장에서 소리가 나는 구개음(/ʧ/)이 아니고, 그보다 더 앞쪽인 혀끝과 잇몸에서 소리가 나는 치조음(/ts/)으로 발음되어 마치 /ㄷ, ㅌ/과 같은 소리로 들리기 때문이라고 한다. 그래서 평안도 방언에서는 아직도 '정거장'을 아직 구개음화가 되지 않는 '덩거당'으로 발음하는 것이다.[1]

알고 보면 세종대왕 당시의 말인 '뎐디(천지, 天地)', '텨르(처럼)'를 평안도에서는 [턴디], [터럼] 말하기 때문에 아직도 중세국어 당시의 고어 형을 간직하고 있는 셈이라고 할 수 있다.

물론 현재 북한의 조선말규범집(1966년 제정)에는 '천지' 처럼 구개음화가 된 모습을 표준어(문화어)로 삼았다.

이러한 차이전이 있지만 표준어와 대부분의 방언에서도 위의 표에서 보는 것과 같이 자음의 숫자는 19개이다.

2 음운변화

[지도24] 파리(아래아의 변화)(교체)

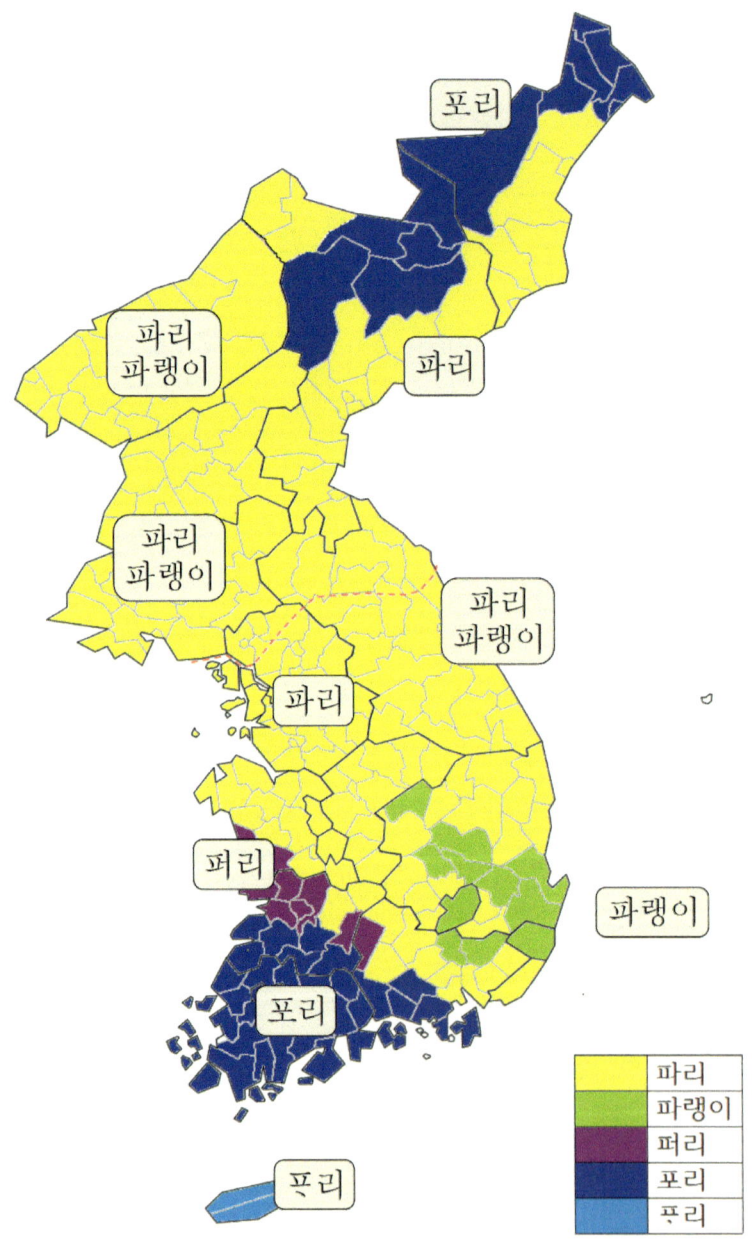

■ 파리: 아래아(·) 변화의 전국 분포

중부방언	평안도	함경도	전라도	경상도	제주도
파리 파랭이(황해)	파리 파랭이	포리 파리	포리 퍼리	파랭이 파리 포리(경남일부)	ᄑᆞ리

위 [지도24]는 중세국어의 'ᄑᆞ리'에서 보이는 아래아(·)가 어두 음절의 양순음 /ㅍ/ 뒤에서 어떻게 변하여 현재에 이르렀는지를 보여주고 있다. 즉 대부분의 지역에서 /·>ㅏ/의 적용을 받아서 'ᄑᆞ리>파리'로 변하였는데, 지역에 따라서는 /·>ㅗ/의 변화 규칙의 적용을 받아서 'ᄑᆞ리>포리'로 변한 모습을 보여준다.

표준어와 같이 'ᄑᆞ리>파리'의 적용을 받은 지역은 중부방언을 비롯한 대부분의 방언권이고, 'ᄑᆞ리>포리'로 원순모음화한 방언권은 전라도를 비롯하여 경남 일부와 함경도 일부인 것을 알 수 있다. 전라북도 일부에서는 '퍼리'가 자리잡고 있는 것도 눈여겨 볼 필요가 있다.

베람빡(벽)을 놓고 두세비(두꺼비) 집을 맹글었어. 거다 놔두고는 **포리**(파리)도 잡아주고, 밥도 쪼까씩(조금씩) 주고.(전남 장성)

포리(파리)가 방 천장에 요 딱 올라 붙어 있거덩요, 아고 이, 이 퐅죽(팥죽) 묵고 죽어야 되낀데.(경남 진주)

푸른 **퍼리**(파리)가 붓대를 흔든다. 아, 이상헌 소리지. **퍼리**가 와서 어떻게 붓대를 흔들겄어?(전북 군산)

이러한 양순음 아래에서 'ᄋ>오'의 분포의 모습은 중앙어와 거리가 먼 지역에 존재하는 것을 쉽게 알 수 있다. 함경도에서도 '프리>포리'처럼 /ᄋ>오/ 원순모음화를 겪은 지역을 좀 더 구체적으로 살펴보면 함경북도 최북단인 육진지역과 함경남도의 혜산·삼수·갑산 등을 중심으로 활발하다고 한다{예:몬지다(만지다), 몬아바니(맏아버지, 큰아버지), 볿다(밟다), 폴(팔), 뽈다(흡착)}. 다만 '볿다(<볿다)', '볿은'만은 함경도 넓은 지역에 분포한다.

참고로 함경도는 고려말, 조선초에 우리나라 영토로 편입되었고, 세종 때 하삼도(下三道) 주민의 이주(移住)정책에 힘입어 전라도, 경상도, 충청도 사람들이 이주하게 되었다. 이러한 사실을 고려할 때 이주민의 언어, 즉 전라도, 경상도 방언의 전형적 특징으로 언급되는 '몰(馬)', '뽈다(吸着, 洗滌)', '포리(파리)' 등 양순음 아래 /ᄋ>오/의 원순모음화를 겪은 형태가 압록강 두만강 주변에서 흔히 발견되는 것도 이러한 이유 때문으로 보인다.

제주도는 특이하게도 지금도 중세국어의 'ᄋ'가 그대로 남아 있는 'ᄑᆞ리'인데, 이렇게 아래아가 있는 어휘의 예를 들어 보면 'ᄆᆞ디(마디)', 'ᄆᆞᆯ(馬, 말)', 'ᄑᆞᆯ다(팔다)', 'ᄂᆞᄆᆞᆯ(나물)', 'ᄉᆞ나이(사나이)' 등 많은 어휘가 남아 있다.
　막살이는(움막살이는) 무신 사름 발 뻗언(뻗어도) 눕도 못허게 살아 노니 벤소깐이 그 옆이 **ᄑᆞ리**(파리)가 막 오고(북제주)
　그제는 제주시에도 전부 농업이라낫지. 소도 질루고(기르고), **ᄆᆞᆯ**(馬)도 질루고(기르고), 농서도 허고,(제주시)

[지도25] 남(他人)(아래아의 변화)

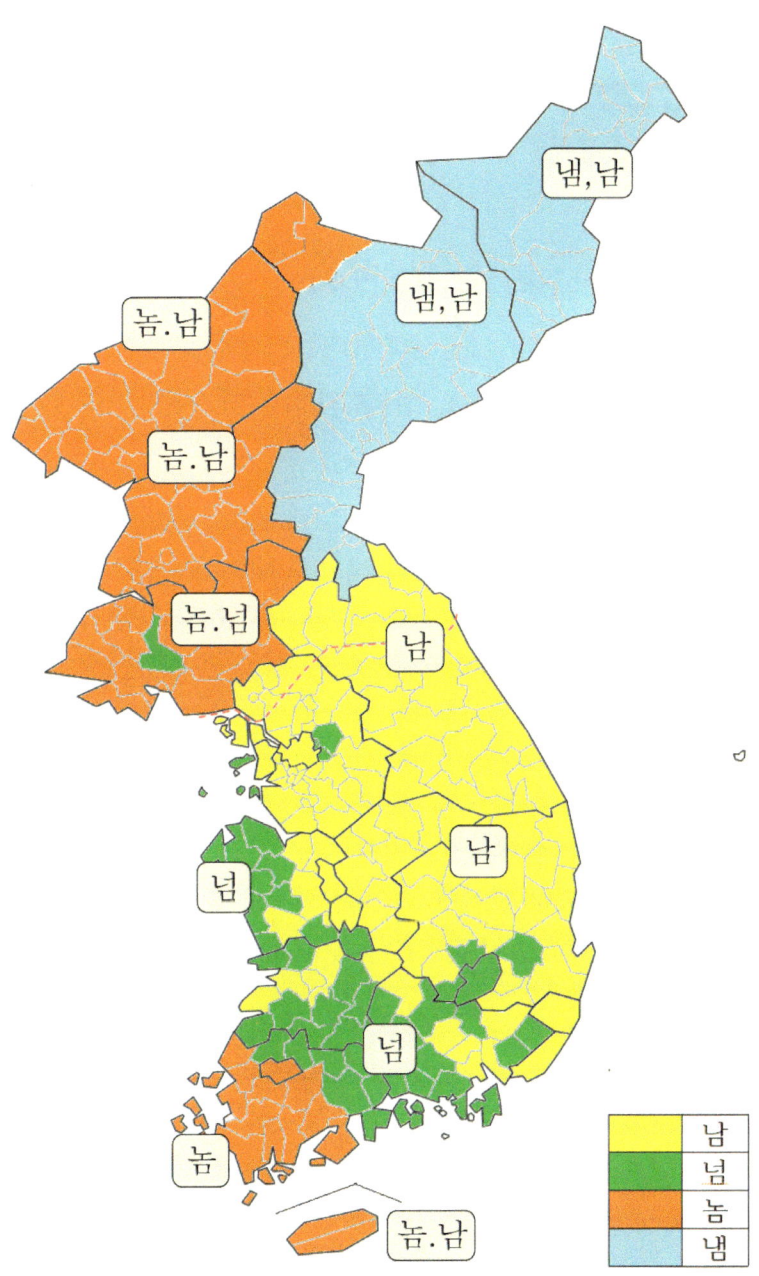

■ 남: 아래아(·) 변화의 전국 분포

중부방언	평안도	함경도	전라도	경상도	제주도
남 놈(황해)	놈 남	냄 남	놈 넘	남 넘	놈 남

[지도25]는 옛말 'ᄂᆞᆷ(他人)'이 변한 모습을 보여주고 있다. 어두 자음이 순음(ㅁ, ㅂ, ㅍ)이 아닌 경우 1음절의 아래아는 대체로 'ㆍ>아'로 변한 규칙이 일반적인데 어두 자음이 /ㄴ/인 'ᄂᆞᆷ'과 같은 경우에도 지역에 따라 'ᄂᆞᆷ>놈', 'ᄂᆞᆷ>넘'으로 분포하고 있는 모습은 특이하다고 할 것이다.

이와같은 'ᄂᆞᆷ>놈'의 변화는 역행동화인데, 말하자면 뒤쪽에 위치하는 순음 /ㅁ/의 영향을 받아서, 거꾸로 앞에 있는 아래아(·)가 '오'로 변한 모습이다.

네이 여봇시오. **놈**의(남의) 부채를 이렇게 물짜게(못쓰게) 해놓았으니, 장에 가서 이놈을 박꽈(바꾸어) 옷시요.(전남 함평)

다만 'ᄂᆞᆷ>놈'으로 원순모음화한 지역적 분포는 앞의 지도 'ᄑᆞ리>포리'와는 좀 차이가 있는 것을 알 수 있다. 남한에서의 분포는 대체로 전라도의 'ᄑᆞ리>포리', 'ᄑᆞᆺ>폿/퐃' 등과 같으나, 북한에서는 오히려 함경도가 아닌 평안도에 'ᄂᆞᆷ>놈'의 변화가 자리잡고 있다는 점은 눈여겨볼 만하다.

녯날에 풍수(風水, 지관) 하나이 **놈**에(남의) 모이(묘)자리는 잡아주었지마는 자기 무덤 자리는 잡아 놓지 안했다.(평북 선천)

그리고 전라도와 경상도에 '넘'이 널리 분포하고 있는 모습은 흥미로운데, 여기에서 한 가지 주목되는 점은 '넘'이 자리잡고 있는 지역을 자세히 보면 '남'과 '놈'의 중간지대에 위치하고 있는 것을 알 수 있다.

이것은 마치 앞의 [지도24]에서 보았듯이 전북 일부 지역에 '퍼리'가 자리잡고 있는데, 이 '퍼리' 역시 '파리'와 '포리'의 중간지대에 분포하고 있다는 사실이다. 이렇게 '놈-남'의 중간지대에서 '넘'이 분포한다는 사실은 /어/가 생겨난 것이 /오/와 /아/의 영향으로 인한 간섭 현상이 아닐까 하는 추측을 자아내게 한다.

아, 걸뱅이들이 따땃한 디 앉겨서 **퍼리**(파리)똥 같은 이를 죽임서 한다 소리가, "서울 큰 디 가서 빌어먹어야겄다."(전북 부안)

내가 의적(義賊)이요. **넘**우(남의) 거 빼뜰아(빼앗아) 없는 사람, 배고픈 사람 구제했고,(경남 진주)

일찍이 학자들은 방언 전파의 개신형('아'형)이 급격한 기세로 한반도를 휩쓸어 고형('ᄋ̆'형 또는 '오'형)을 남북한의 일부 지역에 몰아넣은 형국에 이른 것이라고 한 바 있다. 즉 'ᄋ̆ > 오'는 우리나라 북부와 남부의 변경지역에서 중부지역으로 확대된 반면, 'ᄋ̆ > 아'는 중부지역에서 변경지역으로 확대되었다는 점을 고려하여 방언전파가 논의되어야 할 것이라고 하였다.

[지도26] 하고(아래아의 변화)

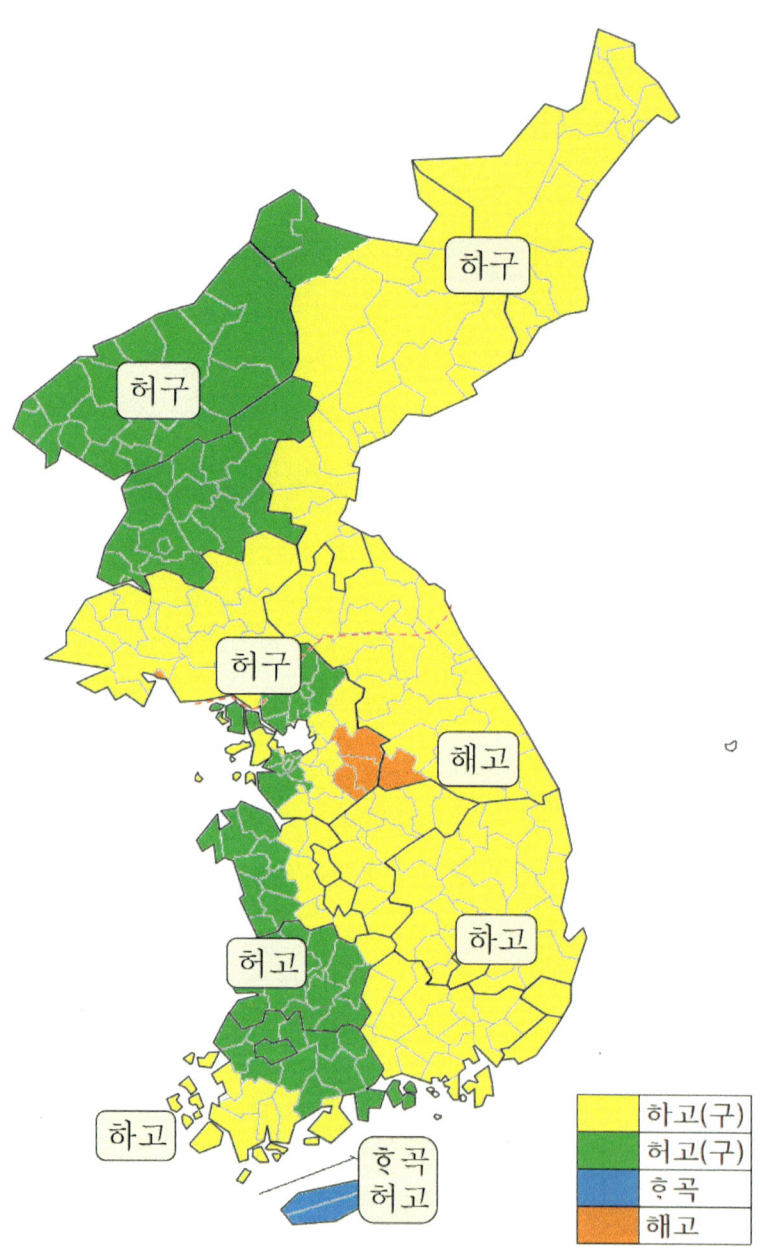

■ 하고(<ᄒᆞ고): 아래아(·) 변화의 전국 분포

중부방언	평안도	함경도	전라도	경상도	제주도
하고, 허구 <u>하구(황해)</u>	허구	하구	허고 하고	하고 허고	ᄒᆞ곡 허고

  위의 [지도26]은 중세국어에서 아래아(·)를 가진 'ᄒᆞ다'의 활용형인 'ᄒᆞ고>하고/허고'의 지역적 분포를 보인 것이다. 물론 '하다'는 동사(일을 하다)와 접미사(좋아하다)의 역할을 하는데 물론 지역적으로 두 경우에 /·>ㅏ/나 /·>ㅓ/로 변화하는 방향은 같다.

  중부방언, 그리고 함경도, 경상도 등에서는 'ᄒᆞ->하-'로 바뀐데 비하여 평안도, 전라도, 제주도, 경기 일부에서는 'ᄒᆞ>허'로 바뀐 것을 알 수 있다. 제주도에서는 아직도 아래아가 사용된 'ᄒᆞ곡'이 사용되고 있다.

  평안도, 전라도의 경우는 마치 중세국어 'ᄀᆞ티'에서 나온 형태로 보이는 현대국어 조사인 '같이'가 '같이>겉이'로 바뀐 경향과 흡사하다고 할 수 있다.

  비싸다는 말은 못**허구** 헤만 홀군거리다.(비싸다는 말은 못하고 혀만 내밀었다 들이밀었다 하다.)(평북 강계)

  정말 진:째**겉이** 쌈:합다(진짜같이 싸움하던가)?(평북 초산)

  저놈 빌어먹을 자식이 여편네만 주면, 괴짝을 주기만 **허먼** 나가 쥔네**허고** 살겄다.(전남 순천)

  얼굴이 뭐 대초**겉이** 생긴 놈이 치다보거든?(전북 정읍)

혹 선생이 어딜 가 불던가 뭘 헌 당신 주인이 글도 ᄀ르치곡(가르치고) 훈계도 **ᄒ곡**(하고) 허지.(북제주)

가도 오도 못**허고** 게 나이가 막 늦언 농서도 설러 불고 허니 초막살이에 살아도 좋주 뭐.(북제주 애월)

경기도(양평, 화성), 강원도(원주, 홍천), 충청도(충주, 제천) 일부에서 '해고'로 실현되는 모습은 눈여겨볼 일이다.

기냥 생각에만 기냥 그르케 옛날거 생각을 **해고** 하는 거였지.(그냥 생각에만 그냥 그렇게 옛날 것 생각을 하고 하는 거였지.)(경기 화성)

넌 요새 뭐:일을 **해고** 있니?(강원 원주)

사:람 주긍 걸, 거 가서 그만 음: **해고** 고만 거기서 다: 해네.(사람 죽은 걸 거기 가서 그만 염 하고 그만 거기서 다 하네.)(충북 제천)

이처럼 '해고'가 나타나는 지역에서는 대체로 '해는<하는)'의 경우도 높은 비율로 실현된다.

밥 **해는** 둥 마는 둥 부엌문을 내다보니께시리 우리 영감이 조기로 들어오는데. 그냥 마루에 엎드려서 울어유.(경기 화성)

두 늙이 **해는** 대로 해다가 마는 기지.(두 늙은이 하는 대로 하다가 마는 거지.)(충북 제천)

나이 지긋핸 소가, 일 잘**해는** 소가 하넌 대루 따라가능거여.(강원 원주)

[지도27] 개암(경음화)

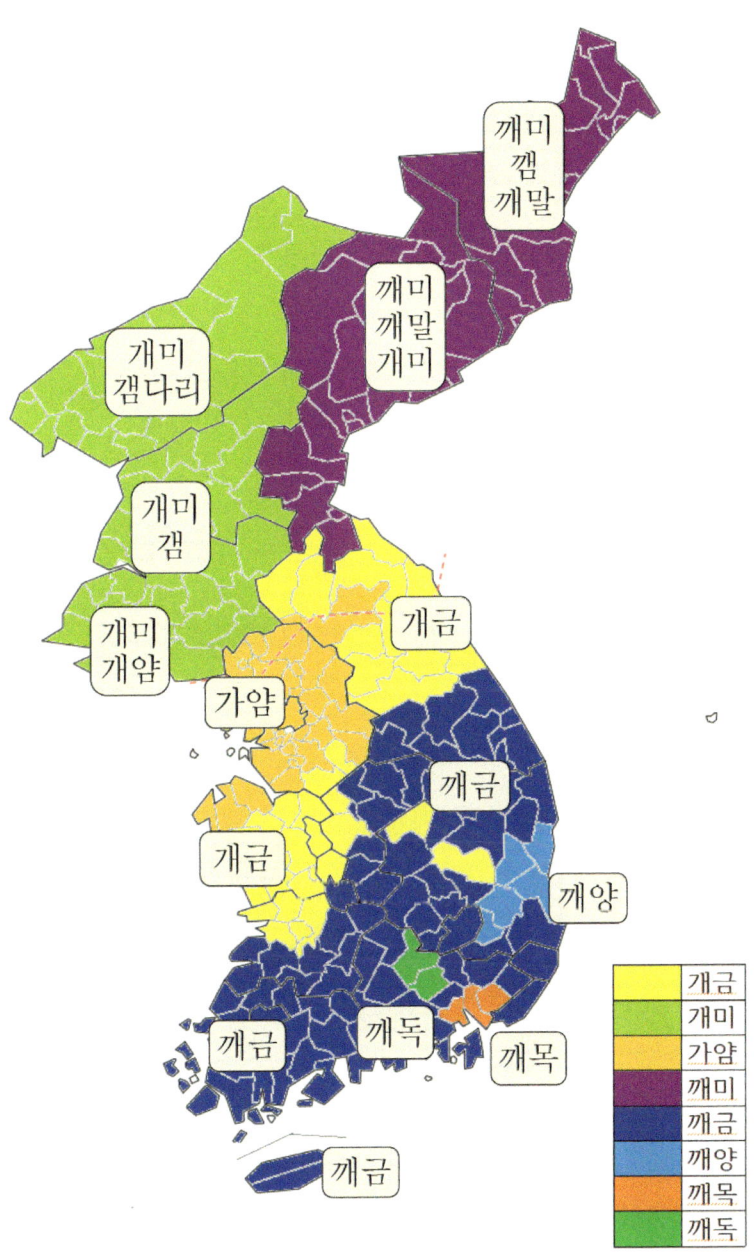

■ 개암: 경음화 실현의 전국 분포

중부방언	평안도	함경도	전라도	경상도	제주도
개금 가얌 깨금(충청,강원)	개미 갬	깨미 갬, 깨말 개금	깨금	깨금 깨양 깨독	조밤 제밤

[지도27]은 '개암'이 어두에서 경음화되는 모습의 지역적 분포를 통하여 우리나라 각 방언에서 실현되는 경음화의 한 경향을 보여준다고 할 수 있다.

표준어 '개암'은 '표준국어대사전'에 '개암나무의 열매, 모양은 도토리 비슷하며 껍데기는 노르스름하고 속살은 젖빛이며 맛은 밤 맛과 비슷하나 더 고소하다.'고 풀이되어 있다. 아마 개암을 모르는 젊은이들이 많을 것이다. 나도 누르스름하게 익은 개암을 따 먹어 본 지도, 아예 나무를 쳐다본 지도 오래되었다.

일반적으로 어두경음화의 경향은 남부 방언에서 강하다고 알려져 있다. 연구에 의하면 어두 경음화율은(폐쇄음 ㄱ,ㄷ,ㅂ,ㅈ의 경우) 남한에서는 경상도가 가장 높고 경기도가 가장 낮다고 한다.[2] 예를 들어 '고린내' 경우도 《한국방언자료집》을 보면 경음화한 '꼬린내', '꼬랑내' 등은 경상도, 전라도에 주로 분포하고 있는 것을 확인할 수 있다.

하리는 산에 나무하러 간께(가니까), **깨금**나무가 있어서 갈비(솔가리)를 좀 긁어 놓고 **깨금**을 따 묶움서 이거는 울 애매 주고."(경남 진주)

나도 우야다가 거들다 보만 등때기에 땀이 베가이고 죽겠어. 그라고 발에는 발 **꼬랑내**가 씨기 나여.(그리고 발에는 발 고린내가 많이 나요.) (경북 포항)

이와 비슷하게 '고린내' 말고도 동남방언, 서남방언의 경우 어두 경음화를 보이는 '똘배(돌배)', '까시(가시)', '뽈때기(볼)' 등의 경음화 현상은 매우 강하게 실현된다.

그 꿈이 흉몽인데 그 자리에 눕어자다가 자리 끝에 요만한 **까시**(가시) 하나 있었어. 인자 찔리 가지고 말이야.(경남 밀양)

미칠(며칠) 굶어노이 양 **뽈때기**가 아옴한(옴폭한) 거 같다.(경북 봉화)

충남 방언에서도 이와같은 자생적 변화로서의 어두경음화가 적극적이라고 한다. 예를 들면 '까마구(가마귀)', '깨구락지(개구리)', '까시(가시)', '뻔디기(번데기)', '쯕다(작다)' 등과 같은 경우 전라도 방언과 거의 같은 양상을 보인다.

에, 너는 그 **까마구**가 돼 가지구서 나를 죽였이닝깨 나는 풍수가 돼야겄다. 풍수가 돼서 너를 또 웬수를 갚으야겄다.(충남 보령)

소국이라구? **쯕은**(작은) 나라에서는 모오두 도량두 **쯕구**(작고) 생각하능 것두 즉구,(충남 부여)

함경도에서도 '깨미', '깨말' 등으로 조사되어 있는데, 연구에 따르면 함경도 북단 육진방언으로 갈수록 이러한 경음화의 경향은 강하다고 말한다.

[지도28] 밭이(밭 田+이)(구개음화)

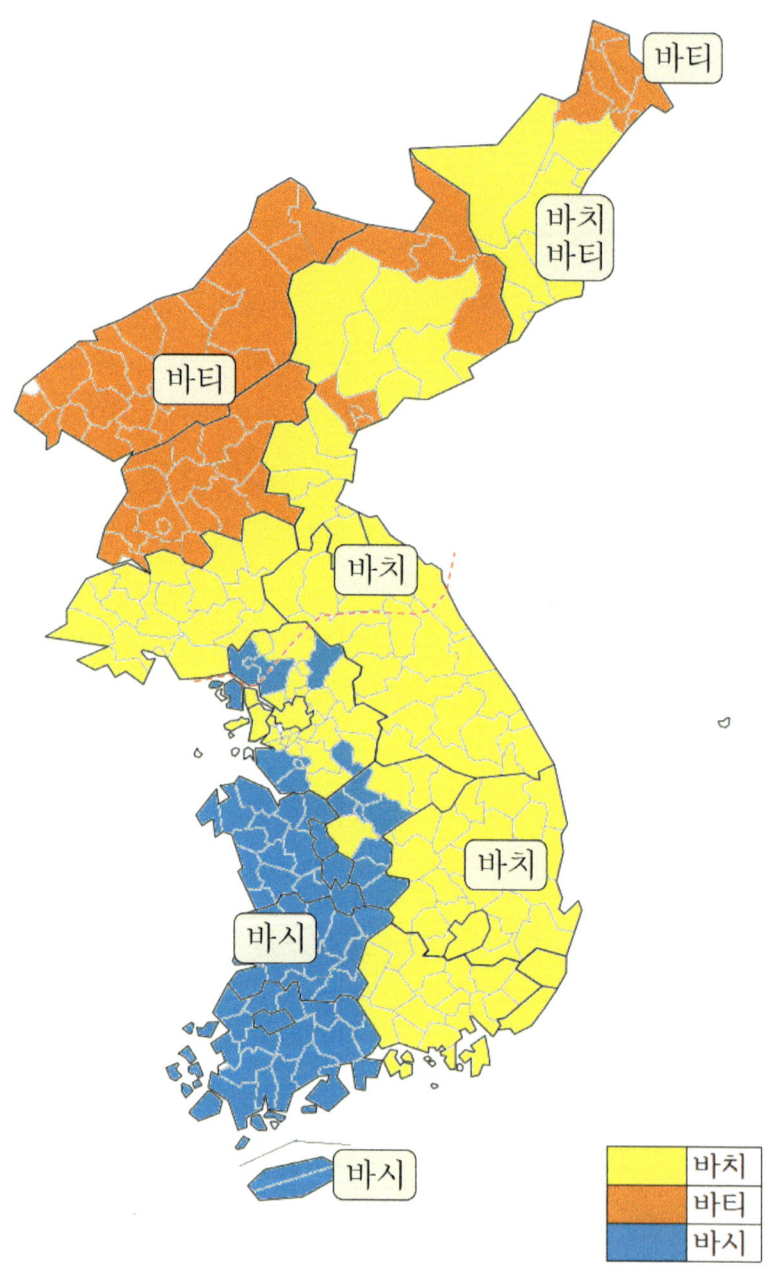

■ 밭+이: ㄷ, ㅌ-구개음화 실현의 전국 분포

중부방언	평안도	함경도	전라도	경상도	제주도
바치 바시(충청)	바티	바치 바티(육진,함경일부)	바시	바치	바시

밭이(밭+이)'의 표준발음은 구개음화가 실현된 [바치]로 발음된다. 위의 [지도28]은 전국적으로 '밭+이'가 실현되는 모습을 보인 것이다. 학자들은 대체로 구개음화가 남부 방언(경상도, 전라도)에서 시작되어 중부방언을 거쳐 함경도까지 영향을 미쳤을 것이라고 보고 있다.

전국적으로 /ㅣ/ 모음 앞에서 /ㄷ, ㅌ/이 /ㅈ, ㅊ/으로 바뀌는 구개음화 현상 때문에 대부분 '굳이>구지', '밭이>바치', '같이>가치' 등으로 바뀌었으나 평안도와 함경 일부에서는 구개음화를 겪지 않은 [구디], [바티], [가티]로 남아 있는 것을 알 수 있다.

논이거나 **바티**거나 좀 습기 있구, **바티**야 펀펀하구.(평남 남포)
오늘 싸위(사위), 나하구 **가티**(같이) 가자.(평북 구장)

이처럼 'ㄷ-구개음화'를 겪지 않은 평안도에서는 중세국어의 '댜, 뎌, 됴, 듀'의 경우 반모음이 탈락하여 모두 '다, 더, 도, 두'가 되었다{덩거당(정거장), 돟다(좋다), 둥간(중간) 등}. 평안도와 같이 구개음화가 되지 않은 함북의 육진방언에서는 원래의 이중모음을 그대로 간직하고 있어서 '뎡거댱', '돟다'처럼 실현되고 있다.

평안도에서 이처럼 구개음화를 겪지 않은 이유는 이 지역에서 /ㄷ/과 /ㅈ/의 발음이 별로 차이가 나지 않는다는 점 때문이다. 즉 평안도에서는 /ㅈ/이 입천장의 중간 부분에 위치하는 센입천장소리(구개음)가 아니라, 더 앞쪽인 이뿌리 쪽에서 /ㄷ/처럼 발음되기 때문에 굳이 /ㅣ/모음 앞에서 /ㄷ, ㅌ/을 /ㅈ, ㅊ/으로 발음할 필요가 없이 그대로 /ㄷ, ㅌ/으로 발음한다는 것이다.

그리고 경기도 일부와 충청도, 전라도, 제주도에서는 [바치]가 아닌 [바시]로 실현된 것을 확인할 수 있는데, 이러한 현상은 '밭'에 조사 '이', '을'이 붙는 경우 '밭'이 아닌 '밧'으로 재구조화되어 [바시], [바슬]이 되는 것을 보여 준다. 이러한 경우는 '솟이(<솥+이)', '밋이(<밑+이)', '폿이(<팥+이)'에서도 같다.

　가마이 배같에 나와서 둘러 봉께 배같에 까지**밧이**(가지밭이) 있어. 까지**밧이**.(전남 함평)

　그러구서 엿을 고는디 **솟이**(솥이) 열두개여.(충남 태안)

　이 사름이 질 **밋듸**(밑에)3) 어드레(어디로) 골목더레(으로) 바래어(바라)보니 길 **밋에**(밑에) 집이 있어.(제주 서귀포)

참고로 평안도에서는 지금도 '니마(<이마)', '님금'처럼 두음법칙이 적용되지 않는 예가 많다. 원래 표준어에서는 '니마'처럼 /ㄴ/에 /ㅣ/가 이어지면 발음하기가 힘들어 /ㄴ/이 구개음이 되어 탈락하면서 '이마'가 된다. 그런데 평안도에서는 /ㄴ/의 발음 위치가 역시 입천장의 더 앞쪽의 이뿌리에서 소리가 나기 때문에 ㄴ-구개음화가 일어나지 않아 [니마]를 쉽게 발음할 수 있기 때문에 '니마'로 남아 있다는 것이다.

[지도29] 겨드랑이(구개음화)

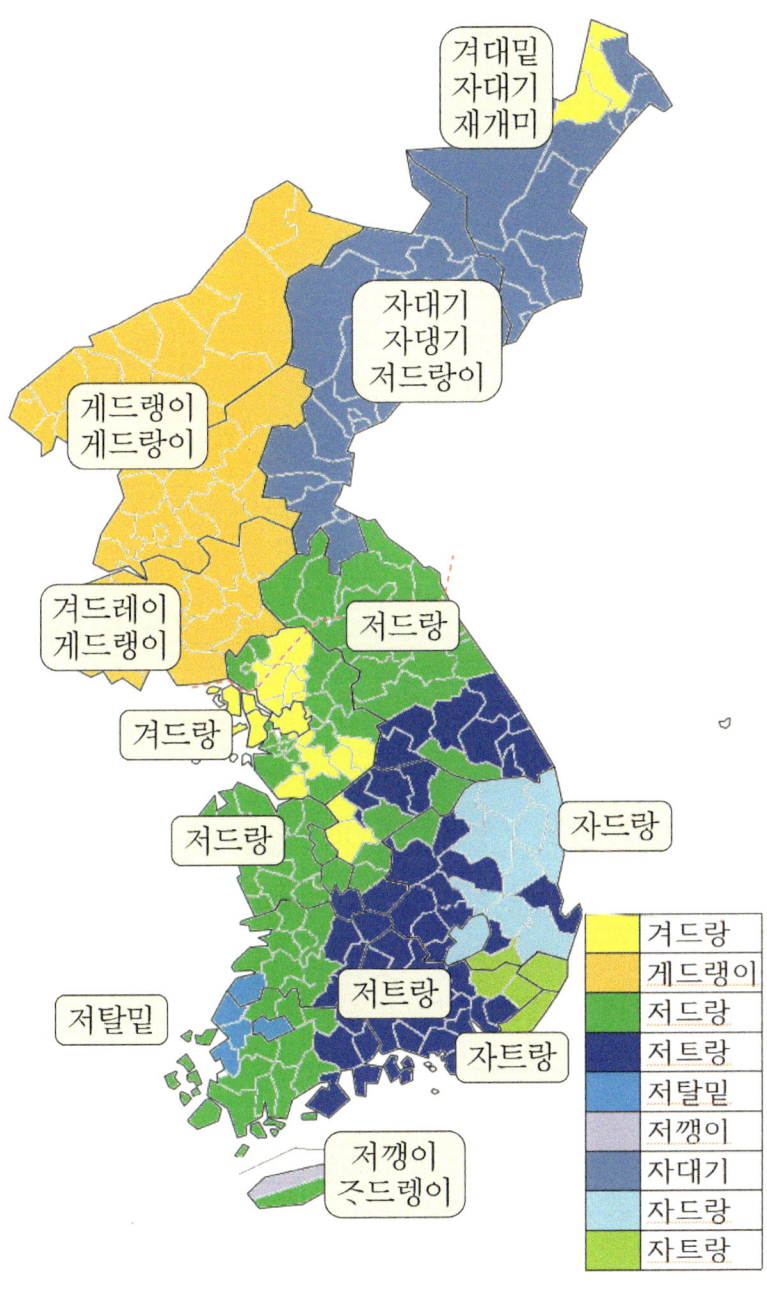

■ 겨드랑이: ㄱ-구개음화 실현의 전국 분포

중부방언	평안도	함경도	전라도	경상도	제주도
겨드랑 게드랭이(황해) 저드랑(강원)	게드랭이 게드랑이	자대기 저드랑이 겨대밑(육진)	저드랑 저트랑	자드랑 저트랑	저깽이

　ㄱ-구개음화는 '기와 > 지와', '길바닥 > 질바닥' 등 /ㄱ > ㅈ/의 변화를 일컫는데, 위의 [지도29]를 보면 평안도 전역과 황해도, 육진방언, 그리고 경기도 일부에서만 /ㄱ/을 유지한 '겨드랑', '게드랭이'가 분포하고 나머지 전 지역이 '저드랑', '자드랑', '저깽이' 등으로 /ㄱ > ㅈ/으로 구개음화의 변화를 보이고 있는 것을 알 수 있다.

　ㄱ-구개음화는 16세기 후반 동북방언 문헌에 가장 먼저 나타나기 시작하여 19세기 전반 남한에서도 남부 지역에서 발생하여 경기도를 제외한 지역에서 나타난다고 알려져 있는데, 경기도에서도 경기 동부와 남부의 일부 지역에(강원도, 충청도와 인접한) 차츰 이러한 예를 찾아볼 수 있다.
　머리에는 쭈걸텅만 있어도 잘 조아도(자라도) **저드랑**이 밑의 털은 생전 그대로 있더라."(강원 횡성)
　남새스러우니께(비웃음 받을 것 같으니) **저드랑**밑으 지구서 가는 겨. "자네는 갈 거 읎어. 내 혼자 갔다올 팅게 그냥 집에 있어.(충남 태안)

　위의 [지도29] '겨드랑' 이외에도 이와 관련된 어휘인 '곁(옆)', '키(箕)', '기둥(柱)' 대한 《한국언어지도》의 분포도를 보면 ㄱ-구개음화 형태인

'절', '치', '지둥'이 강원도와 인접한 경기 동부(가평, 양평, 포천), 충남과 인접한 경기 해안(옹진) 지역에서 나타나고 있다.

　지붕은 굴피(떡갈나무 껍질)루 하구, **지둥**집이야.(경기 가평)
　옛날 그 **치**(키, 곡식을 까부는 도구, 箕)맨드는 분이 버들을 찌러 갔다가 그 두디기(두더지)를 칼루다 그만 딱 찍어 봤다는 얘기지.(충남 대덕)

　경상도에서는 구개음화된 '저트랑'과 '자드랑'이 분포하고 그 사이에 '자트랑'이 자리잡은 모습을 보이고 있다.

　이여송이가 "날 죽일라만 저 내 **자드랑**(겨드랑) 밑에 여 비늘 있으이끄네 비늘 이거만 저 저 치마 끝에 지릅(겨릅대) 가지고 찌르먼…"(경북 군위)
　바가가 붕이(가서 보니) **자트랭이**(겨드랑)에 털이 지법 났더래이.(경북 경산)
　산에서 마 열매를 하나 따 먹었디마는 고만 **저트랑**(겨드랑)밑에 날개 쭉지가 나 가지고 아버지 있는 데를 날라갔어.(경남 거창)

　함경도의 '자대기', '재대미', '겨대밑', 제주도의 '저깽이'는 흥미롭다. 육진방언의 일부 지역에서는 /ㄱ > ㅈ/ 구개음화가 아닌 '겨대' 등이 보인다.

　술 푹 취했다고, 을 드니, 아방이 누어시니까니 **저깽이**(겨드랑이)를 다 들러 봐. 보니 양(兩) **저깽이**에 불찍불 영(하여서) 붙여 가지고 그만 그슬려 버련.(서귀포)
　겨대밑에 꼭 끼워라. 떨어디리라.(겨드랑이에 꼭 끼워라. 떨어질라.)(육진)

[지도30] 혀(舌)(구개음화)

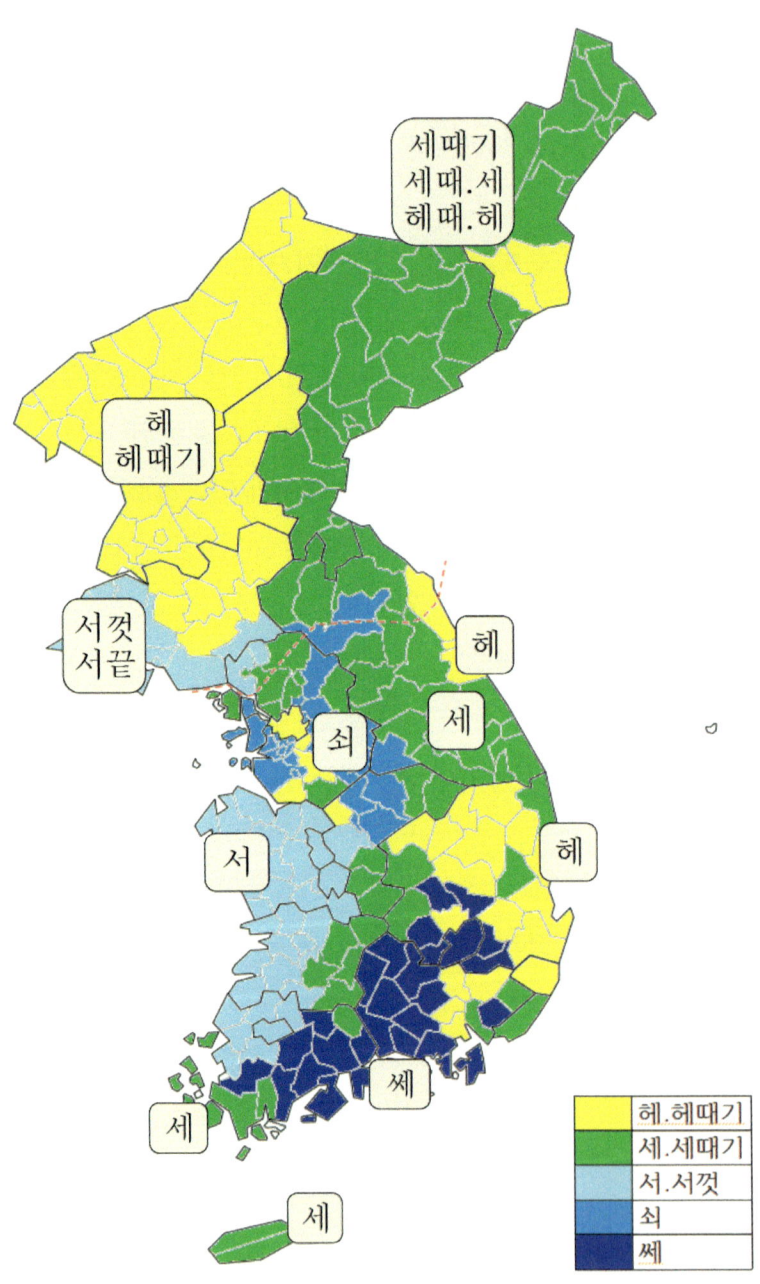

■ 혀: ㅎ-구개음화 실현의 전국 분포

중부방언	평안도	함경도	전라도	경상도	제주도
세, 쇠 헤(황해)	헤 헤때기	세때기	쎄, 세 씨, 서	세, 시 쎄, 헤	세

'혀 > 세, 쎄', '형님 > 성님', '힘(力) > 심'으로 변화하는 /ㅎ > ㅅ/구개음화는 흔히 남부 방언에서 활발히 나타나며, 동북방언에서도 두루 실현되고 있다.

중부방언인 경기도에서는 남부 방언의 영향으로 어휘에 따라 구개음화가 일어나기도 하고 일어나지 않기도 한다고 보고되어 있으나 '세(<혀, 舌)', '성님(<형님)', '숭년(<흉년)' 등 여러 예에서 보듯이 ㅎ-구개음화가 널리 실현되고 있음을 알 수 있다.

황해도에서도 ㄱ-구개음화는 없으나 ㅎ-구개음화는 경기·함경도 방언과 함께 왕성하게 전개된다고 한다.

주지하다시피 평안도에서는 /ㅎ > ㅅ/ 구개음화를 강하게 거부하고 있는 지역이어서 '혀(舌)'의 경우 평안도에서만은 아직도 '헤때기', '헤'를 유지하고 있는 것을 볼 수 있다.

함경도는 모든 구개음화를 활발하게 실현시키고 있으며, 육진지역은 구개음화가 노년층에서 이루어지지 않았으나, 하위 지역어의 개별적 단어들에서 ㅎ-구개음화의 예가 발견되고, ㄷ-구개음화와 ㄱ-구개음화는 일부 지역에서 진행 중이라 한다.

 화로 불이 없어져서 시아버지느 "엑 더러바서(더러워서)", 하고 쩍쩍 **세**차름(혀를 차기)으 했다.(함북 경성)

 참고로 그 동안 /ㅎ > ㅅ/ 구개음화의 경우 동남방언에서도 아주 활발히 나타나는 현상으로 알려졌으나 [지도30]에서 보듯 경상북도에서는 넓은 지역에서 '헤'가 자리잡고 있는데, 이러한 현상은 최근에 차츰 표준어의 영향으로 원래의 모습과 가까운 /ㅎ/으로 되돌아가고 있지 않는가 생각된다.4)

 낮에 오다 보이 황새가 목아지를 쑥 빼 가 있어. 고디라는 놈을 잡아 묵을라고 **쎄**(혀)를 쑥 빼 가지고 쿡 찍는구나.(경북 성주)

 두께비가 정지문앞에 와여 텍을(턱을) 요래 과가(괴고), **헤**를(혀를) 나불나불 그랜다. 시아바이가 때레 잡아뿌고,(경북 영덕)

 그런데 평안도에서는 오히려 경상도와 반대 방향으로 진행되는 모습을 보여주고 있는데, 전통적으로 노년층에서만 /ㅎ/을 유지하고 있고 대부분의 주민들은 현재 /ㅅ/으로 바뀌어가고 있는 중이라고 한다.

[지도31] 병아리(전설모음화)

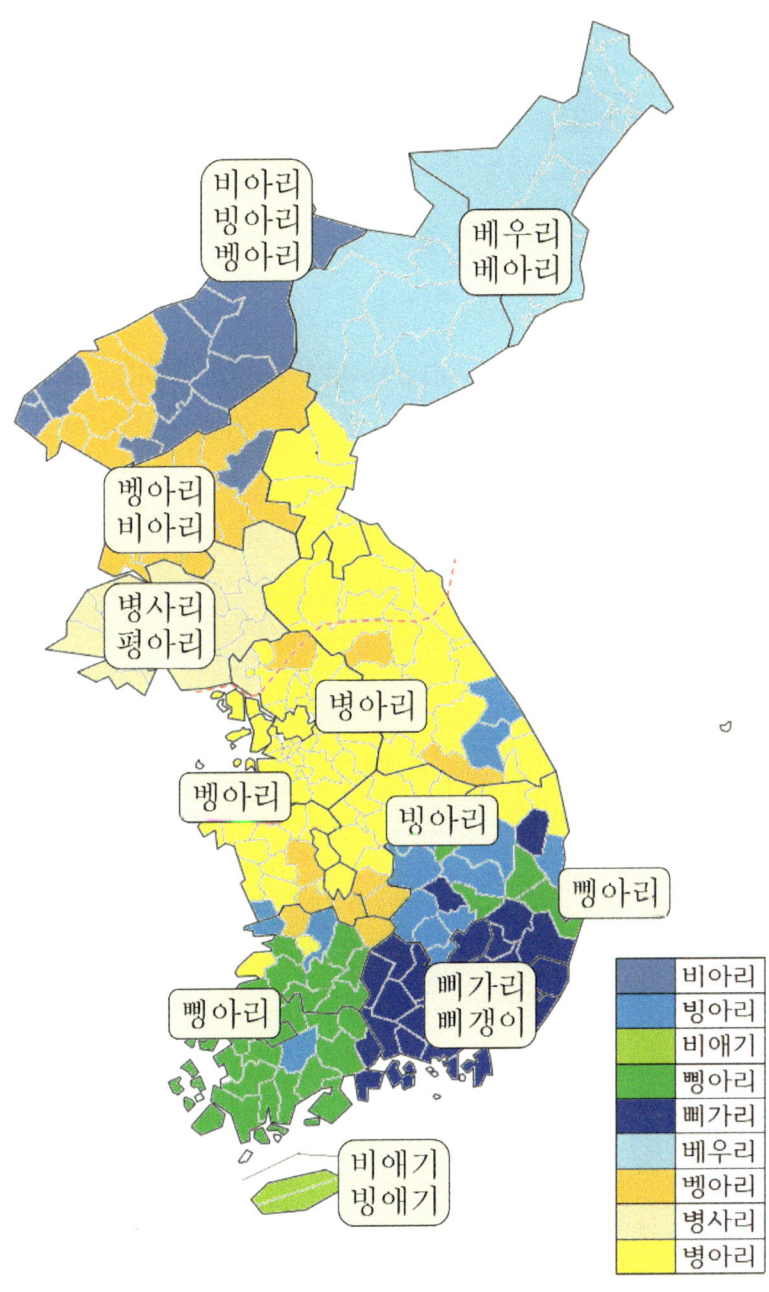

■ 병아리(ㅕ>ㅖ>ㅣ): 전설모음화 실현의 전국 분포

중부방언	평안도	함경도	전라도	경상도	제주도
병아리 벵아리 베아리(충청) 병사리(황해)	벵아리 벼아리	베우리 베아리	뻉아리 비아리	삐가리 삐갱이 뻥아리 빙아리	비애기 빙애기

앞의 [지도31]는 '병아리'라는 어휘가 하나의 형태소 내에서 가 '병->벵->빙-'으로 전설모음화하는 정도에 따른 우리나라 각 지역별 분포의 모습을 보인 것이다.

흥미로운 점은 대체로 중부방언에서는 원래의 이중모음 '병'을 유지하고 있는 모습이고, 북한에서는 주로 '병>벵'으로 변하였고, 남부지역으로 내려올수록 '병>벵>빙'으로 전설화가 강하게 진행되는 경향을 보이고 있다는 점이다. [지도31]에서 보듯이 전라도, 경상도, 제주에서는 '병->빙-(벵-)'의 경향이 두드러짐을 알 수 있다.

특히 이러한 이중모음 /ㅕ>ㅖ>ㅣ/ 경향이 다른 어느 방언보다도 가장 두드러진 지역은 동남방언이라고 알려져 있다. 그래서 위의 '삘갱이', '삐가리'뿐만 아니라 '며느리>메느리>미느리', '베어도>비:도(절단)'에서도 그러한 예를 볼 수 있다.

달걀이 그 오래 나둔께 **삐가리**가 되가주 있어도 거 가다 나두니(가두어 놓아두니) 울 수도 없고...(경남 거창)

마지막으로 **미느리**가 인자, 양**미느리**가 오디마는, "아부지, 마, 아무 대접도 못하

고, 그 때 마지막이던가베?"(경남 밀양)

충청 방언에서는 '벵아리', '병아리'라고 하는데, '병아리'라고 할 경우에도 '병'의 /ㅕ/이중모음은 약간 독특한 면이 있다. 예를 들어 '거머리＞그머리'가 되듯이 /ㅕ/가 충청 방언에는 /여 → yi(으)/로 실현된다. 예를 들면 '영동', '영생', '여부'가 [응동], [응생], [으부]로 발음된다는 것이다.
또 충청도에서 특이한 모습은 오히려 단모음이 이중모음으로 실현되기도 한다는 점이다.(예: 샘(泉) → 샴, 뱀(蛇) → 뱜, 생강 → 샹강, 색씨 → 샥씨)

평안도에서는 '여＞에'처럼 어두에 자음이 없을 경우에는 이중모음의 단모음화의 변화를 대부분 겪지 않는 깃이 일반적이다{열(十), 연지}. 그러나 어두에 자음이 있을 경우에는 종류에 관계없이 '여＞에'로 변화한다(비어도＞벼도＞베:두, 지어도＞져도＞제:두).
돈이 **반짝거레서**(반짝거려서) 개지구 **놀멘**(놀면서) 오다가 돌채기에 빠틀어서 힗어(잃어) 부릿시오.(평안도)

참고로 함경도에서는 '베우리(＜병아리)'처럼 모음 사이나 단어의 끝에 /ㅇ/이 놓일 때, 선행모음이 콧소리로 발음되지만 약화되어 거의 들리지 않는다.{예: 코이(콩+이), 그야(그냥), 고사(고생)}

[지도32] 아침(전설모음화)

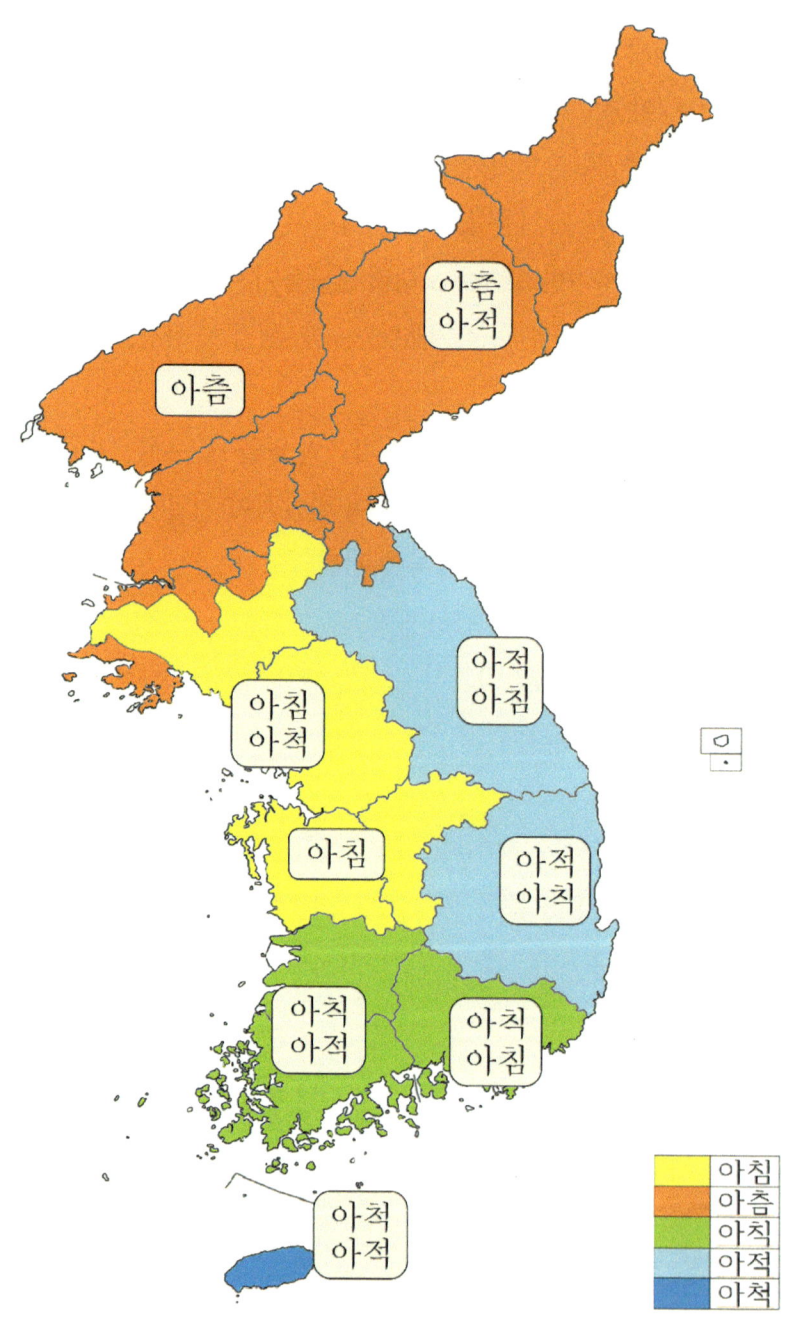

■ 아침(<아츰): ㅡ> ㅣ 전설모음화의 전국 분포

중부방언	평안도	함경도	전라도	경상도	제주도
아침 아척 아적	아츰	아츰 아적	아칙 아적	아칙 아척 아적	아척 아적

    평안도 방언에서 나타나는 발음상의 한 특징은 치찰음(ㅅ, ㅈ, ㅊ) 뒤의 '으'가 '이'로 전설모음화되지 않는다는 점이다. 그래서 원래 중세국어에서 '으'를 간직하였던 어휘들이 다른 방언에서는 모두 '으>이'의 변화를 겪었으나, 평안도에서만은 '아츰'처럼 아직 옛 모습을 유지하고 있다. 물론 함경도에도 어휘에 따라서 그러한 경향이 보인다.

    이처럼 아직 '아츰>아침'이 되지 않은 이유는 평안도 방언의 /ㅅ, ㅈ, ㅊ/은 타 방언에 비하여 아직 구개성이 약하다는 점을 들 수 있다. 이 지역의 /ㅊ/ 음은 소리가 된입천장에서 나는 구개음 [tʃʰ]가 아니라 더 앞쪽인 앞니의 뿌리 부분에 붙어서 소리가 나는 치조음인 [tsʰ]으로 /ㅌ/에 가깝다는 점이다. 그래서 /ㅊ/이 /ㅡ/와 쉽게 어울리기 때문에 '아츰'으로 실현되는 것이다.

    이와 같은 예를 들어보면 평안도에서는 아직도 '승겁다(싱겁다)', '즘성(짐승)', '즞다(짖다)', '거즛부리(거짓말)', '마즈막(마지막)' 등으로 옛 모습이 변하지 않고 그대로 남아 있다.

아츰에 김홍득이라는 사람이 찾어왓스니 무슨 만날 일이 게시우?(평북 선천)
마즈막(마지막)엔 이렇게두 말해보지 않었나. 그래 **즌날**(진날) 마른날 없이 따이나(땅이나) 파며 고생을 시키는,(평북 선천)

이러한 경향은 함경도에서도 발견되는데, 이 지역어의 경우에도 /ㅅ, ㅈ, ㅊ/ 아래에서 /ㅡ > ㅣ/로 바뀌지 않은 '슳다(싫다)', '승거바서(싱거워서)' 등을 볼 수 있다.
아츰 나주(아침 저녁) 호풍(胡風)이 부는 산국(山國)에도 피기 시작하엿다.(함북 경성)
어기멕이무 사름덜이 **슳에합지**.(억지를 부리면 사람들이 싫어하지.)(함북)

[지도33] 거머리(고모음화)

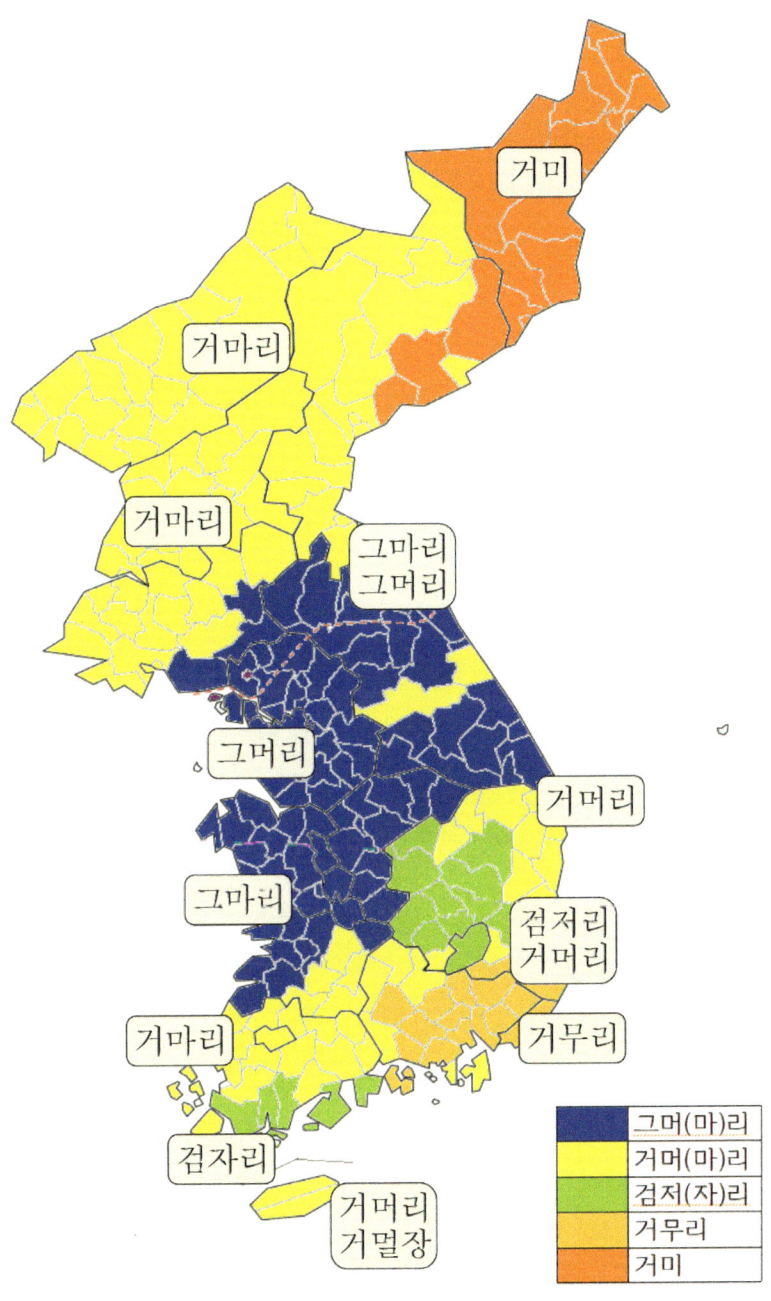

■ 거머리: 고모음화 실현의 전국 분포

중부방언	평안도	함경도	전라도	경상도	제주도
그머리 그마리	거마리	거마리 거미	거마리 거머리 그마리(전북일부)	거무리 검저리	거머리 거멀장

[그:짓말], [근:강]이라고 말하는 사람을 보았을 것이다. '거:짓말', '건:강'이 '어:'처럼 첫음절이 장모음일 경우에 /ㅓ>ㅡ/ 고모음화를 보여주는 현상을 말하는데, 이는 위의 [지도33]에서 볼 수 있듯이 주로 중부방언에서 많이 나타남을 알 수 있다.

그래서 충청도를 포함한 중부방언의 황해도와 경기도, 강원도 지역에서 '거머리' 외에도 이와 같은 경우가 적지 않다고 보고되어 있는데, '으:런<어:른), 드:럽다(<더:럽다), 근:너다(<건:너다), 늦:다(<넣:다), 읎:다(<없:다)' 등의 예를 볼 수 있다.

찔꽁이(지렁이)나 **그마리**(거머리)를 건딜면(건드리면) 몸띠이(몸)가 오므라든다.(강원 삼척)

"어머니. 여 물이, 여기 구해 왔읍니다. 그린디 이 **드러운**(더러운) 물입니다." "**드러워**두 먹으야것다."(충남 대덕)

터가 좋긴 좋다마는 저 **근너**(건너) 바위 하나가 망했구나(나쁘구나).(강원 속초)

근데 애가 이제 한 댓살 되니까 그냥 바루 **읎어**져(없어져) 어디루 갔는지 **읎어**지거든.(경기 인천)

충청도의 이러한 /ㅓ>ㅡ/ 고모음화 현상은 비단 하나의 음절에서뿐만 아니라 '-어야>-으야', '-어요>-으요' 등의 어미에서도 나타난다.

그러면 아무때구 온 사람이 그 할아버지가 허락을 받**으야**(받아야) 가지. 그러잖으먼 안 가.(충남 대덕)

이전엔 소금을 가마니에다 넣어서 짊어지고 댕기면서 팔었**으요**(팔았어요).(충북 영동)

이와 같은 방식으로 충청도에서는 장모음 '여:'도 '응감(<영감)', '은:설(<연설)'과 같이 '여>으:'로 고모음화 한다.

절을 혀. 절을 허닝개 **응감**(영감)은 그때사 문을 '탁' 열면서, "내 대신 함 번 더 해라.(충남 부여)

서남방언에서도 전라북도에 이러한 현상이 나타나는데 이것은 아마도 충청방언의 영향을 받은 것이라고 볼 수 있을 것 같다.

동네 **으런**(어른)들이나 누구나 생각허고 헐 때 아무 거시기도 없는디 땅덩이 사, 돈 들어와, 이것 이상허다 말여.(전북 군산)

[지도34] 밟아(모음조화)

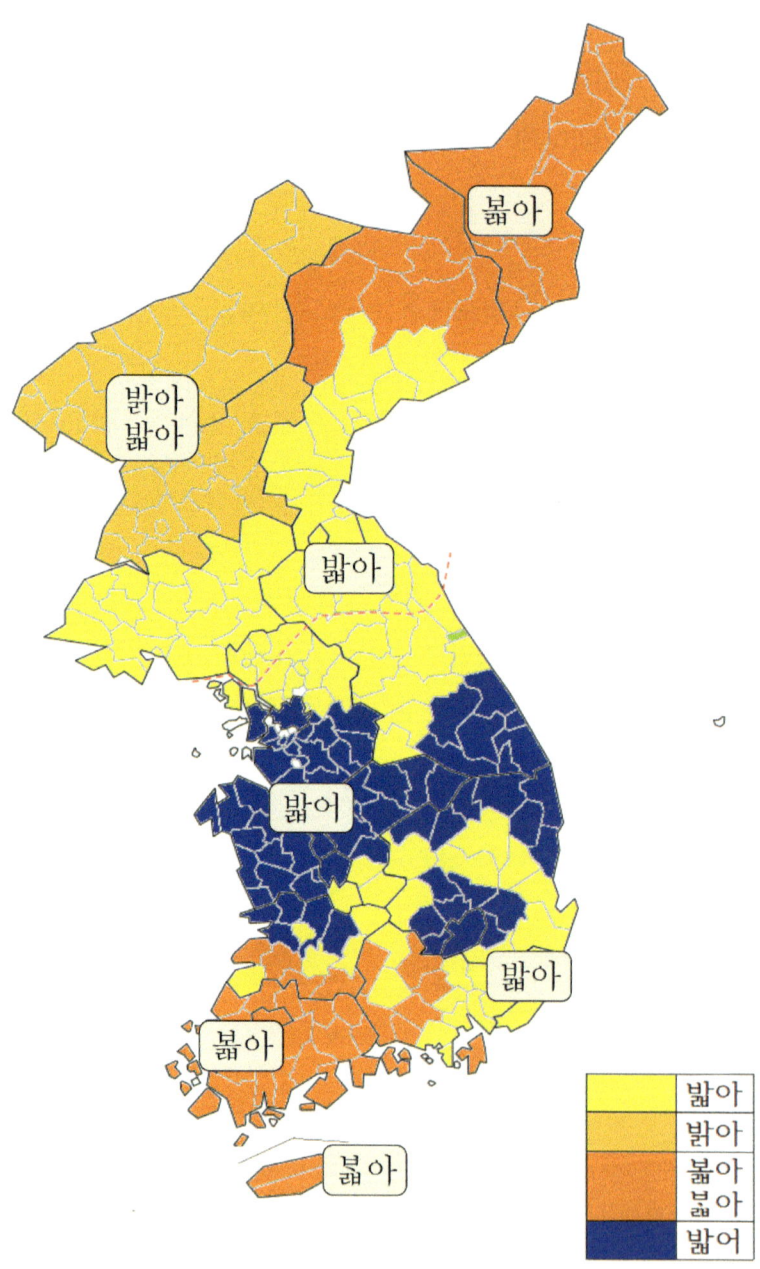

■ 밟아: 모음조화 실현의 전국 분포

중부방언	평안도	함경도	전라도	경상도	제주도
밟어 밟아	밟아 밝아	볿아	볿아	밟아, 밟어 볿아	볿아

위의 [지도34]는 동사 '밟다'가 활용하여 어간 '밟-'에 '-아/-어'가 이어질 때 지역별로 모음조화가 잘 지켜지는가의 여부를 확연히 보여주고 있다.

대부분의 지역이 '밟아', '볿아'로 /ㅏ+ㅏ/의 모음조화가 지켜지고 있지만, 모음조화를 지키지 않는 '밟어(ㅏ+ㅓ)'로 실현되는 지역은 우리나라 중심부인 충청도 전역과 경기 남부, 강원 남부, 경상 일부임을 알 수 있다.5) 이들 지역은 대체로 중부방언인데, '아>어'의 개신지는 충남 지역이고 그 개신파가 인근 지역으로 전파되었을 것으로 추정하고 있으며, 그래서 이러한 경향이 가장 높은 지역은 충남, 충북이고 가장 낮은 지역은 경남이라고 한다.6)

가만히 생각하니까 이상하거든, 뒤를 **밟어** 깄지.(충북 청원)

아는 사람을 시켜 수속을 **밟어** 가지구 와서 보니께, 집에 오니께 저녁때가 되유.(경기 화성)

아버님 아를 **밟어** 어예 됐니더. 크일 났니더.(경북 안동)

용상 밑에 가 있다가. 그래구두 어명이 무섭든지 어트게 그눔의 쥐를 **잡었어**.(강원 횡성)

서울에서도 흔히 '-아', '-어'의 어미결합형이 공존하는 경우, 노년층은 '-어'가 우세하고, 젊은층은 '-아'가 우세하다고 하는데 이는 표준어의 영향으로 보인다.7)

　옛날엔 문창호지가 좋잖어. 고걸 물에 치겨 가지구 홍두깨다 말아서 **밟어요**.(경기 화성)

　전라도와 경상도의 서부, 그리고 함경북도에서는 '볿아' 형으로 모음조화가 잘 지켜지고 있다. 참고로 '붋〉볿'은 [지도24] '
ᄑᆞ리〉포리'의 분포와 비슷한데, /ㆍ〉ㅗ/의 경향을 보이는 지역이다.

　우리 분묘가 다 되어간다. 어허 낭송 가래야. 잘 **볿아**(밟아) 주고 **볿아** 주소.(전남 신안)

　왕모래는 사램이 마음대로 **볿아** 댕기고, 마음대로 사용하고, **볿아** 댕기도 지체로 (단속을) 안 하고 말이제.(경남 진주)

　문툭우 **볿아서** 슳에하디.(문턱을 밟아서 싫어하지.)(육진)

　제주도에서는 옛 모습인 '붋아'를 아직도 사용하며 모음조화가 잘 지켜지고 있다.

　게메 믈이 통ᄌᆞ랑(눈에 갇혀) 못 ᄂᆞ려올 때 이런 거 멍석 패왕(펴면) 발로 **붋앙**(밟아서) 햇주마는 그런 해가 드물엇주.(제주시)

[지도35] 더러워서(모음조화)

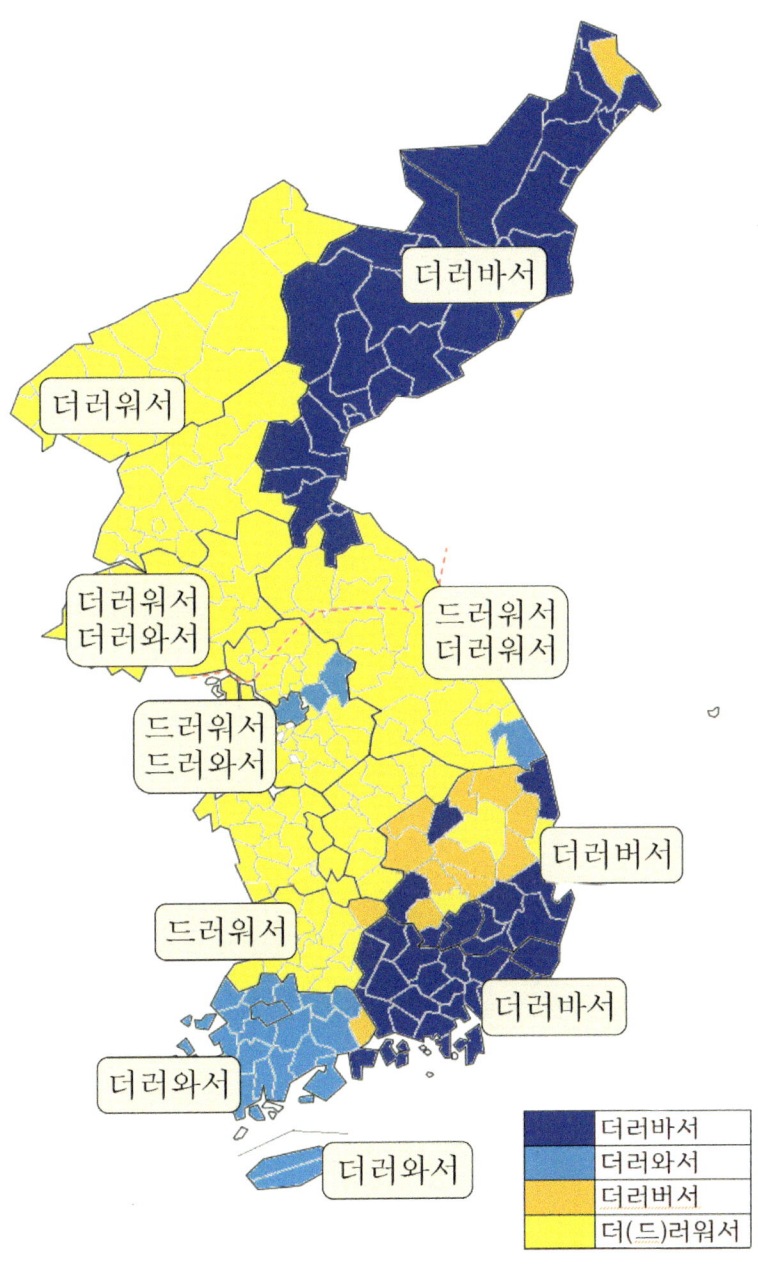

■ 더러워서: 모음조화의 전국 분포

중부방언	평안도	함경도	전라도	경상도	제주도
드러워서 더러와서	더러워서	더러바서	더러와서	더러바서 더러버서	더러와서

위의 [지도35]는 어간이 2음절 이상인 경우 /ㅂ/활용 용언인 '더럽다'에 연결어미 '-어서'가 이어지는 경우 모음조화가 잘 지켜지는지의 여부를 살펴본 모습이다.

앞의 어간이 1음절인 [지도34]의 '밟어(밟아)'와는 달리 어간이 2음절 이상일 때(더럽다, 서럽다 등) '-어서'가 아닌 '-아서'가 이어지면서(더러바서, 서러바서) 모음조화가 잘 지켜지지 않는 지역은 대체로 함경도와 전라남도, 경상남도, 경북의 남부, 제주도임을 알 수 있다.[8]

함경북도에서는 '더러바서' 외에도 2음절 이상의 음성모음 어간이 활용할 때 모음조화가 잘 지켜지지 않아서, '서러바서(서러워서)', '우스바서(우스워서)', '무서바서(무서워서)', '어두바서(어두워서)' 등 어미가 양성모음으로 나타난다고 한다.

시아바지느 이 말으 듣고 대노해서 "엑! 더러바서…" 하고 쩍쩍 세차름으 했다.(함북 경성)

먼 데 있는 일가집으로 가게 됐넌데, 딸으 하분자(혼자)있으먼 무서바서 못 있겠다고 했다.(함북 명천)

황해도 방언 연구에서도 다음절 어간의 경우, 어간말 모음이 /ㅜ, ㅡ/이면 그에 선행하는 모음에 따라 어미가 결정된다. 그리고 ㅂ-불규칙 용언의 경우에는 어간 모음에 관계없이 대체로 어미 '-아'가 결합한다고 한다.[9]

그런 그런 말 드르와서(더러워서) 그저 그 그저 말두 아나구 그저 가만 이섣딴마리.(황해 신계)

경상남도 대부분의 지역과 경상북도 일부에서도 '더러바(더럽+어)', '어드바(어둡+어)'로 모음조화를 거부하는 모습이다. 특히 경북에서 어간이 2음절 이상일 경우 모음조화와 관련 없이 늘 /ㅏ/로만 실현되는 지역은 태백산맥 동쪽의 해안지역어에 해당된다고 한다. 그러나 차츰 경북에서도 중앙어와 같은 변화의 방향인 '더러바서 > 더러버서'로 진행되고 있다고 한다.[10]

팔자가 더러바 그렇지, 제집이 아금발라서 살림이사 피가 나게 살지.(경북 영양)
인제 어드바(어두워) 볼 수가 있나. 닐 아직(아침)에 가 보지.(경북 대구)

제주방언에서는 ㅂ-불규칙 활용을 할 경우, 어간에 /ㅓ/를 가진 2음절 이상의 어휘에서 '무서와도', '반가와도', '더러와도', '괴로와도' 등 /ㅏ/로 연결된다고 한다.[11]

어떤 도적이고 뭐이고 매일 저뭇(저녁에) 와서 털어가니까, 나는 무서와서 쩌사 부라(비켜 버린다).(서귀포)
산천초목// 속입난디// 귀경가기// 반가와라// 나는 난간다.(제주시)

[지도36] 모이(닭의 먹이)(탈락)

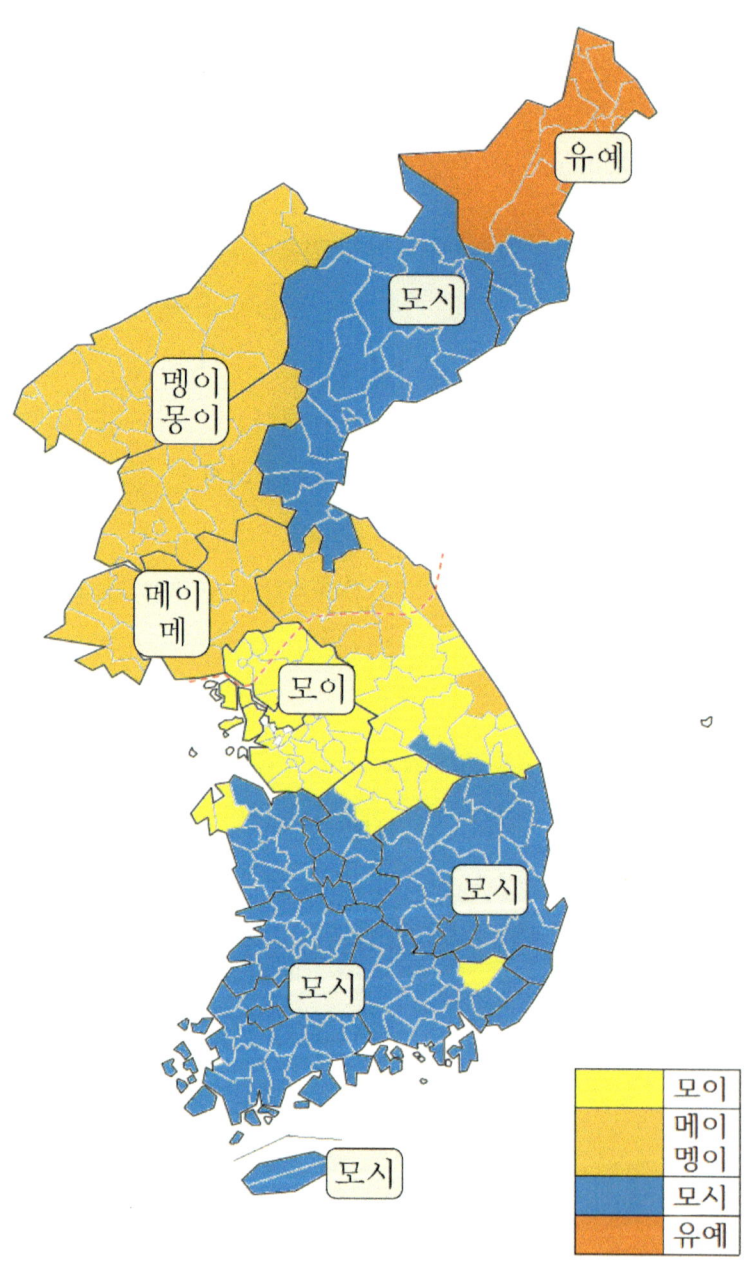

- **모이: 중간자음 ㅅ 유지와 탈락의 전국 분포**

중부방언	평안도	함경도	전라도	경상도	제주도
모이 메이, 메(황해)	메이 몽이	모시 유예	모시	모시	모시

'모이(조류의 먹이)'는 [지도36]에서 전국적인 분포를 살펴보면 크게 중간자음 /ㅅ/을 간직한 '모시'와 /ㅅ/이 없는 '모이'형이 자리잡고 있는 것을 볼 수 있다.

'모이'와 관련된 옛말은 '모싈 목(牧, 훈몽자회)'이 보이고, 각 방언의 '모시'의 존재로 보아 '모싀 > 모시'의 변화를 짐작할 수 있는 어휘다. 그래서 위의 [지도36]에서처럼 중간자음 /ㅅ/이 있는 '모시'는 서남방언, 동남방언, 동북방언, 충청도, 제주방언에 널리 펼쳐져 있고, 평안도와 황해도, 경기도, 강원도에는 중간자음 /ㅅ/이 없는 '모이', '몽이', '멩이'가 분포하고 있다.

달기장에 달기 메이를 줬나?(닭장에 닭 모이를 주었나?)(강원 삼척)

'모시'처럼 /ㅿ > ㅅ/ 변화의 경향은 마치 옛말 '가새(가위)'가 '가새 > 가새'로 변한 지역적 분포와 비슷하다고 할 수 있다. 그리고 역시 /ㅿ > ㅇ/(모이, 메이) 지역은 '가새 > 가위, 강아, 강애' 등으로 변한 모습과 지역적 분포가 거의 일치함을 알 수 있다.

즉 중세국어 시기에 /ㅿ/을 가진 이 말들이 표준어에서는 /ㅿ/의 흔적이

사라지고 '모이', '몽이'로 변했지만, 위의 '모시'가 분포하는 지역 위주로 아직도 넓은 지역에 /△/의 흔적이 남아 있는 것을 확인하여 주고 있는 셈이다.

　마당이에 큰 닭이 두 마리가 돌아 다님서로(돌아 다니면서) **모시**를 주어 먹고 댕길 낀께, 이액(이야기) 좀 하고 가라.(전남 고흥)

　닭 한 마릴 가주구서 서루 제 닭이라구 송사(소송)가 들어왔어. "너 올 적에 닭 **모슬** (모이를) 뭘루 멕였느냐?"(충남 아산)

[지도37] 다리(덧붙이는 머리)(탈락)

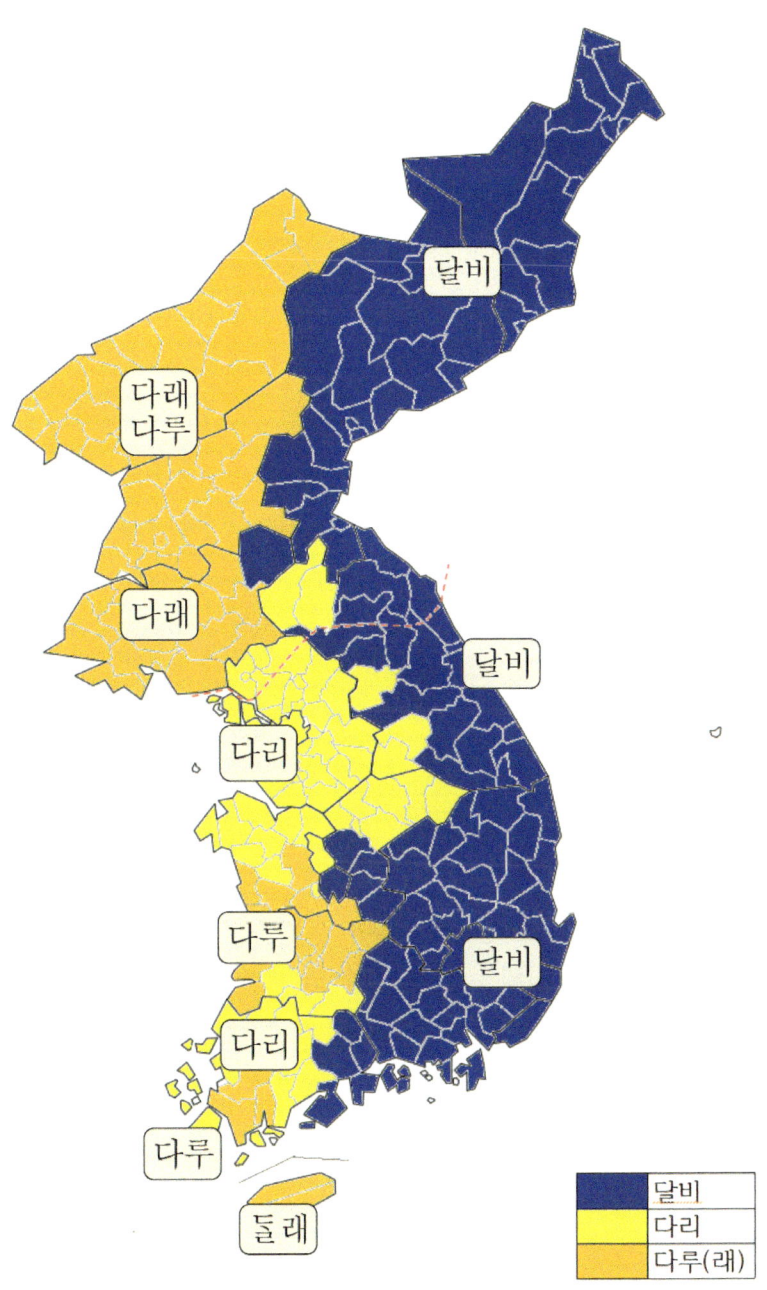

■ 다리: 중간자음 ㅂ 유지와 탈락의 전국 분포

중부방언	평안도	함경도	전라도	경상도	제주도
다리, 다루 달비(강원,충북일부)	다래, 다루 달비	달비 다래	다리 달비(전남동부)	달비	둘래

표준어 '다리(髢髲)'는 예전에, 여자들의 '머리숱이 많아 보이라고 덧넣었던 딴머리'를 말하는데 크게 중간자음 /ㅂ/을 간직한 '달비' 형태와 /ㅂ/이 없는 '다리', '다루' '다래' 등으로 구분된다.

참고로 중간자음 /ㅂ/을 유지한 형태 '달비'는 중세국어에서 /ㅸ/을 가진 어휘로 '달븨 > 달비(ㅸ > ㅂ)'처럼 변화한 모습으로 남아 있다고 본다. 비록 문헌 상으로 16세기 어형은 '달외(훈몽자회)'밖에 없지만, 현재의 방언형 '달비'의 존재로 미루어 그 이전형이 '달븨'였을 것이라고 추정하는 것이다.[12]

'달비' 형이 분포하는 특징을 살펴보면 대체로 우리나라 동부권 방언이라는 점을 알 수 있다. 즉 함경도, 강원도, 경상도에 걸쳐서 길게 동부 해안 쪽에 남북으로 펼쳐지고 있는 것을 알 수 있다.

우리 마누라 머리를 짤라 가지고서는, **달비**를 팔아 가주고서는 그래 놓인께네 우리 어무이는 하잖아서(언짢아서) 운다.(경북 달성)

집에 여자가 머리를 끊어 가지고 **달비**를 매 가지고서는 여비를 해 줘.(강원 영월)

대체로 '달비'가 분포하는 방언권은 중간자음 /ㅂ/을 보유한 어휘가 '달비'뿐만 아니라 많은 어휘에서 그러한 경향을 보이고 있다. 예를 들어 동남방언의 경우 '가부리(가오리), 가분데(가운데), 누부(누나, 누이), 호박(확), 새비(새우), 자부름(졸음), 호부래비(홀애비), 추비/추부/치비(추위), 더비/더부(더위), 따뱅이/따바리(똬리), 어불다(어울리다), 에비다/예비다(야위다)' 등 많은 어휘를 볼 수 있다.

여게 영지못이라고 있다. **누부**(누이)는 못 저거 다 팠 부렸고 올애비는 절로(절을) 저거 다 지았다고(지었다고),(경북 경주)

아주 살림은 곤란하고, 혼자 이래 **호부래비**(홀애비)가 글은 좀 알기 때문에 아들로 마이 델고(아이들을 많이 데리고) 인자 글을 가르쳤어.(경북 군위)

다부래기(양푼) 거어 들시이까네(떠들어 보니) 누런 기(구렁이) 말이다. **따뱅이**를 (또아리를) 이래 실실 틀고 떡 앉아가 있거등.(경남 울산)

다만 시간이 흐르면서 차츰 개신형인 /ㅂ/탈락 유형으로 바뀌어 가고 있는 추세라고 한다.

[지도38] 여우(탈락)

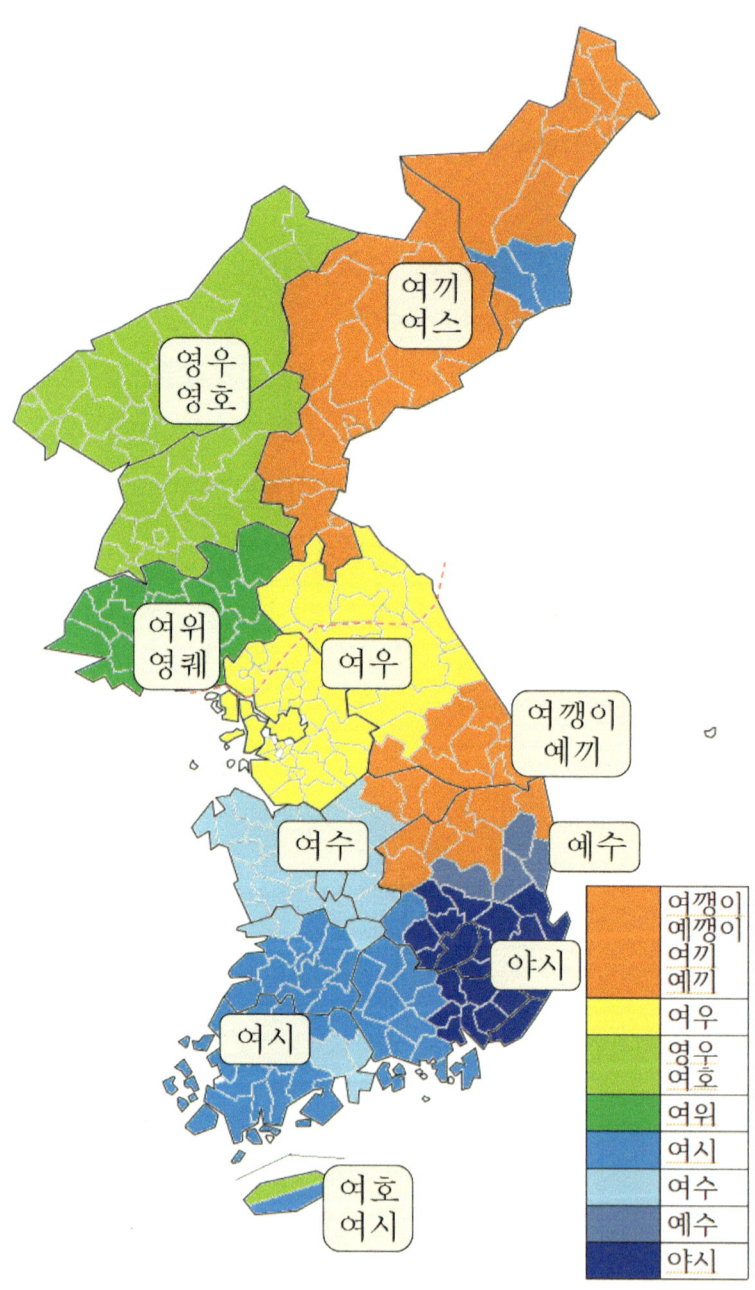

■ 여우: 중간자음 ㄱ, ㅅ 유지와 탈락의 전국 분포

중부방언	평안도	함경도	전라도	경상도	제주도
여우, 여깽이 (강원,충북일부)	예이, 영호 여우	여끼, 예끼 여스	여시 여수	여깽이 예깽이 야시	여호 여시

위 [지도38]은 표준어 '여우(狐)'에 해당하는 각 방언권별로 중간자음 /ㄱ, ㅅ/을 유지하고 있는 '여끼', '여깽이', '여시', '여수'가 어떻게 분포하고 있는가를 보여준다.

이러한 /ㄱ/유지형 '여끼', '예끼', '여깽이'가 함경도와 경상도 그리고 강원도, 충청도 일부 지역에 분포하고 있는 것을 볼 수 있는데, 이들도 [지도37]의 '달비'처럼 어중 /ㅂ/을 유지한 어휘와 일치하지는 않지만, 우리나라 동부권 위주로 펼쳐져 있는 모습을 알 수 있을 것이다.

함경도에서는 곡용 환경에 따라 다르게 실현되는데, '여끄(여우를)'라고 하다가도 '여스게(여우에게)', '여스가(여우와)'처럼 말하여 /ㄱ/과 /ㅅ/이 달리 나타나고 있다.

호랭이 얘기, 영깽이(여우)얘기, 도깨비 얘기, 귀신이 나와 원혼 풀어달라고 한 얘기 등 억수로(매우) 많았지.(강원 삼척)

인제 문을 턱 열어제켜 보이, 예끼(여우)가, 아주 묵은 예끼가, 구미호(九尾狐)가 고마 훌떡 자빠졌다 말이래.(경북 안동)

'여끼', '여끄' 하다가도 여우 새끼는 '여스 새끼'라 하지.(함북 명천)

연구에 의하면 형태소 내부에서 /ㄱ/유지형은 함경방언에서 가장 뚜렷하며 경북방언에도 강하게 나타나지만{예: 몰개(모래), 시구럽다(시다), 놀개이(노루)}, 어휘에 따라 '얼게미(어레미)', '얼게빗(얼레빗)'의 경우는 서남방언, 중부방언에까지 어중자음 /ㄱ/이 나타나는 경우를 볼 수 있다고 알려져 있다.

놀개이매이로(노루처럼) 고마 벌거벗은 기 절끄징(절까지) 뛰올라 가는데... 고마 그래 중놈이 죽었뿌더라네.(경북 군위)

이건 누구네 집, 이건 누구네 집, 참빗, 새새 **얼게빗**(얼레빗) 등등으로 돌아댕기면서 한 집두 안 빼놔.(충남 아산)

얼게미(어레미) 체를 메이기를 배왔어, 기술자한테. 얼게미 매서(만들어서), 체 매서 돈을 잔뜩 벌어.(전남 화순)

그래서 중부방언에서 시작된, 어중자음 /ㄱ/이나 /ㅅ, ㅂ/이 탈락하는 개신(새로운 변화의 파도)의 방언 전파가 중앙에서 멀리 떨어진 변방에는 아직 미치지 못하였기 때문에 지금까지도 /ㄱ, ㅅ, ㅂ/을 가진 고어(古語)의 흔적이 남아 있다고 보는 것이다.

[지도39] 무(채소)(탈락)

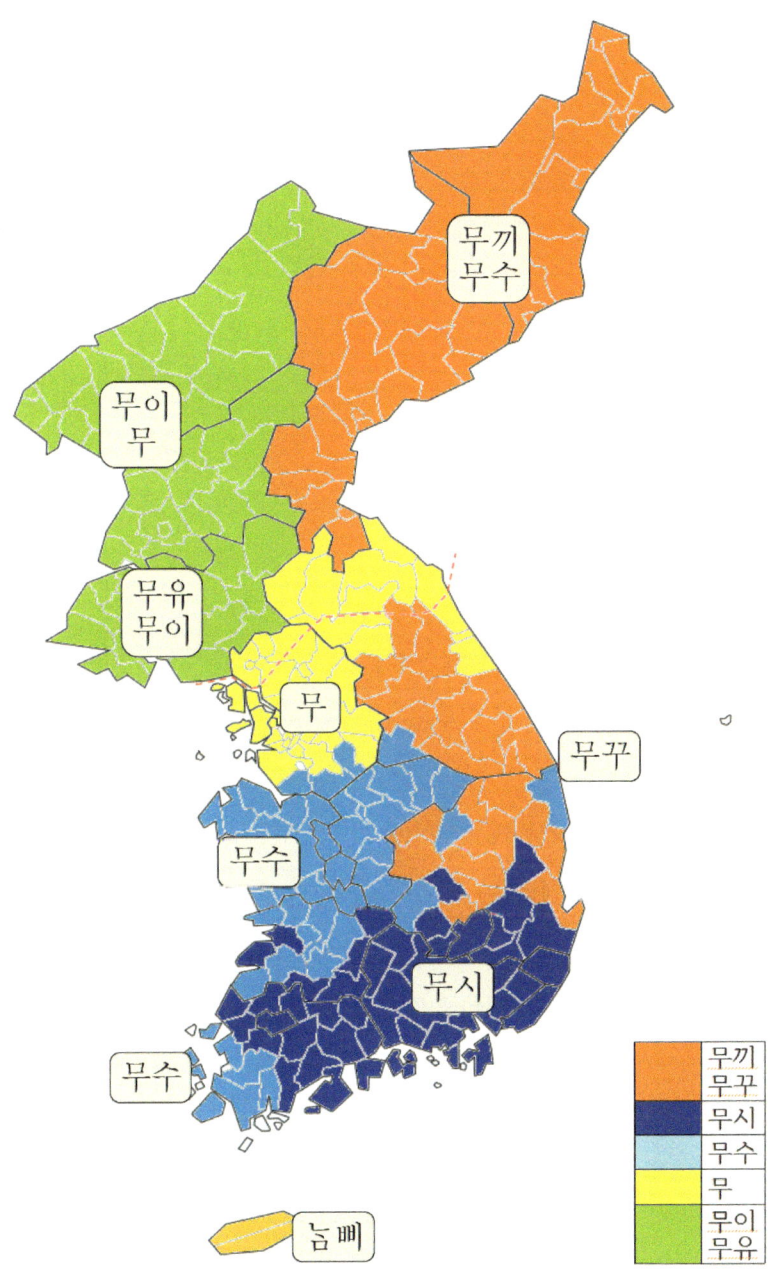

■ 무: 중간자음 ㅅ, ㄱ 유지와 탈락의 전국 분포

중부방언	평안도	함경도	전라도	경상도	제주도
무, 무꾸(강원) 무이(황해) 무수(충청)	무이 무	무끼 무수	무시 무수	무꾸 무시	눔삐

[지도39]는 표준어 '무(채소)'가 중간자음 /ㄱ/과 /ㅅ/을 유지하고 있는 모습의 지역적 분포를 보여준다.

앞의 지도 [지도38]의 '여우(여끼, 여깽이)'와 같이 어중에 중간자음 /ㄱ/을 유지하고 있는(무꾸, 무끼) 지역은 동북방언과 동남방언, 그리고 강원도 일부에서 그러함을 보이고 있다.

그리고 중간자음 /ㅅ/ 유지형(무수, 무시)은 앞의 [지도36]에서와 같이 평안도와 황해도, 경기도, 강원도를 제외하고 함경도 일대와 우리나라의 남부 지역을 중심으로 분포하고 있는 것을 확인할 수 있다. 이것은 '무'의 옛말 '무수(15세기)'이었는데, 지역에 따라서 '무수 > 무시/무수' 또는 '무수 > 무우 > 무'로 다르게 변해 온 모습을 보인 것이다.

스슥(수수) 쌀, 뭐 팥 같은 거 뭐 이런 것이다가서 무수(무), 뭔 뿌랭이(뿌리)를 쓸어 넣었어. 그래서 밥을 해다 줘.(전북 부안)

아랫집에는 배차(배추)밭이고 웃집에는 무수(무)밭을 했읍니다.(충북 영동)

보소, 이 소(牛)는 아무 데 관계없는데 무시(무)밭 젙에는(곁에는) 묵지(매지) 마라. 무시밭에는 절대 안된다.(경남 김해)

참고로 함경도에서는 단독형은 '무끼'인데 여기에 '을', '에' 등의 조사가 붙으면 '무수르', '무수에' 등으로 곡용을 한다고 알려져 있다. 또 합성어에서도 '무수절굼', '무수짐치'와 같이 사용한다고 한다.

김치 있는데 **무꾸**(무) 뚝뚝 쌀이고(썰고) 배차(배추) 시퍼런 데 짤라 가지고 푹 삭앉는 거 그거 먹으이 좀 겐찮고.(경북 영주)

밭에 **무끼**가 배채르 세이 싱것습구마.(밭에 무와 배추를 많이 심었습니다.)(함북)

[지도40] 이어서(承)(불규칙 활용)

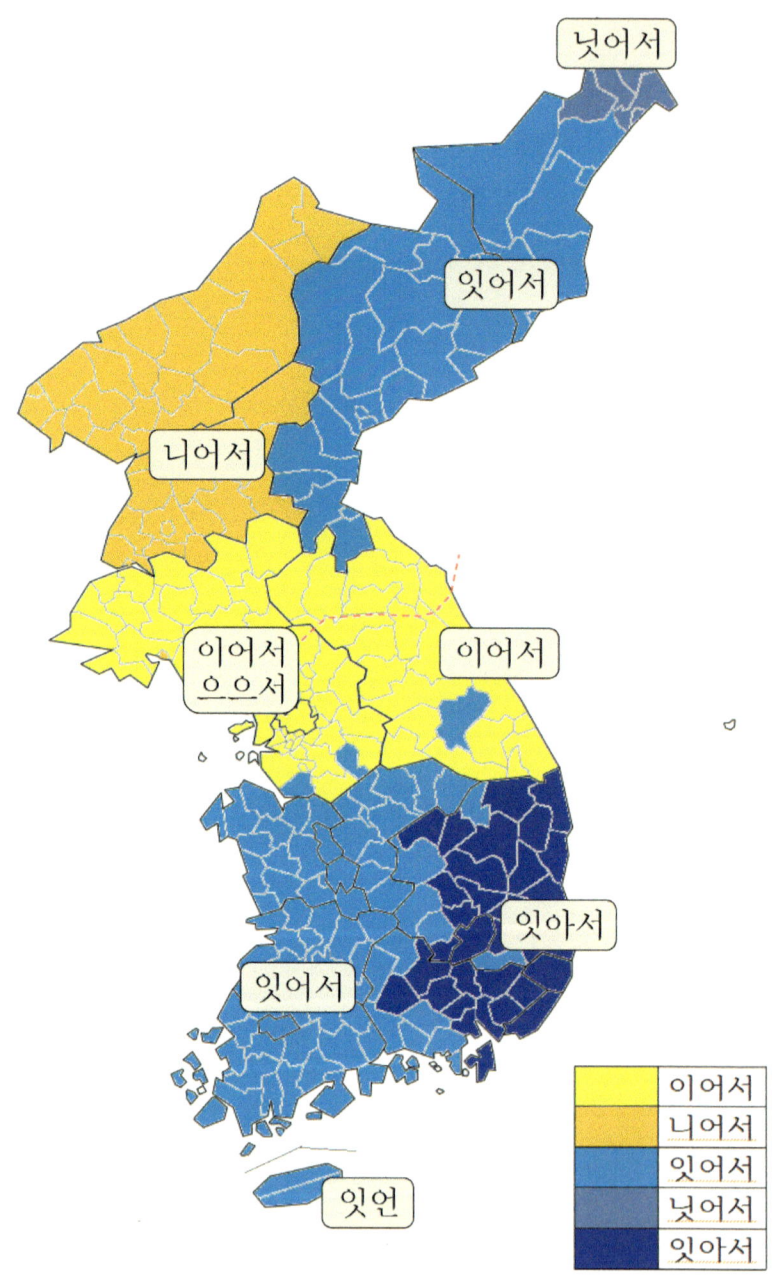

■ 잇+어서: ㅅ-불규칙 활용의 전국 분포

중부방언	평안도	함경도	전라도	경상도	제주도
이어서 잇어서(충청)	니어서	잇어서 닛어서(육진)	잇어서	잇아서	잇언

[지도40]은 동사 '잇다'가 '잇+어서'처럼 활용을 하는 경우에 방언권에 따라서 ㅅ-규칙 활용을 보이는 '잇어서', '잇아서'가 분포하는 지역을 보여주고 있다.

ㅅ-불규칙 활용(이어서)을 보이는 지역은 중부방언과 평안도이고, ㅅ-규칙 활용(잇어서)을 하는 지역은 충청도, 전라도, 경상도, 제주도와 함경도임을 알 수 있다.

이것은 앞의 [지도36] '모이'의 지도와 거의 일치함을 확인할 수 있다. 즉 중세국어에서 반치음(ㅿ)의 흔적인 /ㅅ/을 보유한 어휘{모ᅀㅣ > 모시(모이), 구슈 > 구시(구유) 등}가 분포하고 있는 지역이 대체로 우리나라 남부 일대와 함경도임을 알 수 있었는데, 학자들은 /ㅿ > ㅅ/ 규칙 적용은 남부 방언권 중에서도 서남방언이 가장 활발한 모습을 보이고 있으며 이 규칙은 처음 서남방언에서 시작하여 남부 동남방언, 다시 북부 동남방언으로 확산된 것으로 보고 있다.

이 집의 손(子孫)을 어떻게 **잇어야** 되겠느냐? 아 손을 **잇으려고** 하는데 그래 이 여자가 돌아 댕겨.(충북 영동)

이 애기를 밍(수명)을 **잇어서**(이어서) 살라먼 절로 가서 공부를 십 년을 하라.(전남 해남)

그래 그 집손(孫) **잇아**(이어)주고 자기 여내(역시) 잘 되고, 그 참 좋은 얘기지(이야기지).(경북 봉화)

가장(家長)이 마, 병이 나서 참 세상을 참 베리게(버리게) 돼서 또 아 **잇아**(이어) 줄 아들이 없고 이래 가이고,(경남 진주)

그런데 위의 시각과 다른 견해로, '잇다'는 중세국어 시기에 '닛다'이었다가, 이후 /ㅿ/이 탈락하면서 불규칙 활용을 하게 되었는데, 이러한 경향은 /ㅿ/를 가졌던 다른 복합어나 단일어의 경우와도 유사한 방언 분포이며 /ㅿ/ 탈락이 중부방언에서 시작되어 점차 확산되었다는 근거가 된다고 보기도 한다.

그러나 이러한 경향도 시간이 흐르면서 차츰 변화하는 추세에 있다고 한다. 즉 최근에는 중부방언에서도 '잇어라', '줏어라'와 같이 규칙화하는 경향이 있는데 젊은층으로 갈수록 이러한 경향이 더 강하다고 말하기도 한다.13)

이와는 반대로 동남방언에는 분명히 /ㅿ > ㅅ/ 변화가 있어서 '잇-', '낫-'의 경우는 '잇어서', '낫아서' 등으로 ㅅ-규칙 활용을 보이지만, '긋-', '붓-', '짓-'의 경우 '그어서', '부어서', '지어서'14)로 ㅅ-불규칙(ㅅ 탈락형)이 확산되는 양상을 보인다.

북한에서도 함남의 중부 이북 지역에서는 규칙 활용을 한다고 알려졌으며, 제주방언에서도 ㅅ-규칙 활용을 한다.

이 얘기덜 아다근(데리다가) 멩(命)도 **잇어** 주곡(이어 주고) 복도 **잇어**(이어서),(제주시)

[지도41] 추우면(불규칙 활용)

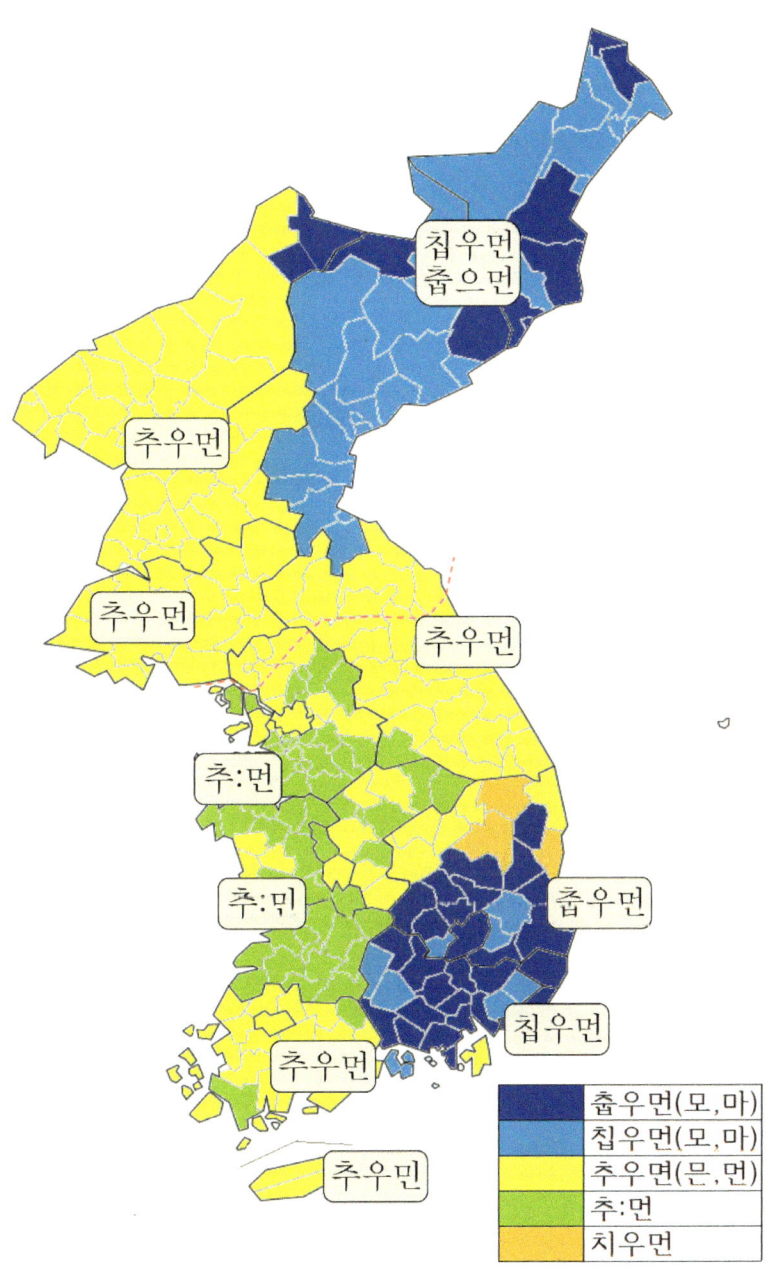

■ 추우면(춥+으면): ㅂ-불규칙 활용의 전국 분포

중부방언	평안도	함경도	전라도	경상도	제주도
춥다	칩다	칩다	춥다	춥다	춥다
추우면	추우면	칩으면 춥으면	추우면 추:먼	춥으면(모) 칩으면(모)	추우민

위 [지도41]은 용언 '춥다'가 '춥+으면'으로 활용을 하는 경우 각 방언권별로 표준어처럼 '추우면'으로 불규칙 활용을 하느냐 아니면 '춥우면/칩우면'처럼 규칙 활용을 하느냐 하는 대략의 모습을 한눈에 알 수 있도록 보여주고 있다.

함경도와 경상도를 중심으로 ㅂ-불규칙이 아닌 규칙 활용을 하며 /ㅂ/을 유지하고 있는 '춥우면', '칩우면'이 분포하고 있는 모습을 볼 수 있다. 그런데 이것은 바로 앞의 [지도37] '달비(다리)'가 분포하고 있는 지역과 [지도41]을 비교해 보면 /ㅂ/을 유지하고 있는(춥-/칩-) 지역이 한층 좁아지고 있다는 점을 알 수 있을 것이다. 강원도의 영동지역에서도 [지도37]에서는 중간자음 /ㅂ/을 유지한 '달비'가 분포하고 있었지만, [지도41]의 같은 지역에서는 /ㅂ/ 탈락형이(추우면) 자리잡고 있기 때문이다.

어저는(이제는), 밤에는 동삼(겨울)처럼 **칩어**(추워)졌다.(함북 함흥)

접이불도 쪼매(겹이불도 조그마해) 날이 **춥우마**(추우면) 할마이가 땡기마(당기면) 지 궁디이가(엉덩이가) 쭉 나오고,(경북 달성)

이렇듯 /ㅂ/을 유지하는 경향은 단일어일 경우나 용언이 활용할 때에나 동남방언과 동북방언에 나타나는 고유한 특징으로 규정지을 수 있을 것 같다.

다만 동남방언 중에서도 중부방언과 접경하는 지역에서는 '춥으면', '추우면' 2가지 형태로 나타난다고 한다.

모를 심그다 보니 날이 저무고 비는 온다 이기라. **추워서** 말이지, 솜을 놔 가주고 두루막겉이 입어요.(경북 상주)

그럼 **추우면** 부엌 앞이나 자고 가라고 불내지 말고 거 자고 가라고.(경북 예천)

참고로 불규칙 활용과 관련하여 서북방언에서는 ㅂ-불규칙 활용을 보이지만, '듣다(聞)'의 경우 다른 지역과 달리 ㄷ-규칙 활용이 적용되어서 '그 말 듣으니(들으니) 마음이 놓인다.', '내 말 듣으문(들으면) 알 꺼웨다.' 와 같은 말을 들을 수 있다.

그러나 이러한 현상도 최근에는 남한과 같이 ㄷ-불규칙 활용으로(들으니, 들으문) 차츰 변화하고 있다고 한다.

[지도42] 흙이(자음군단순화)

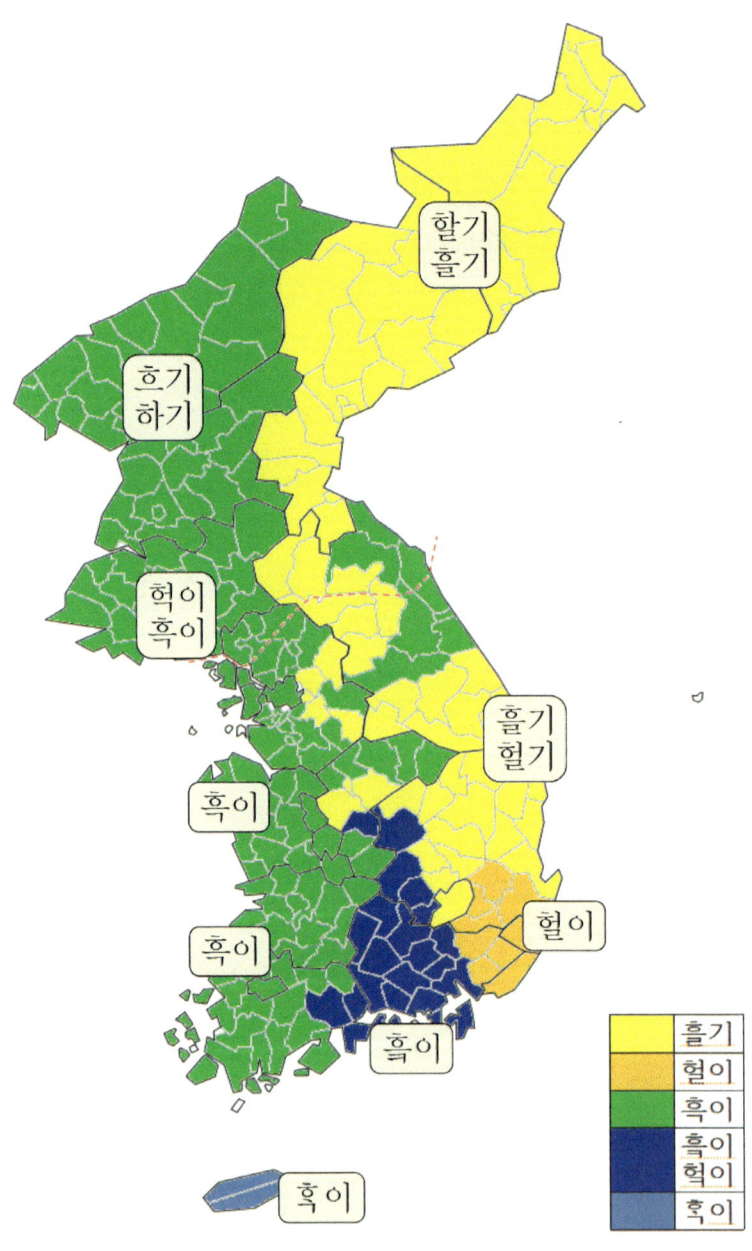

■ 흙+이: 자음군단순화의 전국 분포

중부방언	평안도	함경도	전라도	경상도	제주도
흑이, 헉이 흘기(경기,강원일부)	흑이 학이	할기 흘기 하기	흑이	흘기(헐기) 헐이 흑이(헉이)	흑이

위의 [지도42]는 받침 /ㄹㄱ/을 가진 어휘가 '흙+이'처럼 곡용할 경우 어떻게 실현되는지 각 방언권별로 분포의 모습을 보인 것이다.

'흙+이'의 경우 크게 '흙(흘기)', '흑(흐기)', '흘(흐리)'계로 3부류로 나뉜다. '흘-'형은 주로 우리나라의 동쪽(경상도, 강원도, 함경도)으로 분포하고, '흑-'은 서부쪽에 널리 분포하고 있는 것을 볼 수 있다.

표준발음은 [흘기]인데, 이와 달리 '흑이(ㄹㄱ > ㄱ)'의 어간말 자음군단순화가 공교롭게도 서울·경기를 포함한 평안도, 황해도, 충청도, 전라도 등 국토의 서반부와 강원도 일부, 제주도에 널리 분포하고 있는 것이다.

흑메질(흙을 치는 일) 진흑(진흙), 진흑 완전 진**흑이** 아니구 매토(땅을 메우는 일) 하는 거, **흑이** 또 이시오(있지요).(평북 구장)

흑(흙)은 새빨가쿠 비가 마니 올 땐 아이들두 이거저. 제대루 신발 끌구 댕기질 못해요. 너머(너무) **흑이**, **진흑이** 많이 달라붙어서 맨발루 지나가군 만단 말이야요.(황해 곡산)

그래가꼬 어 **흑이**(흙이)나 인자 말하자믄 인자 저런 것을 거섭을(거친 풀) 여초(넣죠). 썰어서도 여코.(전남 곡성)

비가 너무 쎄게 자꾸 오민 **혹이**(흙이) 줄루와 부렁(젖어 버려서) 어떵사 헐디 모르는 게주(어떻게 할 줄 모르는 거죠).(북제주)

그리고 경상도의 서부 쪽에서 자음군단순화가 /ㄱ/이 아닌 /ㅋ/으로 실현된 '흑이', '헉이'의 모습이 상당히 넓게 자리잡고 있는 것은 흥미롭다. 경북 칠곡 등에서 '헐키', '흘키'도 나타난다.
    삽가래 거게를 판께(삽으로 거기를 파니까) 붉으리한 막 팥고물 겉은 **흑이**(흙이) 막 그렇기 좋드래여.(경북 상주)

표준어처럼 /ㄱ/이 연음되는 모습은 함경도와 경기도, 강원 일부, 경상도에서 '할기', '흘기'로 나타남을 볼 수 있다.
    할기 좋대니무 농새 찰 아이 델구마.(흙이 좋지 않으면 농사가 잘 아니 됩니다.)(함경북도)
    햐:두 이거 이, 이런데 밫언(밭은) **흘기**지만(흙이지만) 산골에 웬만햰 밫언(밭은) 말짱 돌밫이잖어(완전 돌밭이잖아).(강원 원주)

또 /ㄱ/이 아예 탈락한 '흘이(헐이)' 형태가 경북과 경남의 동부 해안 지역에 분포하고 있는 것을 볼 수 있다.
    그 당나무 밑에다 가가 파머(그 당산나무 밑에 가서 파면), 돌담을 좀 들어내머 **헐이**(흙이) 좋고 그러이 거 갖다 묻어라꼬.(경북 경주)
    방우(바위)가 이래 있는데, 방우 우에 솔이 이래 서 가주 이래 있는게라. 우에 조 거 머 **흘도**(흙도) 한 점 없어. 키가 머 그리 크지도 아해(안해).(경북 영덕)

[지도43] 굵고(자음군단순화)

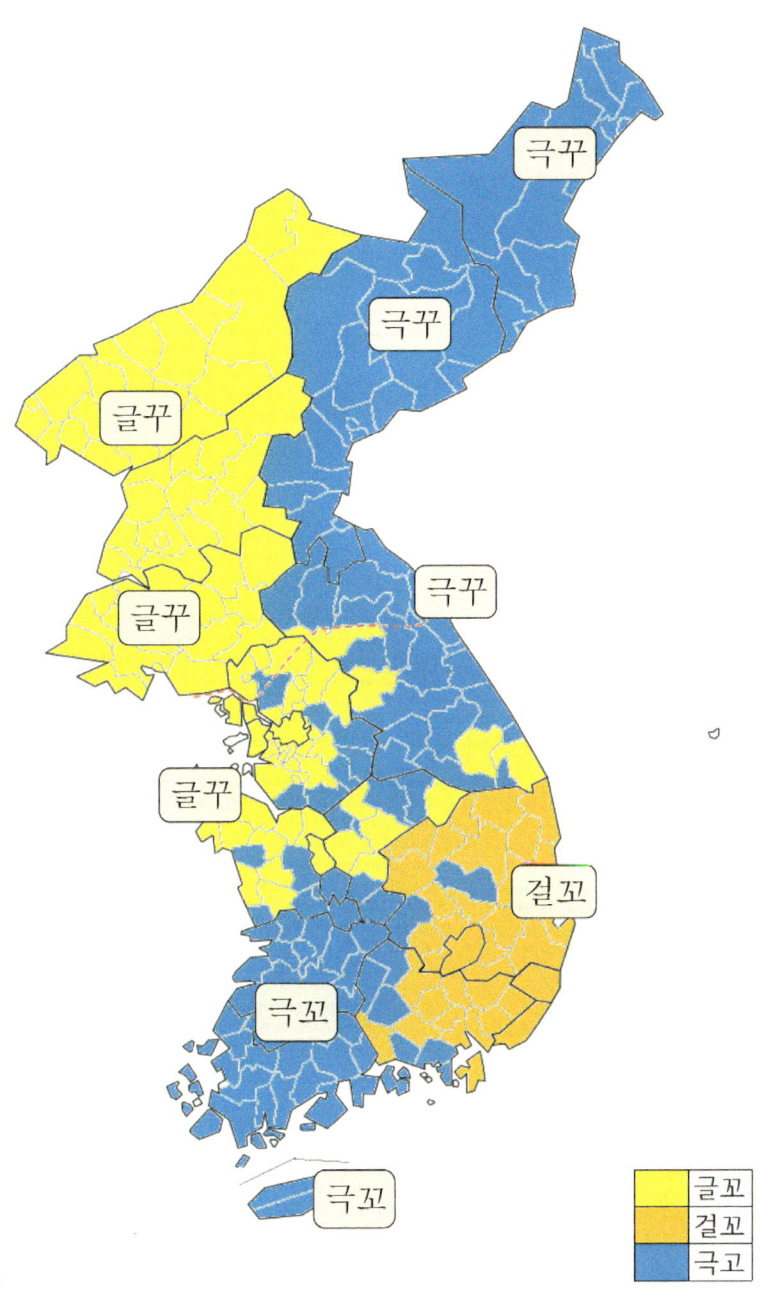

■ 읽+고: 자음군단순화의 전국 분포

중부방언	평안도	함경도	전라도	경상도	제주도
글꾸 극꼬(강원) (경기, 충청일부)	글꾸	극꾸	극꼬	걸꼬 극꼬(경남일부)	극꼬

위의 [지도43]은 겹받침 /ㄺ/을 가진 '읽다'가 활용을 하는 경우인 '읽+고'에서 자음군단순화가 '글-'과 '극-'의 2가지 방향으로 실행되는 모습을 보여준다. 물론 남북한 모두 표준발음 규정은 [글꼬]이다.

'글-'과 '극-'이 실현되는 분포의 대략을 살펴보면 흥미롭게도 국토를 거의 ×자로 나누어 자리잡고 있는 모습을 볼 수 있다. 그래서 '극-'은 함경도, 강원도, 충청·경기 일부, 전라도, 제주도이고, '글-'은 평안도, 황해도, 경기·충청 일부와 경상도임을 알 수 있다.

나무 깍지를 덮어놓고 **극꼬**(읽고) 있응께, 어디 도팍(돌) 밑에서잉 남생이가 큰 놈이 거가 엎졌드락 해라우.(전남 해남)

이눔우 호랭이가 그냥 사타구니를 **끌고**(읽어 주고) 해 쌓이 쉬원해 가지고 가마이 있었는 기라.(경남 밀양)

속상해서 바가지 **걸꼬**(읽고) 조석도(아침 저녁밥) 잘 안 해 주고 하믄 점점 집구석이 엉망이 돼.(경북 영주)

호랭인 대문을 북북 **글꾸**(읽고)서 엉엉거리는데, 그 산중에서 심부름을 갈 수가 있느냐 그 말야, 무서워서.(충남 아산)

제주방언에서는 /ㄺ/뿐 아니라 /ㄼ/으로 끝나는 용언이 자음 어미와 결합될 때도 자음군 중 앞자음 /ㄹ/을 탈락시킨다. 그래서 '훅꼬(굵고)', '익꼬(읽고)', '넙꼬(밟고)', '얍따(얇다)'에서처럼 /ㄺ, ㄼ/ 말음 용언 어간의 활용에서 /ㄹ/이 탈락된다.15)

벌거지(벌레) 한 마리가 풀 이파리가 **훅던**(굵든) 던(자잘하든) 새겨 불었댄(삭혀 버렸댄) 말이우다.(북제주)

참고로 제주에서는 겹받침 /ㄺ/ 중에서도 '읽-'의 경우 뒤에 자음이 결합할 경우에 /ㄹ/이 탈락된 '익-'으로 실현되는데(예: 읽+는 → 익는), 모음이 이어지는 경우도 연음이 되지 않고 '익'으로 실현되는 특징을 보이고 있다.(예: 읽+어서 → 익어서, 읽+으랭 → 익으랭)

야, 요 늙은이 기여도(그래도) 글이라도 (조금) **익어난**(읽었던) 어른이로고.(제주시)

글월 문(文)째를 써서 **익어**(읽어) 봐. 또 익어 보니까 중문리. 중문이가 아니고 중물리.(서귀포)

제주도와는 정반대로 경상도에서는 받침 /ㄺ/을 가진 '읽는다'의 경우 연음이 되더라도 /ㄱ/이 탈락하여 /ㄹ/로만 실현되는(예: 읽+고 → 일으고, 읽+어야 → 일러야) 특징을 가지고 있다.

작은 아부지! 양반의 자식이 되가(되어서) 글을 **일러야**(읽어야) 될 터인데, 내가 이래 있어가 되는교?(경북 경주)

그 남편 자체가 글만 오우고 **일으고**(읽고) 있으이, 생활이 아주 참 간곤(艱困, 가난)하고.(경북 안동)

[지도44] 밟고(자음군단순화)

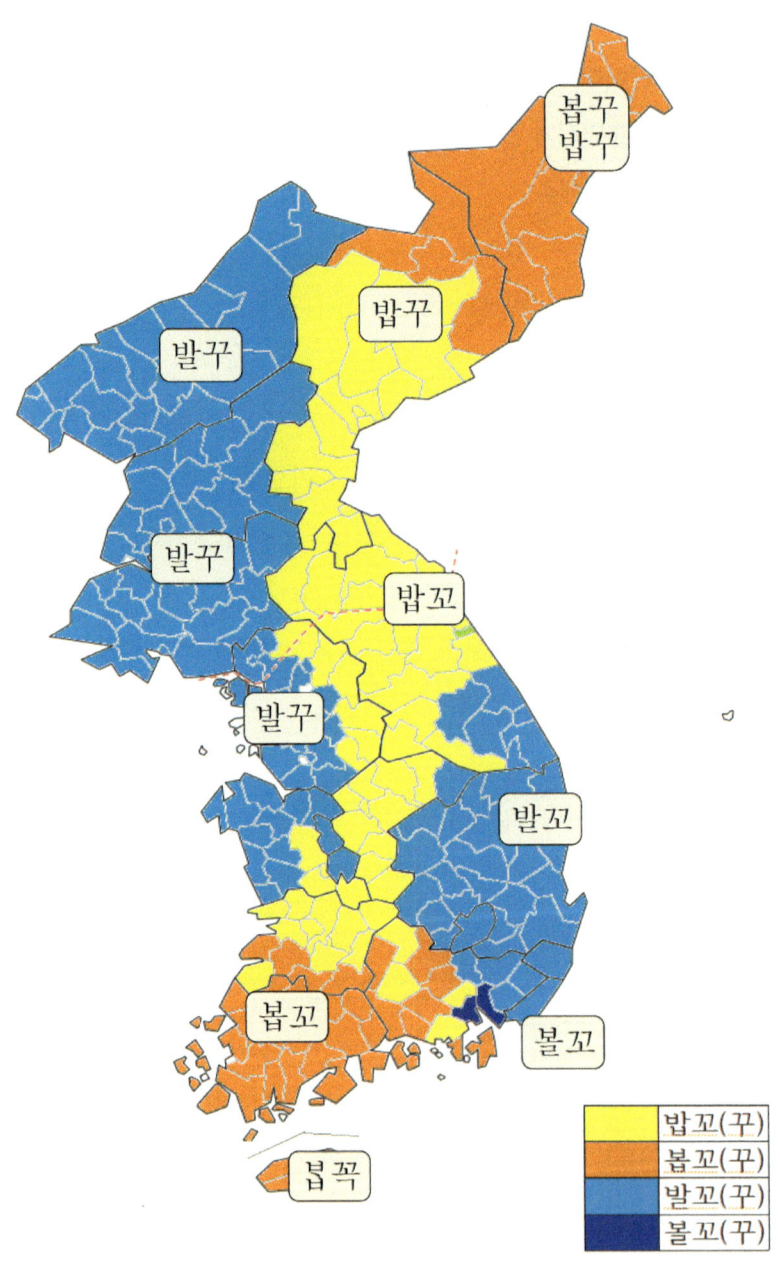

■ 밟+고: 자음군단순화의 전국 분포

중부방언	평안도	함경도	전라도	경상도	제주도
발꾸(경기서부) 밥꼬(충북, 강원, 경기동부)	발꾸	봅꾸(함북) 밥꾸	밥꼬 봅꼬 (전남남부)	발꼬 봅꼬 (경남서부)	눕꼭

    [지도44]는 겹받침 /ㄼ/을 가진 '밟(踏)다'가 활용을 하는 경우인 '밟+고'에서 자음군단순화가 어떻게 실행되는지를 보여준다. 표준어 규정을 보면 북한은 [발꼬](밥따, 발꼬, 밥찌-ㄱ앞에서만 ㄹ로), 남한은 [밥꼬](밥따, 밥꼬, 밥찌-'밟'의 경우 모두 ㅂ으로)이다.

    위의 [지도44]의 분포를 보면 역시 앞의 [지도43] '긁고'와 비슷한 분포를 볼 수 있다. 즉 '밟+고'는 크게 '밥(봅)-'과 '발-'로 나뉘어 분포하는데 '밥(봅)-'은 함경도, 중부방언(경기 동부, 충청, 강원, 황해 일부), 전라도, 제주도이고, '발-'은 나머지 중부방언(경기도 서부, 황해도, 충남 넓은 지역, 강원 넓은 지역)과 평안도, 경상도임을 알 수 있다.

    흙을, 그걸 삽으루 자꾸 떠다가서 놓고서 발루 **발꾸**(밟고) 또 한 삽을 발루 **발꾸**,(충남 대덕)

    송장을 그놈을 넘어가믄 왤칵 소리가 나불어. 그랑께 **봅고**(밟고) 넘어가야제, 그냥 넘어가면 안돼.(전남 보성)

    경기도는 지도에서 보듯 서부 쪽으로는 /ㅂ/이 탈락한 '발꾸'가 우세하고, 동부 쪽에는 /ㄹ/이 탈락한 '박꾸'가 우세함을 알 수 있는데, 관련 연구에 따르면 '밥:꼬', '밥:찌', '밥떠니'는 연천, 포천, 가평, 양평, 이천 등 동부 쪽이고, /ㄹ/유지형인 '발:꼬', '발:찌', '발떠니'는 서부인 김포, 양주, 시흥, 광주, 용인, 옹진인데, 다른 지역도 차츰 경상도 방언과 같은 /ㄹ/유지형으로 변하는 추세라고 한다.

경상도에서도 경상남도의 서부에서는 /ㄹ/이 탈락한 '봅-'형이 자리잡고 있는 것을 알 수 있다.

한 차례 **발꾸** 나면 또 흑(흙) 퍼부어 놓구, 또 발:꾸나면 또 흑 그래니.(경기 화성)

화장실에서 재를 파다가 놓구 풀 비다가 소를 멕이니까(먹이니까), 소가 지지 **밥꾸**(짓눌러 밟고) 헌 거 쳐내.(경기 가평)

대문 문턱 밑에 잉어가 나오니 그걸 어찌 발로 **봅꼬**(밟고) 들이겠느냐? 그래서 내가 넘어 들어옵니다.(경남 진주)

북한에서는 '밟고', '밟지'의 경우 서부(평안도, 황해도)에서는 /ㄱ/이 탈락한 '발꾸', '발찌'이지만, 동부(함경도, 육진방언)에서는 /ㄹ/이 탈락한 '밥꾸(봅꾸)', '밥찌'이다.

노변의 잡초는 제아모리 사람들이 짓**빨꾸**(짓밟구) 지나가도 다시 기운을 얻어 무성하게 성장한다.(평남 선천)

우리는 **봅꾸**(밟고), 이것을 봅는다(밟는다고) 해서 발방아라 하지.(함북 길주)

제주방언은 /ㄹㄱ/에서처럼 /ㄹㅂ/의 자음군은 앞자음 /ㄹ/을 탈락시켜서 '븝꼬(밟고)', '얍따(얇다)'로 실현된다.

[지도45] 밟는다(자음군단순화)

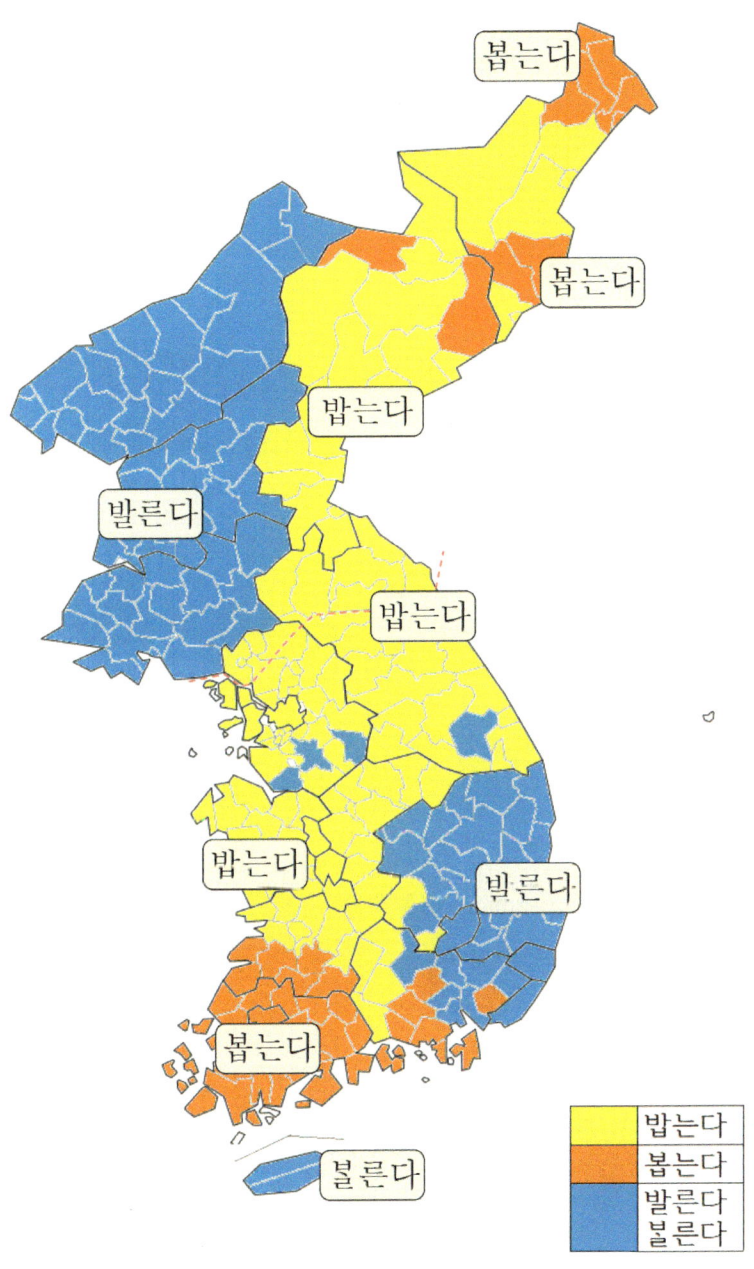

■ 밟+는다: 자음군단순화의 전국 분포

중부방언	평안도	함경도	전라도	경상도	제주도
밥는다 발른다(황해)	발른다	밥는다 봅는다	봅는다	발른다 봅는다(경남)	볼른다

[지도45]는 어말 자음 /ㄼ/을 가진 용언 '밟다'가 '밟+는다'로 활용을 할 때 어떠한 모습으로 분포하는가를 보여주고 있다.

앞의 [지도44] '밟+고'와 [지도45] '밟+는다'를 비교해 보면 분포 지역이 비슷해 보이지만, 상당한 차이를 발견할 수 있다. 즉 어간에 /ㄼ/을 가진 '밟-'이 어미에 '-는다'와 합할 때(밟는다)의 모습이 어미 '고'와 합하였을 때(밟고)와는 다른 결과를 보인다는 점이다.

'밟+고'의 경우에는 중부방언의 서부지역에서 /ㅂ/이 탈락한 [발꼬]가 넓게 분포하고 있었는데, '밟+는다'의 경우에는 /ㄹ/이 탈락한 [밥는다]로 실현되어서 차이를 보인다. 물론 평안도, 경상도에서는 '발꼬'와 '발른다'가 일관성을 유지하고 있음을 본다.

봄에 가서 보리 발끼(밟기) 해요. 겨울철 **발른**(밟는) 거 아니라 봄에, 봄바람이 쎄기 때문에 말라죽디 말라구.(평남 온천)

아이그 그때 타작도 기게 할구징 거 그거 언자 이래 그 **볼릉** 기거등.(아이구 그때 타작도 기계 얄궂은 것 그것 인제 그 밟는 거거든.)(경남 창원)

보면 곰 오지, 토끼 오지, 노루 오지, 사슴 다아 와 뒤집어 가지고 이거 뭐 막 집을 **밥는데**(밟는데), 아, 걱정 말라고.(경기 인천)

저 앞에는 겨울게(겨울에) 버리럴(보리를) **밥:는** 걸(밟는 것을) 우리덜 모두 나서 봤는데 여그 사람은 **밥:찐**(밟지는) 안 해든데?(강원 원주)

팔도 선비들이 올라와서 뭐 짓**밥는디**(짓밟는데) 까딱허먼 밟혀 죽어라오.(전북 정읍)

그런데 보고에 의하면 중부방언에서도 노년층에서는 대체로 '밥는다(<밟는다)', '익는다(<읽는다)', '뚭는다(<뚫는다)'와 같이 유음 /ㄹ/을 탈락시키고, 젊은층에서는 '발른다', '일른다', '뚤른다'와 같이 /ㄹ/을 남기는 경향이 있다는 것이다. 이로 미루어 보아 아마도 원래는 모두 '밥꼬', '밥는다'였는데, 차츰 '발꼬', '발른다'로 변해가는 과정이 아닌가 추측을 할 수 있다고 본다.

참고로 평안도에서는 '밟'에 '-아서'가 결합할 경우 /ㄼ/의 /ㅂ/이 /ㄱ/으로 변한다고 한다(밟아서 > 발가서, 얇아서 > 얄가서).

봄에 일찌가니 보리 들떤 걸 녹누라구 요캐 꽁꽁 **발가**(밟아) 주대시오.(봄에 일찌거니 보리 들뜬 것을 녹이느라고 이렇게 꽁꽁 밟아 주었어요).(평북 온천)

[지도46] 밥하고(밥하고 떡하고)(축약)

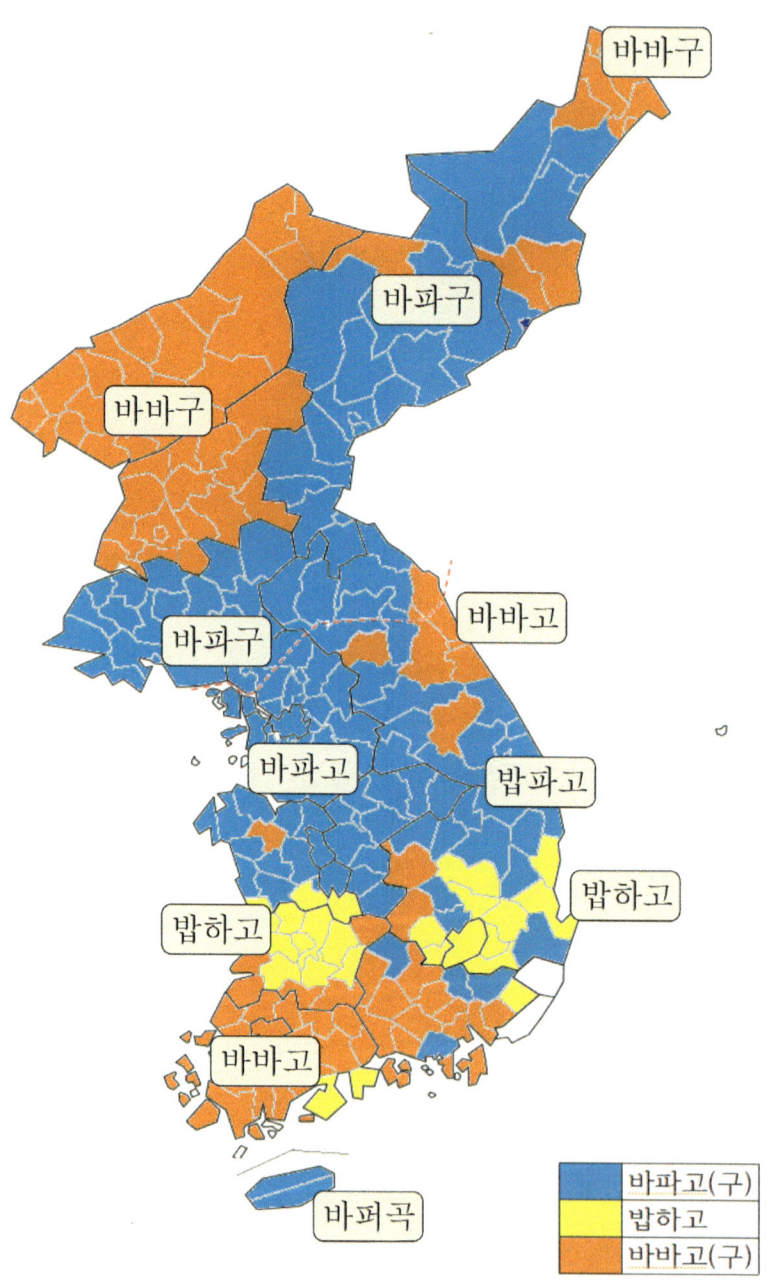

■ 밥+하고(축약) : 거센소리되기의 전국 분포

중부방언	평안도	함경도	전라도	경상도	제주도
바파고 바파구	바바구	바파구 바바구	바바고 밥하고(전북)	밥파고 밥하고(경북일부) 바바고(경남)	바파고

위의 [지도46]는 어휘의 음절 말 /ㅂ,ㄷ,ㄱ/과 어두의 /ㅎ/이 있는 조사와 결합하여 [ㅍ,ㅌ,ㅋ]로 유기음화가 되는 모습을 보여 준다.

그래서 '밥+하고'처럼 음절 말 /ㅂ/이 /ㅎ/를 만나서 [바파고]처럼 축약과 유기음화를 겪는 경우와, [밥하고], [바바고]처럼 축약되지 않거나 /ㅎ/이 아예 탈락한 경우를 살펴본 것이다.

그래서 /ㅎ/이 아예 탈락되거나 음가가 아주 약화되면서 유기음화를 겪지 않는 [바바고]가 나타나는 지역은 대체로 전라도와 평안도인데, 특이한 점은 동남방언인 경상남도 넓은 지역에서 이러한 현상을 보여 준다는 것이다.

이와 반대로 유기음화를 보이는 [바파고]로 실현되는 방언은 대체로 중부방언, 동남방언, 동북방언, 제주방언 등이라는 것을 알 수 있다.

이러한 경향은 [바파고]에서뿐만 아니라 이와 비슷한 상황인 [끄타고](끝+하고), [주카고](죽+하고) 역시 축약의 상황에서 이러한 유기음화가 실현 정도가 비슷하다.

평안도와 육진방언에서도 무성폐쇄음인 어근에 '-하다'가 결합하면 유기음화가 이루어지지 않는다. 그래서 평안북도(의주)에서도 이러한 경우에 유기음화가 아예 실현되지 않거나, /ㅎ/이 아주 약화되어서 [모더구](못하고), [약허구](약하고)] 등으로 실현된다고 한다.

그리고 함경도(북청)에서는 유기음화가 실현된 경우와 실현되지 않는 경우인, [바파고], [바바고] 2가지가 수의적으로 실현된다는 보고가 있다.

[바바고]로 실현되는 전라도에서는 하나의 어휘 안에서도 [유강년](<육학년), [이박씩](<입학식), [야개서](<약해서) 등으로 말하는 것을 흔히 들을 수 있다.

  그랑께 그 과실하고 반찬하고 **바바고**(밥하고) **떠가고**(떡하고) 해서 백 접시 썩(씩)을 해서 차려 노라.(전남 신안)

  기운이 **야개서**(약해서) 으음 너는 짊어지도(짊어지지도) 못하고 인자 질부(조카아내)가 이고 와야 한다.(전남 보성)

그런데 전라도에서는 신기하게도 이와는 정반대의 경우인 예사소리가 거센소리로 변하는 경우가 상당히 많다. 대부분 첫음절에서 나타나는데, '카마니(<가만히)', '클씨(<글세)', '폴세(<벌써)', '포도시(<ㅂ 듯이, 빠듯이)' 등이 그것이다.

[지도47] 비벼라(축약)[16]

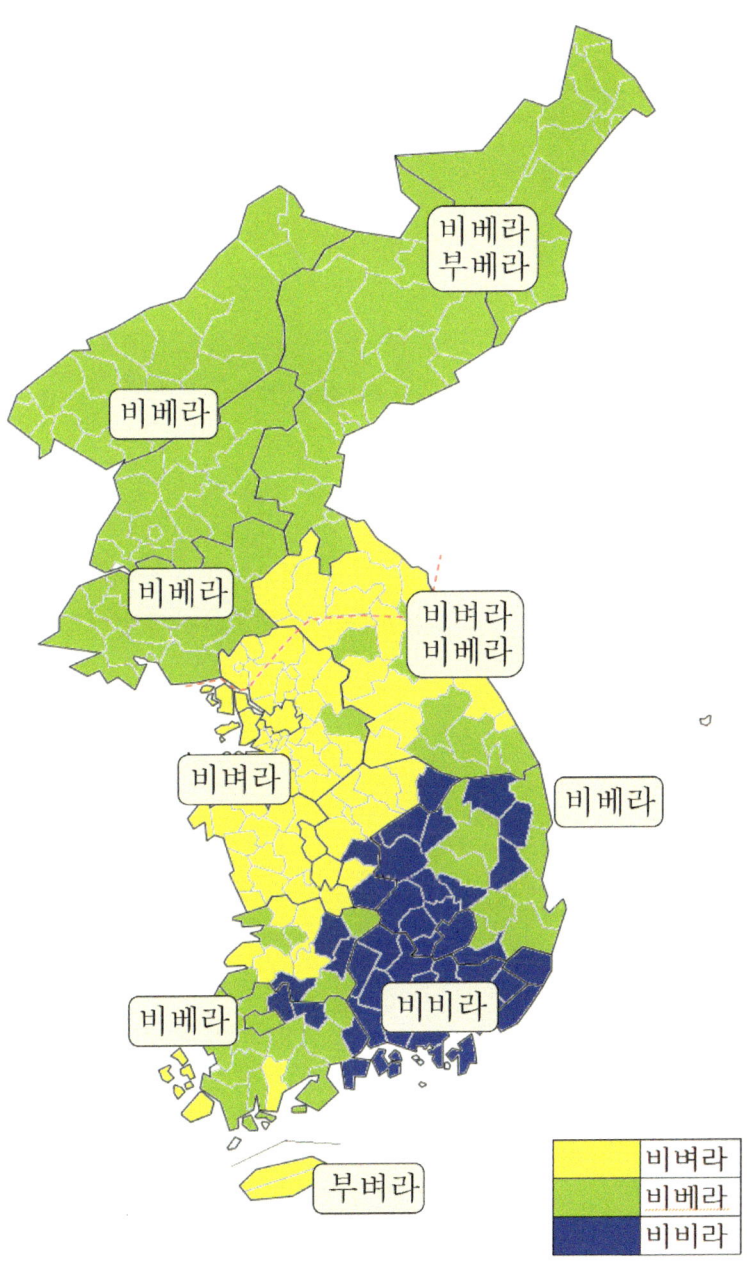

■ 비벼라(ㅣ+ㅓ>ㅕ): 모음축약의 전국 분포

중부방언	평안도	함경도	전라도	경상도	제주도
비벼라 비베라(강원일부)	비베라	부베라 비베라	비베라, 비벼라 비비라(전북일부)	비비라 비베라	부벼라

국어에서 '이'로 끝나는 어간과 '-어'로 시작하는 어미가 합해질 때 대체로 '여'로 변한다(비비+어>비벼). 두 음운이 축약된 모습인데 이때 /ㅕ/는 /j+ㅓ/이므로 이를 활음화라고 한다. 이러한 축약의 모습은 지역별로 다양하게 나타나는 것을 볼 수 있다.

앞의 [지도47]는 '비비(摩擦)+어라'가 결합한 모습인데 중부방언과 제주방언에서는 대체로 표준어와 같이 '비벼-'이지만 나머지 방언들에서는 대체로 '비베-'로 나타나고, 동남방언에서는 '비비-'로 나타나는 등 상당한 음운 차이를 보인다.

평안도, 함경도, 전라남도에서는 '비베(부베)'로 실현되는 것을 볼 수 있는데, '비베라', '부베라' 지역에서는 어간 '이'와 어미 '-아(어)'가 연결되면 활음화한 '여'가 '에'로 단모음화하여 '비벼->비베(부베)-'로 변했다는 사실을 알 수 있다. 이렇게 '비벼->비베-' 지역에서는 이 외에도 '살피어서>살펴서>살페서', '빌리어서>빌려서>빌레서' 등에서도 같은 변화를 보인다.

그런데 동남방언에서는 '에 > 이'의 전설고모음화의 경향이 전국에서 가장 활발하다고 알려져 있는데, '비벼- > 비베- > 비비-'와 관련이 있음을 알 수 있다. 특히 북부 동남방언에서는 '게(蟹) > 기(끼)', '병(甁, 病) > 벵 > 빙'처럼 하나의 형태소 안에서도 이와 같은 변화를 보이고, 어미가 활용할 때 '다치어 > 다체 > 다치', '말리어 > 말레 > 말리'의 변화를 쉽게 볼 수 있다.

"엽초 그거 담배, 그넘의 거 썩썩 **비비**(비벼) 가주고 한 대 떡 여어가 폈다(피웠다).(경북 월성)

고만 담 밑에 무릎을 **다치**(다쳐) 가주고 삽작에(사립에) 들오민서러 씽긋씽긋 윗거던(웃거든).(경북 군위)

담배 한 이틀 있으면 **말리**(말려) 가지고 내 매상(賣上)을 해 가지고 시방 말로 그것 돈으로 드리꾸마.(경남 거창)

제 4 장
한국어 방언의 형태와 통사

1 조사

2 보조용언

3 기타 품사

4 선어말어미

5 연결어미

1 조사

[지도48] 이/가(주격조사)

■ 이/가: 주격조사의 전국 분포

중부방언	평안도	함경도	전라도	경상도	제주도
이/가	이/가	이	이/가	이-가	이/가
이거(강원일부)		이가	이가	이가	
라(황해북부) 라, 라서(충남서해)	래	라서느			래, 라

"내래(내가) 시오마니하구(시어머니와) 요렇게 출가두 안 하구 거저 혼자 살앗시요.(평남 온천)

주격조사에서 가장 특징적인 모습은 평안도의 '래'이다.
주격조사는 표준어에서 '이(자음 뒤)'와 '가(자음 뒤)' 두 가지지만, 방언에 따라서 '가'는 없이 '이'만 있는 지역도 있고(함경도), '이가'(함경도, 경상도, 강원 일부, 전라도), '래'(평안도, 제주도), '라'(황해도, 충남, 제주도), '라서느'(함경도) 등의 다양한 형태가 사용되는 것을 볼 수 있다.

먼저 중부방언 중 황해도에서 '라'를 볼 수 있고, 강원 영동에서는 특징적인 주격조사 '이가', '이거' 등 특이한 모습도 볼 수 있다.
누구라 찾아왔댓나?(누가 찾아왔었나?)(황해도)
그 보따리에서 뭐이가 나왔는가 하면 아, 그 마패가 나왔단 말이야.(강원 속초)
어멍이거 나온단 말이야.(강원 강릉)

평안도의 전통적인 주격조사인 '래'가 제주도에서도 쓰인다는 연구가 있고[1], 또 이와 비슷한 형태인 '라'가 드물게 황해도, 제주도, 충남 등에서도 사용되고 있다.

그런데 '래'가 평안도에서도 최근에는 젊은층으로 오면서 거의 쓰이지 않고 대부분 '이', 또는 '가'로 대체되고 있다고 한다.[2]

내**래** 갓다 오갓수다.(내가 갔다 오겠습니다.)(평안)

저 쇠**래** 밭 잘 간다.(저 소가 밭을 잘 간다.)(제주)

ᄒ로은 ᄌ녁때**라** 되언,(하루는 저녁때가 되어서,)(제주)

이놈들**이라** 오느서 붙들어 쥑이깨미,(이놈들이 와서 붙들어 죽일까 봐,)(충남 태안)

그리고 표준어에서는 자음 뒤에 '이'(예: 집이)가 쓰이지만 모음 뒤에서도 '가'가 아닌 '이(예: 코이=코가)'가 사용되는 지역은 함경도, 평안도, 경상도, 강원도 일부에서 볼 수 있다.

중세국어에서는 주격조사 '가'가 없었기 때문에 받침이 없는 단어에도 주격조사 '이'가 붙어서 '부텨+이 > 부톄', '공ᄌ+이 > 공직'처럼 실현되었다가 나중에 근대국어에 와서야 새로운 격조사 '가'가 출현하게 된다. 따라서 '코이', '모이' 등의 모습은 중세어의 흔적으로 볼 수 있을 것이다.

금년 파**이** 맵재오.(금년 파가 맵지 않소.)(함경도)

데 사람 코**이** 와 데레?(저 사람 코가 왜 저래?)(평안도)

코**이** 아파가아 빙원에(병원에) 갔다 오는 길이다.(경상도)

또 앞서 강원도에서도 보였지만, 함경도와 경상도 위주로 주격조사가 중첩된 '이+가 > 이가'의 형태가 쓰이는 경향이 있다. 함경남도에서는 '이가'의 출현 빈도가 가장 높다고 하며, 평안도, 제주도에서는 발견되지 않는데 오히려 함경도에서는 '이가'가 세력을 점차 넓혀가는 추세에 있다고 한다.

 이놈으 사슴**이가** 열어 논 사리문 안으로 들어온단 말이여.(함북 경원)
 여그는 사람 와서 살 곳**이가** 못 된다. 그랑께 어서 나가라.(전남 신안)
 그 수안 김씨 집**이가** 글때(그때) 세도가 있고 잘 살았는데 그 집에 미(묘) 잡아주로 갔어요.(경북 영덕)

 이때 '이가'는 '이'나 '가'보다 강조의 의미를 지니고 있다고 한다.

[지도49] 을/를(목적격조사)

■ 을: 목적격조사의 전국 분포

중부방언	평안도	함경도	전라도	경상도	제주도
을/를(얼/럴) 으/르(강원 영동)	을/를	으/르 오/우	을/를(얼/럴)	을/를	을/를
				로, 으로 으르, 으를	

목적격조사 '을/를'은 모든 지역에서 쓰이는데, 지역에 따라 단순 음운변이형 '얼/럴'도 사용되고, 이 밖에도 '으/르', '으르', '으를'과 '로', '으로' 등을 볼 수 있다.

목적격조사에서 가장 특이한 형태는 경상도 방언에서 사용되는 아직도 그 기원이 불분명한 모습인 '로', '으로'를 들 수 있다. '로'는 주로 모음이나 /ㄹ/로 끝나는 명사와 결합할 때 사용되며 '으로'는 /ㄹ/이외의 다른 자음 뒤에 쓰이는 특징을 가지고 있다.

비로 맞았다.(비를 맞았다.)
물로 묵었다.(물을 먹었다.)
이렇게 노룩하는 사람으로 모오라꼬 하겠노?(이렇게 노력하는 사람을 뭐라고 하겠느냐?)(경북 영덕)

또 경북 동해안 지역의 목적격조사로 '으를', '으르'가 있는데, 이것은 '을'이 중복된 모습이 바뀐 결과이며 '을을(을+을) > 으를 > 으르'의 과정을 거친 모습이라 보고 있다.

　지금 팥**으를** 한 될(한 되를) 딱 구해가 와 가주고, 마 삶아 가주고 팥죽을 대접한다고, 헝님요, 그래 여어(어서) 모두 멍석 피소.(경북 선산)

　그래 인제 받아가주고 답**으르** 해야 델 모앵인데.(그래 이제 받아가지고 답을 해야 될 모양인데.)(경북 영덕)

　그리고 '을/를'에서 어미 끝의 /ㄹ/이 탈락한 모습 '으'와 '르'가 함경도(육진 포함) 일대와 경상도, 강원도 강릉 등지에서 사용되는 것을 볼 수 있다. 이러한 '으/르'는 함경도에서는 '~르(으) ~르(으) 주다'와 같이 쓰이는데, 이것은 목적어가 반복되는 '~에게 ~을 주다' 구문으로 본다.

　나느 그 책**으** 다 읽었다.(나는 그 책을 다 읽었다.)

　아이**르** 떡**으** 주오(아이**에게** 떡**을** 주오)

　가**르** 보애**르** 조라.(그 아이**에게** 팽이를 주어라.)(이상 함경도)

　우짼 동자아가 뭔 세**르** 깎아 갖다 여요.(어떤 아이가 무슨 쇠를 깎아 넣어요).(강원 영월)

　눈**으** 으심할 망쿰 기가 맥히는 메를 봔짱가?(눈을 의심할 만큼 기가 막히는 묘를 보았잖은가?)(강원 강릉)

　특히 '으'는 함경도에서는 양순음(ㅁ, ㅂ) 아래에서 '오/우'로 실현되기도 하고 /ㅇ/으로 끝나는 명사 다음에는 앞 명사의 모음에 동화되어 목적격조사를 생략하고 체언의 마지막 모음을 반복하여 쓰기도 한다.

　이름**우** 부르면 놉아했습니다.(이름을 부르면 노여워했습니다.)(함경도)

　콩**오** 볶아 가지구,(콩을 볶아 가지고,)(함경도)

　중**우** 마났더니,(중을 만났더니,)(함경도)

물론 모음어간에 '을/를' 대신에 /ㄹ/이 쓰이는 현상은 대부분의 방언권에서 나타난다.

　　종우를(종이를) 사다가 종은 더 말이야 글**씰** 잘 쓰는 점쟁이를 데려서 경을 베끼고 이랬아.(강원 속초)

　　머 누**굴** 소개해요?(뭐 누구를 소개해요?)(평안)

　　아들이 아마 잘 장만해 놓고 **날** 기다릴 것이니 그런게 가세.(전북 부안)

　　어린 새끼 불쌍치 않나? 하니께 내가 **널** 살리주마.(경남 거창)

　　삼을 갈아 가지고 삼을 **씰**(실을) 맨들아서 베를 짜 가지고 입었거던.(제주 서귀포)

　제주방언에서는 아예 '을/를'이 사용되지 않는 절대격형도 많이 쓰이는 것으로 나타나고 있다.

　　밥 먹엉 오라.(밥을 먹고 오라.)

　　나를 그쟈 살려주는 몫으로 **밧**(밭을) 갈아 주쿠다(주겠읍니다).(제주 서귀포)

[지도50] 와/과(공동격조사)

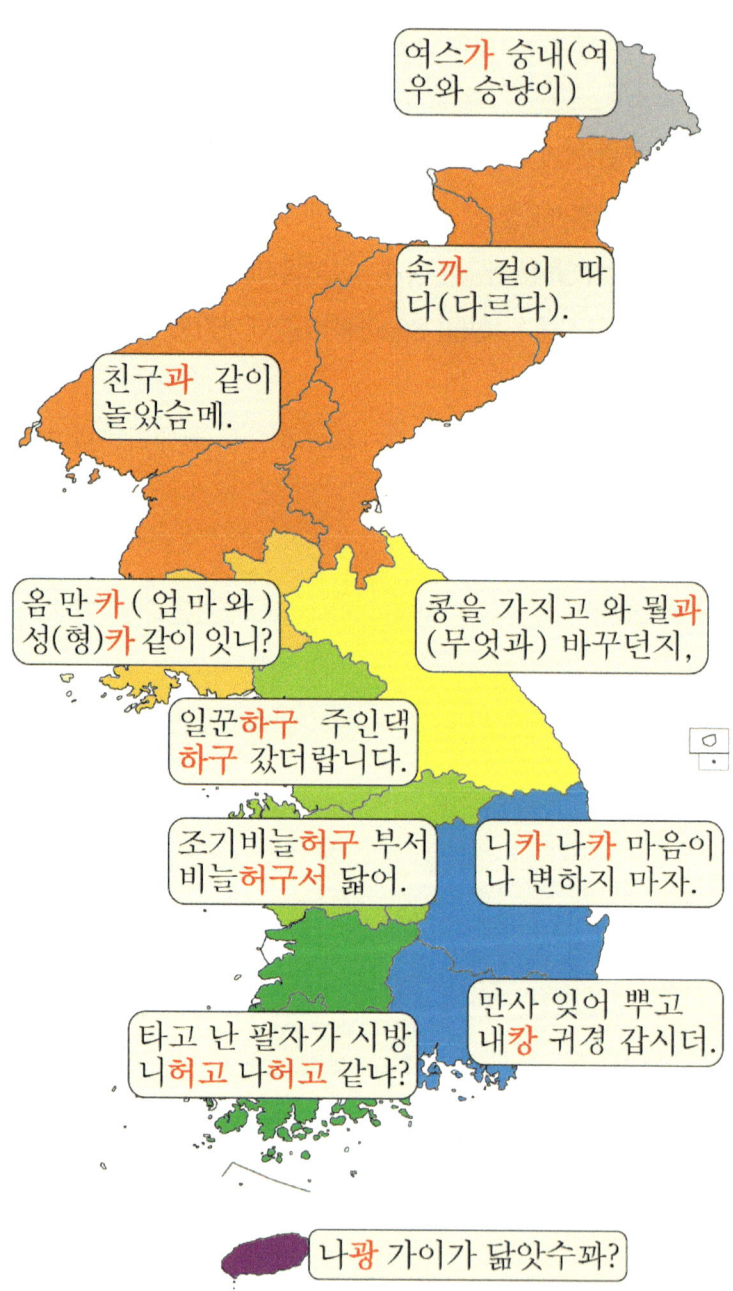

■ 와/과(하고) : 공동격조사의 전국 분포

중부방언	평안도	함경도	전라도	경상도	제주도
와/과 꽈(강원북부) 콰, 캐(황해)	과	과(꽈) 가(까)		카, 캉	광/왕, 영
하구, 하과	허구, 하구	하구	허고, 하고	하고	ᄒᆞ곡, 곡

　공동격조사인 '와/과'는 표준어 사용 지역이라고 할 수 있는 서울에서조차 실제 구어에서는 거의 사용하지 않는 말이다. 그래서 '와/과' 대신 방언권에 따라 '하고', '하구', '허고'와 '꽈', '까', '가', '카', '광' 등이 대신하고 있다.
　　진천 사람**하고** 용인 사람**하고** 승(성)이 똑 같애.(강원 속초)
　　어느 노인허고 매누리**허고** 밥을 먹는디, 아들이 들왔어요.(전북 군산)
　　거기 절반**허구** 이걸 또 질레니까니 지간네?(거기에 절반 채우고, 이것을 또 지려고 하니 질 수 있겠니?)(평북 초산)

　평안도에서는 받침이 모음인 경우에도 대체로 '와'는 없고 '과'만 사용한다. 그리고 함경도에서도 '가(까)', '과(꽈)' 등이 사용되는데 이는 주로 함경도뿐만 아니라 평안도, 황해도, 강원도 북부에서도 나타난다. 예전에는 육진방언에서도 '-과'가 쓰였으나 지금은 대체로 '-가'가 쓰인다고 한다.
　　친구**과** 얘기 좀 햇수다.(친구와 얘기 좀 했습니다.)(평북)
　　그 사램이 십일 년으 쉐**가**(소와) 돼지르 멕엣다는 사램이요.(함경도)

떡**까** 밥우 다 먹어라.(떡과 밥을 다 먹어라)(함경도)

그 사람이 어떻게 하든지 그 비덩(들)에 나와설람 뭘**과**(무엇과) 바꾸던지 콩을 가지고 와 바꾸던지.(강원 속초)

황해도에서도 '와'는 없고 '까, 카, 콰, 캉' 등 모두 자음으로 시작된 공동격조사밖에 없으며 '하구', '하과'를 쓰기도 한다.3)

누구**하과** 놀아이?(누구하고 놀았니?)

경상도와 강원도 일부 지역의 특징적인 공동격조사로 '캉', '카'를 들 수 있는데, 이들은 자음으로 끝나든 모음으로 끝나든 관계없이 똑같은 형태로 쓰이는 특징을 가지고 있다.

그 주인**캉** 나**캉**마 알지, 다른 사람은 몰랐이이.(경북 경주)

그래 인자 참 딸네 집에 와 가지고 사돈**카** 같이 자기가 됐는데,(경북 달성)

니**캉**(너랑) 내**캉** 힘을 합치면 못할 기(것이) 뭐이(무엇이) 있겠나?(강원 삼척)

제주방언에서는 '영'과 '광'이 사용되는데, '영'과 '광'은 /ㅇ/이 덧붙은 형태로, 제주 방언에 /ㅇ/이 포함되어 있는 접사가 많은 데에서 비롯된다. 그리고 표준어 '하고'에 해당하는 'ㅎ곡', '곡'이 사용된다.

놈이**영**(남과) 싸움허영 귀뚱새기나(뺨이나) 얻어맞곡 발찔(발길)이나 얻어맞일 땐 설운 성님 생각납데다.(제주시)

나도 놈**광**(남과) 찌(같이) 놀아 봅네까, 나 원?(서귀포)

너**곡**(너하고) 나**곡**(나하고) 찌 상(같이 서서) 누게가(누구가) 오줌을 멀직이 기겠느냐?(제주시)

[지도51] 에게(여격조사)

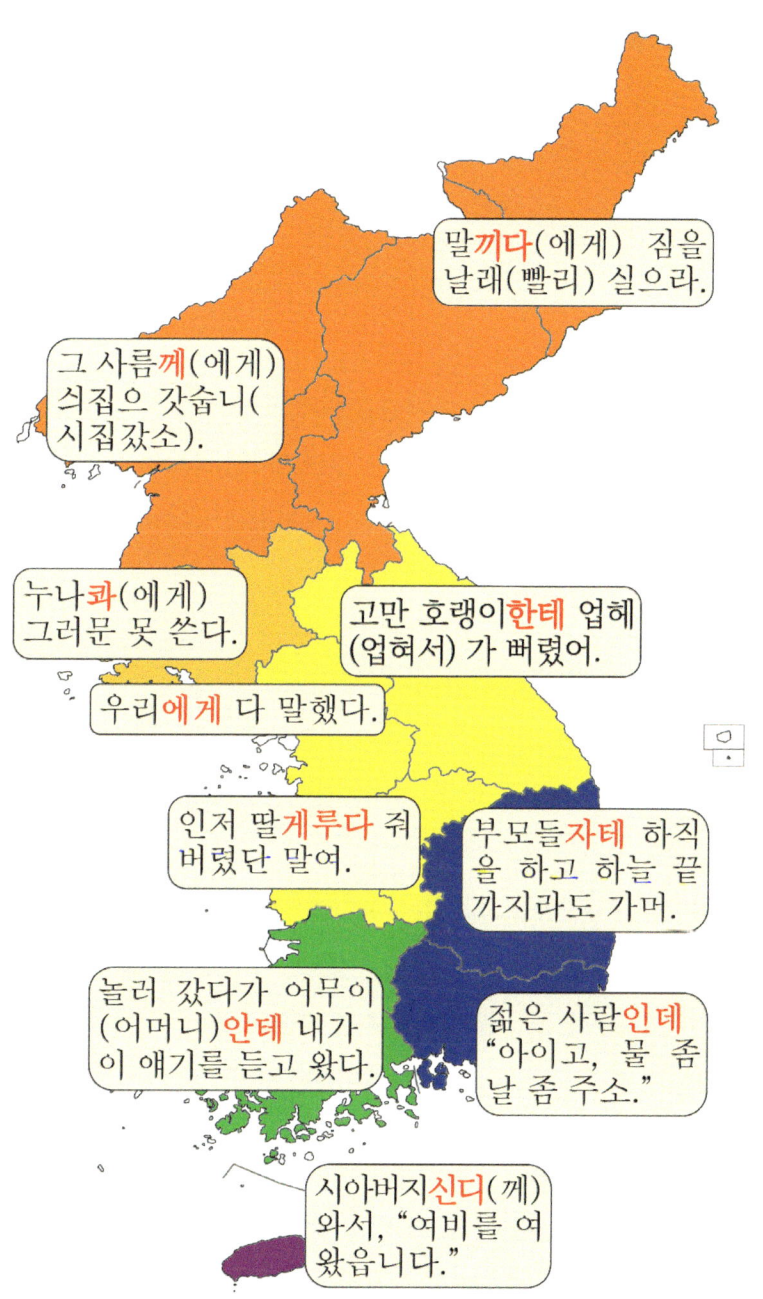

■ 에게(한테): 여격조사의 전국 분포

중부방언	평안도	함경도	전라도	경상도	제주도
에게, 콰(황해) 게다(충청)	께, 과	게, 께 끼다	게(다)	게, 끼	
한테, 헌티 인데(강릉)	한테, 헌테	한데, 한티 인데(육진)	안테, 헌티	한테, 함께 자테, 인데	안테, 안틔, 신듸

　국어의 여격조사는 중부방언에서 '에게', '한테', '더러', '보구' 등이 폭넓게 쓰인다. '한테'는 전국적으로 거의 비슷한 형태로 나타나는데, 우리나라 서부 지역에서 '한테'가 아닌 '헌테'형이 나타나고, 지역에 따라 /ㅎ/이 약화된 '안테', '인테'가 보인다.

　중부방언에서 '한티'는 충남에서 주로 쓰이고, '인데', '인테'는 강원도 영동에서 주로 쓰인다. 또 '에게'는 구어에서 흔히 '게'로 실현된다. 충청도에서도 '게'는 쉽게 발견되는데, 이 '게'는 '게다', '게다는', '게루', '게루다가서' 등을 만든다.
　그래 형이 동생**인테** 훈계를 하고 있는 모양처럼, 고런 바우가 형제암이래요.(강원 속초)
　무슨 원인이로 그 사람**게다** 팔았느냐?(충남 태안)
　아들**게다는** 못할 소리가 워디가 있느냐구.(충남 부여)
　딸**게루다가서** 혼인 걸어갖구서.(충남 보령)

　평안도에서는 '께'가 주로 사용된다. 동북방언에서도 '게', '께', '끼'가 쓰이는데, 이때의 '께', '끼'는 상대방을 존칭의 여격이 아니다. 그리고 평안도, 황해도에서는 공동격조사와 같은 '과'가 '-에게'의 의미로 사용된다.

더 사람께 물어 보라.(저 사람에게 물어 보라.)(평안도)

우리마을 선수들끼 응원해야지비.(함경도)

당꿩은 까투리과(장끼는 까투리에게) "노친네야 나를 볼레면 와서 보구레(보구려)." 했다.(평북 선천)

오마니과 물어보구(어머니에게 물어보고),(황해도)

전라도에서는 '헌테(동북부)'와 /ㅎ/이 약화된 '안테(서부)'가 주로 사용되고, 경상도의 전통적인 방언소유자들은 '인테(인데)'를 더 많이 쓴다고 한다. 참고로 경상도에서는 '한테', '인데'가 1인칭대명사와 결합할 경우 '나한테'가 아닌 '내한테', '내인데'로 나타나는 특징이 있다. 경상도 동부에서는 '자테'도 쓰인다.

가마이 생각헝께 아부지가 눈을 감고 우리안테 유언을 허고 시상버렸다(돌아가셨다).(전남 함평)

그게 아이쎄(아닐세), 치우고 안치우는 건 내한테 달랜 거지(달린 거지), 자네는 그때까지 갈체(가르쳐) 달라고.(경북 영덕)

관원인테(한테) 가 봐야 니 보고 반길 사람 없다.(경남 김해)

선조가 묘를 찾아오는데 농부자테 반말로 물어서 안 가르쳐 줬단다.(경북 성주)

제주방언에서는 '안테', '신듸(신디)' 등이 사용된다.

어른들안테 모른 걸랑 듣곡 의논허영 시겨줍서.(제주시)

가져당 큰 씨아지방신디 입읍셍 서.(가져다가 남편의 형님에게 입으십사고 하십시오.)(제주시)

[지도52] 더러(여격조사)

■ 보고(더러): 여격조사의 전국 분포

중부방언	평안도	함경도	전라도	경상도	제주도
더러, 드러 떠러	다라 더러	데러 더러	드러 (전북 일부)	떠러, 뚜로 두로, 로	더러
보구	보구	보구	보다가	보고	고라

'더러'는 어떤 행동이 미치는 대상을 나타내는 여격조사인데, 주로 구어체에서는 '보고'가 자연스럽게 쓰이는 경향이 있다.

중부방언에서 '더러', '드러', '보구' 등이 폭넓게 쓰이는데, 이 중에서 '드러'는 '더럽다>드럽다'와 같은 '어>으' 고모음화 현상과 관련이 있다.
  내 그 분보구 '지성이면 감천이라'구 내 옛날 얘기를 한마디 했죠.(경기 강화)
  그 사람드러(에게) 아무 골목에 아무 집으로 가자.(강원 속초)

평안도에서도 주로 '보구'가 쓰이고 '다라'도 나타난다. 함경도에서는 '더러', '데리'를 사용한다.
  기래개주구 또 으사보구 머이라 또 꾸지람 허더라.(그래가지고 또 의사보고 뭐라고 또 꾸지람 하더라.)(평북 초산)

서남방언에서는 '보다가'형이 주로 쓰이고 '드러'는 충남과 인접한 전북 북부에서 나타난다.
  즈그 아들보다가 "죽을 것인게, 죽은 뒤에는 당체 곡소리 내지 말고 신체는 인자 따

제 4 장 한국어 방언의 형태와 동사

뜻한 양지 바른 곳에다 갖다 묻어 버리라잉."(전남 화순)

영감**드러** 물어요. "아, 세원님 계십니까?" "어, 왔냐."(전북 군산)

동남방언에서는 '떠러', '뚜로' 등의 경음화한 형태와 '두로', '로'도 쓰인다.

그래 인제 자기 올케**떠러**, "형님, 형님, 시집살이가 어떠냐?" 고 이런께네, "시집살이 뭐 얼마나 독한 줄 모른다."(경북 상주)

할머이가 고만 "너는 미느리**뚜로**(더러) 니 방에 자로 가라. 나는 이 처녀 들꼬(데리고) 내 방에 잘란다."(경북 구미)

하도 없어서 아부지**로**(에게) 밥을 쪼깨이(조금) 묵다 남가 드리고.(경남 진주)

제주도에서는 '더러', '고라'가 쓰이는데 '고라'는 높임말이 아니다. '-더러'의 변화형으로 보이는 '드레'는 사람에게 잘 쓰지 않고, 장소, 방향을 나타내는 '으로'에 해당한다.

거 집 두채 우리**더러** 뜯어다가 공회당 지으라고, 밤에 모두 불 질러 버렸어.(북제주 애월)

어떤 사름**고라**(에게) "자, 이 노릇을 어떵민 좋움니껜."(서귀포)

[지도53] 보다(비교격조사)

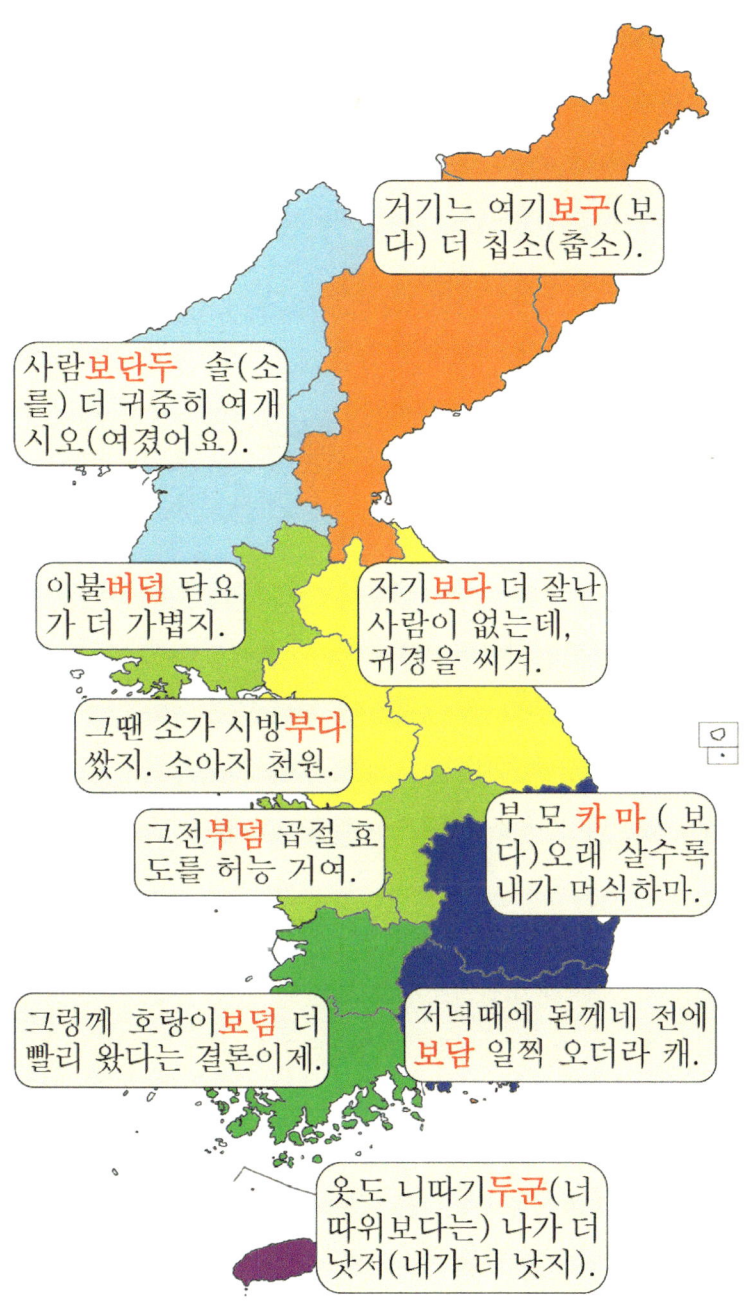

■ 보다: 비교격조사의 전국 분포

중부방언	평안도	함경도	전라도	경상도	제주도
보담, 보덤 부담, 버덤	보단, 보다 보담, 보다가	보담 보구	보덤, 부덤 보단, 보돔	카마, 보다 부다, 보담	두군, 보단 보담

비교격조사 '보다'는 전국적으로 비슷한 형태가 많지만 '카다', '두군', '보구' 등 특이한 모습도 보인다. '보다'가 사용되는 비교 구문에서는 두 개 이상의 항목을 대조하는 절차를 갖기 마련이어서 보조사 '는'이 덧붙는 수가 많다.

'보다', '보담'은 대체로 모든 방언권에 가장 널리 쓰이는 비교격조사임을 알 수 있고, 중부방언에서는 '보다'가 대부분이고 '보덤'도 가끔 나타나는데, 경기도에서는 '오->우-' 교체형 '부다'도 보인다.

　내가 우떻게 아들을 둘을 먼첨 났다구. 우리 올케**보덤** 먼첨 났어요.(경기 화성)
　그땐 소가 시방**부다** 쌌지. 소아지 같은 거야 한 마리 천 원이야.(경기 가평)

평안도에서도 '보담', '보단', '보다가' 등이 쓰이고, 함경도에서 노년층 토박이의 경우 '보구'가 비교격조사로 쓰인 것을 볼 수 있다.

　혼사자리, 기땐 머 본인**보담** 부모들이 그저 많이 자우해시오(좌우했지요).(평북 구장)
　남**보구** 일 더 해야 하오.(남보다 일 더 해야 하오.)(육진)

전라도에서는 '부덤', '보덤', '보돔' 등이 주로 사용된다.

이 애들은 그것이 아니고 친형제**부덤**(친형제보다) 더 더 친허게 예 지내더랍니다. (전남 함평)

안 그럴 꺼이여. 사람 기운이 구신**보돔** 더 독헌 거잉게.(전북 남원)

경상도에서는 '카마', '보다'가 쓰이는데, '카마'는 원래 공동격조사(비교격) '카(<과)'에 보조사 '마(<만)가 결합된 것으로 추정된다.[4]

저 놈의 힘 우리**카마** 더 세는기라. 그 사람이 무서바서(무서워서) 당체 어리대지(얼씬거리지) 못하겠는기라.(경남 거창)

제주방언에서는 '보단', '보다'가 주로 사용되지만, 독특한 '두군' 형태가 주목을 끈다.[5]

이 몽둥이, 그 땐 대막뎅이**보단** 질긴 몽둥일 거라.(서귀포)

가이따기**두군** 반이나 이겻주게.(그 아이따위보다는 반이나 이겼지.)

[지도54] 마냥(비교격조사)

■ **마냥: 비교격조사의 전국 분포**

중부방언	평안도	함경도	전라도	경상도	제주도
모냥(으로) 마냥, 매로 말루(충청)			마니로, 매니로 맹이로, 맹키로 맨치로	매이로, 매로 맹기(구)로 맨치로	마니
처럼 처름 치럼(황해도)	토롱 터럼 터렁	처리, 처러 처름, 텨르 터럼(육진)	칠로 치로	처럼	추록 추룩 처록

표준어의 비교격조사 중 '마냥'에 해당하는 뜻을 가진 '만-' 계열의 특이한 모습이 각 방언별로 다양한 변이형을 보이며 분포하는 것을 볼 수 있다.

가장 다양하고 활발하게 사용되고 있는 방언권은 전라도와 경상도임을 알 수 있으며, 평안도와 함경도에서는 이러한 '만-' 계열의 비교격조사가 거의 나타나지 않는다.

중부방언에서는 주로 '마냥', '모냥으로' 등이 쓰이는데, 전라도와 경상도처럼 다양한 모습은 보이지 않는다. 충청, 강원에서 더러 '말루', '매로'가 쓰이기도 한다.

개와집이(기와집이) 더울 거 겉애두 시원허다구, 나무 숲**마냥**.(경기 화성)

딸은 얼굴이 참 돋아 오는 보름달**모냥으로** 얼굴이 둥그스름하고 아들은 반달**모냥으로** 얼굴이 됐어요.(강원 속초)

처남덜뚜 매부가 와두 머심**말루**(머슴처럼) 여기구.(충남 부여)

전라도와 경상도 방언에서 '만-'계는 아주 다양하게 발달되어 있으며, 이들은 대체로 *만기에서 발달한 것으로 추정된다.6)

그 요렇게 가다가 참 오늘 **마니로** 비가 왔던게버.(전북 정읍)
문 바로 밖이서 세워 놓라고 사람 **맹이로** 세워놓고,(전남 장성)
거머리 **맹키로** 어른어른 비치드라요.(전남 보성)
은어가 꽃 **맹기로** 빤짝빤짝허니 좋은 꽃에다 비기고.(전남 화순)
어제 **매이로** 그 식을 함께…(경남 거제)
토깽이 새끼 **맹구로** 주줌부리하로 점빵에 안가나(경북 김천)
도포자락을 쓰고 허수아비 **맨치로** 있었다 말이라.(경북 상주)
쥐 꼬랭이 **맹쿠로**(쥐꼬리처럼) 잘룩하이 와.(경남 밀양)

제주도에서도 '마니'가 사용된다.
그 때는 질(길)도 어시(한없이) 너르지 안헤연. 요 구들 **마니**(처럼)곡, 좌우에 수풀로 탁 얽어지니 하늘도 못 베련(보였지).(서귀포)

그리고 '마냥' 형태가 북한의 평안도, 함경도에는 잘 나타나지 않고 '처리', '처름' 등이 대신하고 있으며, 함경북도에서는 '마냥'은 부사 '늘상(항상)'의 의미로 사용되고 있다고 한다. 그래서 '처럼'이 평안도에서는 구개음화 이전의 모습인 '터렁', '토롱'이 쓰이고, 육진방언에서는 '터르', '텨리', '터럼'이 사용되고 있다. 함경도에서는 '처리', '처러'도 나타난다.

아주 믹재기루(머저리로) 살앗디. 기니까니 막 소 **터럼** 부리웠디.(평북)
옛날에느 우차느(우차는) 지끔 **처리**(처럼) 없었습니다.(함북)
지겟대르 맨들어서 쪽지개 그거 **터르** 진단 말입구마.(물지게를 만들어서 지게처럼 진단 말입니다.)(육진)

[지도55] 야, 요(호격조사)

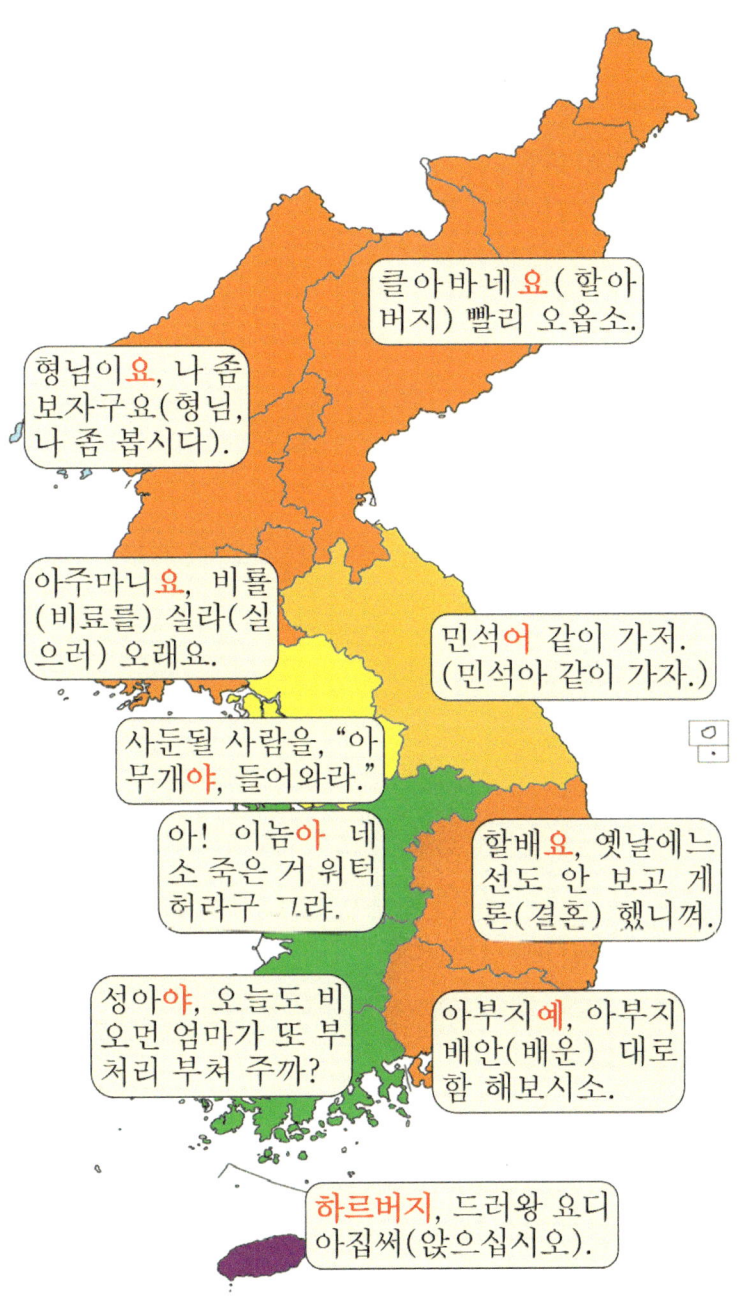

■ 요, 야 : 호격조사의 전국 분포

중부방언	평안도	함경도	전라도	경상도	제주도
요(강원일부, 해)	요, 예	요		요, 예	
야, 어(강원), 이(충청)	야, 이	야, 이	야, 이	야, 이	야

우리국어에서 상대방을 부를 때 쓰이는 호격조사는 거의 모든 지역에서 아주낮춤에 '아/야'를 붙인다. 그런데 방언권에 따라 높임에서도 호격조사 '요', '예'를 붙이는 지역이 있으며 예사낮춤에서도 '이'를 쓰기도 한다.

강원도 강릉에서는 아주낮춤 '아/야' 대신 '어/여'가 쓰이기도 한다. 이것은 일부 문법형태소에서 /ㅏ/가 /ㅓ/로 바뀌는 현상 때문에 여기에서도 적용된 것이라고 보고 있다.

영석어 같이 가저.(강원 강릉)

방언권에 따라서 호격조사 형태로 '아/야' 외에 '이'가 쓰이는데, 청자가 어느 정도 나이가 있는 성인이어서 화자보다 나이나 신분이 낮지만 상대를 대우해 주어야 할 경우에 사용한다.

상만이, 이번에 쇠꼬막 한본 해(양식하여) 볼랑가?(전남 여수)
화석이 어디 가는가?(충북)

아주높임은 표준어에서 대체로 조사 없이 쓰이지만 경상도, 평안도와 함경도 위주로 호격조사 '요'가 붙는다. 강원도의 영동방언, 황해도에서도 윗

사람을 부를 경우 여성들 사이에서 흔히 '요'를 붙여 존대를 나타내곤 한다고 한다.

분조장 아주마니요, 비룔 실라 오래요.(분조장 아주머니, 비료를 실러 오래요.(황해도)

형님이요 나 좀 보자구요.(평안도)

아바이요, 분조재 오래요.(할아버지, 분조장이 오랍니다.)(함경도)

아저씨요, 어두루 가우?(강원 강릉)

할배요, 퍼뜩 가입시다.(경상도)

존칭호격조사는 '선생님예, 아부지요'처럼 대체로 경북에서는 주로 '예'형으로 경남에서는 '요'형으로 실현되는 특징을 보인다고 한다. 그리고 경북 북부 지역에서는 '요'만이 쓰이며, 나머지 지역에서는 '요'와 함께 '예'가 쓰인다고 한다.7) 이 둘이 동시에 사용될 경우 높임법에서 '요'보다는 '예'가 더 높은 등분을 나타낸다고 한다.

샌님예, 소인에 부인이 아를 놓다(아이를 낳다가) 난산을 했는데 어예야 됩니꺼.(경북 군위)

형님요, 형님요, 세사아 우예다가 아지반님을 잃어 부렀닌교?(세상에 어쩌다가 아주버니를 잃어 버렸나요?)(경북 영덕)

[지도56] 는(보조사)

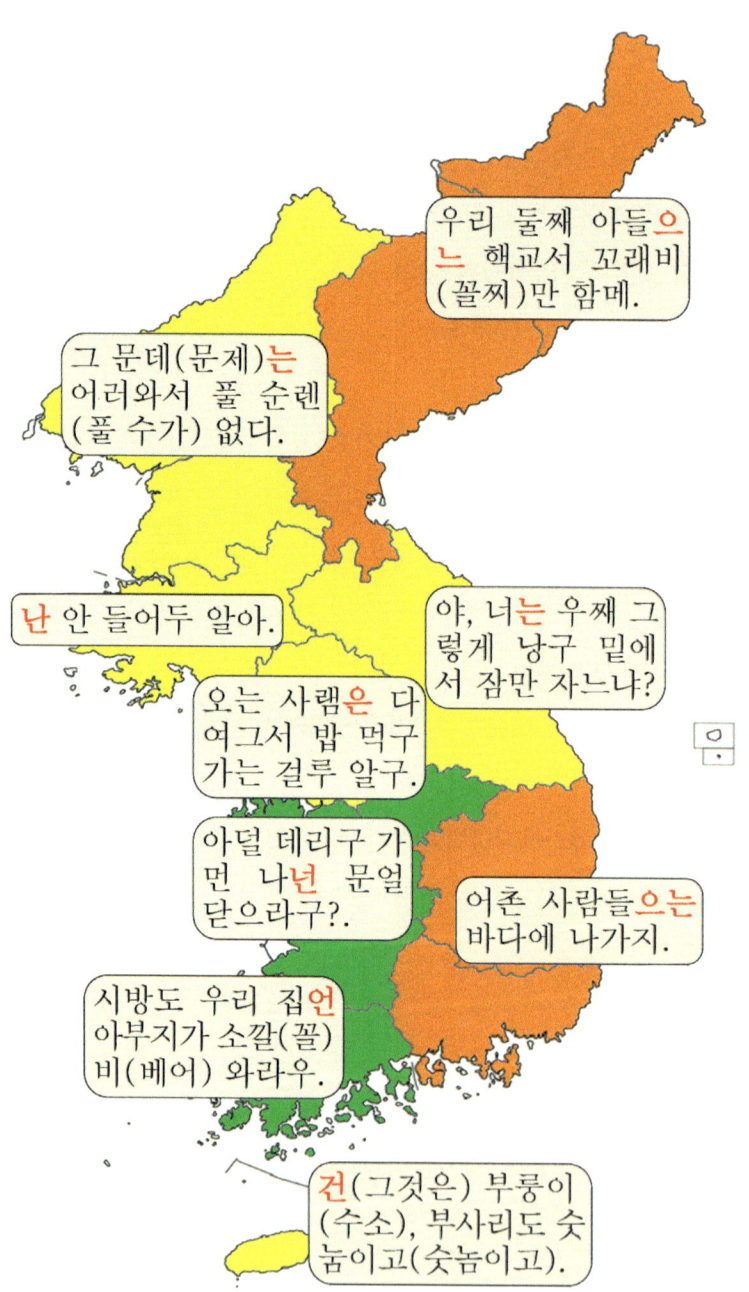

■ 는(주제) : 보조사의 전국 분포

중부방언	평안도	함경도	전라도	경상도	제주도
은/는 언/년	은/는	으느/으는 느	언/년 은/는	은/는 으느/으는/느 이노/노(경북일부)	은/는

보조사 '는'은 문장에서 어떤 대상이 다른 것과 대조됨을 나타내거나, 어떤 대상이 화제가 되거나, 강조하는 의미를 담고 있다. 또 '는'은 체언뿐 아니라 부사어, 일부 연결어미 등 여러 환경에 특별한 뜻이 없이 붙기도 하는데 이런 경우는 쉽게 생략이 가능하기도 하다.

대부분의 방언권에서 '은/는'이 형태의 변화 없이 쓰이고 있지만, 중부방언과 서남방언에서는 약간의 음운변화인 '언/년'이 보인다.
예, 우리년 보배럴 세 가지럴 얻었는데 장인이 혼자 갖겠다구 해서 그래서 그래 싸웁니다.(충남 대덕)
우리 집이년 닥이(닭이) 두 마리 있는디, 씰가지(살쾡이) 한 마리가 와서 달구새끼 다 잡아가 뿌렀어.(전남 여수)

동북방언과 경북, 강원 일부에서는 '으느/으는/느'가 쓰이기도 한다.
이 홍각으는 산중에 나무나 팔아서 먹고 살았다.(함북 경성)
그래 인자 그 형으느 욕심이 많고 동생은 욕심이 없이이,(경북 월성)
나느 어데 가서 사우를 하나 구하먼 싶어서 내가 내려가는 판이다.(경북 대구)

그래 오늘 저녁**으는** 심판 날인데, 한창 밤중되가 싸우거들랑 '저 구리봐라' 과함을 질러도."(경북 달성)

저런 못된 인간**으는**(인간은) 구디이(구덩이)에 처넣어도 싸다(마땅하다).(강원 삼척)

전라도에서는 연결어미 중에는 원래의 '는'을 의식하지 못하고 사용되는 연결어미가 있다. '-음성', '-음선(-으면서)'이란 말인데, '는'이 연결어미(-으면서)에 붙어 '-으면서는>-음서는>-음선>-음성'의 변화를 보이기 때문이다.

아 그래서 하리를 뿔끈 끄집**음성**(끄집으면서**는**) 이리본께 각씨가 화리 밑에가 들앉았드래요. 하도 작아서.(전남 보성)

편지를 보니까 즈 딸 글씨가 분명하거든. 같이 있**음선**(있으면서**는**) 행여 글씨를 모르던가?(전남 화순)

제주에서는 '건' 형태가 많이 나타나는데 '그것은'의 준말이다.

도깨비 **건**(그것은) 사름의게 해도 지치지(끼치지) 않고 불만 쌍(켜서) 아댕기당(뛰어다니다가) 없어져 부러.(북제주)

[지도57] 까지(보조사)

■ 까지(범위의 끝) : 보조사의 전국 분포

중부방언	평안도	함경도	전라도	경상도	제주도
까지, 꺼지 꺼정, 까짐 까장(충청)	꺼정 꺼지, 꺼저두	꺼지 꺼정	까장 까징	꺼짐, 까지 꺼지, 꺼징 꺼정	ᄭᅩ지 ᄭᅩ장 장

위의 [지도57]은 '어떤 범위의 끝', '이미 어떤 것이 포함되고 그 위에 더함'의 뜻을 나타내는 보조사인 '까지'에 해당하는 지역 방언의 분포를 보인 것이다.

표준어 '까지'가 쓰이는 곳은 중부방언과 동남방언이고, 가장 널리 쓰이는 형태는 '꺼지', '꺼정'인 듯하다. 강원도에서는 '까짐'도 많이 쓰인다.
　당신네 안 들으면 나**까지** 여기서 화를 당하게 싶으니 어서 떠나야 해.(경기 인천)
　내일 환갑날인데 오늘**꺼지** 사램이 수십 명 모여서 모두 일하느라고 야단이야.(강원 속초)
　제사떡을 인제 전부 그 정방서 지끔도 아직**까짐**도 오월 단오에 거기 그서 하잖애요.(강원 영월)

평안도, 함경도에서는 주로 '꺼지', '꺼정'이 쓰이는데, '꺼정'은 강원도, 황해도와 경상도에서도 나타난다.
　손이 스레서 꼽을 정도**꺼지**무 이게 얼대넸는둥 모르갰다.(손이 스려서 곱을 정도까지 되면 이게 얼지 않았는지 모르겠다.)(함경도)

집이**꺼정** 비를 맞으멘서 걸어가시오.(집에까지 비를 맞으면서 걸어갔어요.)(평안도)

용계리라 하는 데**꺼정** 올라갓댓대요.(황해도)

그리고 서남방언에서는 대체적으로 '까장'이 주로 쓰이고 '까징'도 더러 나타나는데, '까장'은 충청도 등 중부방언에서도 나타난다.

아이구 이렇게 저물게 어디**까장** 간다냐?(전북 군산)

보신(버선)**까징** 딱 가져온게(가져오니까) 그 놈을 여놓고 해가 넘어가기만 지달릴 것 아니여 시방?(전남 장성)

경상도에서는 다양한 모습으로 '까징', '꺼장', '꺼정', '꺼짐' 등의 형태가 나타난다.

아이(아직) 저녁 열 시**꺼정** 내끼다.(경북 경주)

밥 먹고 내 올 따나**까징**(동안까지) 눕었이라.(경북 경주)

누룬밥**꺼장** 싹 끓어서 묵는 저런 사람이 있이니,(경남 진주)

거쯤은 언제쯤 배가 그**꺼짐** 들왔다고 그래.(경북 영덕)

제주도에서는 'ᄭ지', 'ᄭ장' 등이 쓰이고, 그냥 '장', '꺼진' 등도 나타난다.

그디는 요자기**ᄭ지**(요전까지)는 굿곡(굿하고) 당 것도 이제 영 설러(그만 두어) 부러서.(서귀포)

삼백 년**장은**(년까지는) 안 가도 아마 이백오십 년쯤.(서귀포)

[지도58] 조차(보조사)

■ **조차(극단의 양보) : 보조사의 전국 분포**

중부방언	평안도	함경도	전라도	경상도	제주도
조차, 진수(강릉)	조차		조차	조창	
할라, 할래, 할채(충남) 함줄라(황해)	암불라 암걸라	아부라 아부사라 압사라	할라, 할차 한질라	하부랑 하부레 하고라	알롸

'조차'는 일반적으로 '예상하기 어려운 극단의 경우까지 양보하여 포함함', '이미 어떤 것이 포함되고 그 위에 더함'의 뜻을 나타내는 보조사를 말한다.

앞의 [지도58]은 '조차'에 해당하면서 전혀 어원이 다른 다양한 지역 방언에 대한 분포의 모습을 보인 것이다. 위의 보조사는 크게 2가지 형태로 나눌 수 있는데, /ㅎ/이 있는 '할라', '할차', '하부라' 등과 /ㅎ/이 없는 '암불라', '아부라', '알롸' 등이 그것이다.

중부방언에서는 충청남도에서 '할래'가 주로 쓰이고 '할채'도 나타나며, 황해도에서는 '함줄라' 등이 쓰이는데 이는 형태상 서남방언의 '한질라'와 가까운 것으로 보인다.[8] 그리고 강원도 강릉에서는 형태가 전혀 다른 '진수'가 위의 여러 형태에 대응하는 의미를 갖는다.

상투를 쏙 잡어 비구설랑은 옷**할래** 홀랑 벡기구설랑…(충남 부여)
날궂는 날 네에미 탓덩가 지랄허구 이놈으 옷**할채** 다 버렸거든?(충남 보령)
늙언이, 아이덜**함줄라** 인민군댈 지원했시다.(황해도)

그거**진수** 못 지니냐?(그것조차 못 지니니?)(강원 강릉)

　전라도에서는 '할라', '할차'가 주로 쓰이고 '한지', '한질라' 등도 더러 쓰인다. 동남방언에서는 '하부레', '하부라', '하부랑' 등이 쓰인다.
　　머리**할라** 노란 머리 인자 땋고 그라고 간디, 왜 이렇게 불르냐?(전남 해남)
　　혈압**할차** 높은디 술을 고롭고 묵고 댕이냐?(전남 보성)
　　기운**한질라** 없는디 그 할마이 궂이나 좀 히도라고.(전북 정읍)
　　"내가 여 상전인데 이게 뭐꼬?" 판**하부레**(밥상까지) 마당에 지 던져 뿌거던. 상이 버썩 뿌사지 뿌거던(부서져 버리거든).(경북 달성)
　　니**하부랑** 말로 안 들으모 나는 우짜란 말이고?(경남 창원)

　평안도, 함경도(육진방언 위주), 그리고 제주방언에서 ㅎ이 없는 형태인 '아부라', '암부라', '알롸', '압사라' 등의 모습이 주로 나타난다. 함경도에서 쓰이는 '아부라'의 원래의 의미를 '아울러', '함께'의 의미로 보고 차츰 현재 '조차'로 변해왔다고 보기도 한다.9)
　　너**암걸라** 달라구 그르믄 어카간?(평안도)
　　아:덜**아부라** 다 가구 없스.(함경도)
　　네**압사라** 무시르 말으 아니듣나?(너까지 왜 그리 말을 안 듣니?)(육진)
　　늙기도 싫겅 짐**알롸** 진단 말가?(제주)

[지도59] 커녕(보조사)

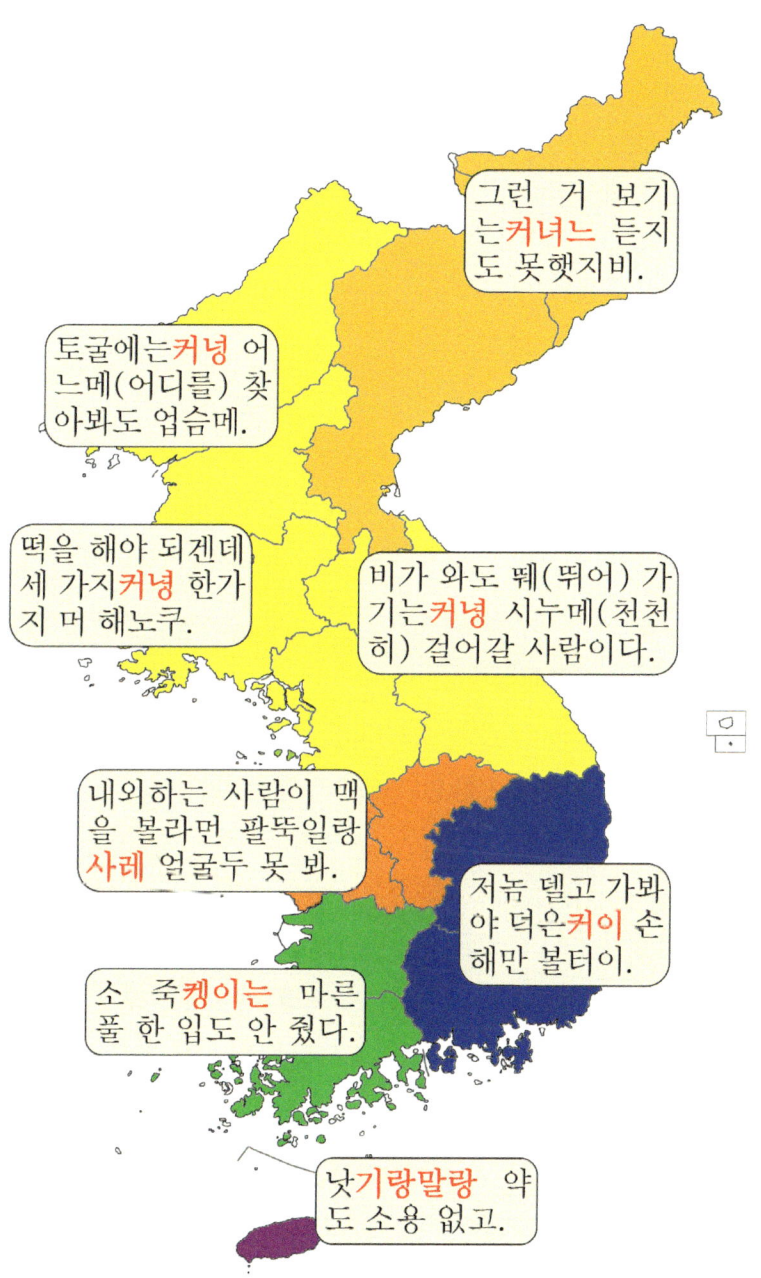

■ 커녕(부정) : 보조사의 전국 분포

중부방언	평안도	함경도	전라도	경상도	제주도
커녕 (일랑)사레(충남)	커녕	커녀느 커너느	켕이(는) 세레, 세로	커이	이랑마랑

'커녕'은 국어사전에 '어떤 사실을 부정하는 것은 물론 그보다 덜하거나 못한 것까지 부정하는 뜻을 나타내는 보조사'이다. 위 [지도59]는 이 '커녕'이 각 방언권에서 어떤 모습으로 사용되는지를 보여준다.

중부방언에서는 '커녕'이 쓰이지만, 비슷한 형태로는 서북방언에서 단모음화한 '커녕'으로, 동북방언에서는 '커녀느', 서남방언에서 '켕이', 동남방언에서 '커이' 등으로 사용되고 있다.

백원은**커녕** 천원두 없어.(평북 구장)
그것두 험 잇소**커녀느** 쓸 수 있소.(그것도 흠 있지마는 쓸 수 있소.)(육진)
소 죽**켕이**는(커녕) 마른 풀도 한 입도 안 줬네.(전남 보성)
머 저놈 델고 가봐야 덕은**커이** 점점 손해만 볼터이 아이고 저놈 집에 보낼 빽에 없다.(경북 달성)

그리고 전라도에서는 '켕이'가 쓰이고, '커녕'과 전혀 형태가 다르지만 같은 뜻을 가진 보조사 '새로', '새레'가 있다. 이와 비슷한 형태인 '사리, 사레, 일랑사리(이상 충남)', '새레(강릉)'가 중부방언에서도 쓰인다는 보고가 있다.

내가 소 죽 써 줄 사람인가. 소 죽**켕이는** 마른 풀도 한 입도 안 줬네.(전남 보성)
그래 명당을 얻기는**새로** 꾸중만 듣고 와 부렀어.(전남 고흥)

얼굴두 못 봐, 팔뚝일랑**사레**(팔뚝은커녕).(충남 보령)

표난다구 하더니 표나**길랑사리** 늠름하니 그냥 있단 말여.(충남 보령)

제주방언에서도 전혀 형태가 다른 '이랑마랑'이 쓰인다. '이랑'은 표준어 '을랑(일랑)'에 대응하고, '마랑'은 '말고'에 해당한다. 따라서 '이랑마랑'은 어원적으로 '은말고'와 같은 뜻을 가졌지만 이것이 굳어져 '은커녕'의 의미로 변한 것이다.

먹을 거 싯거(싣고) 간 보니, 일**이랑마랑** 아무 것도 안고, 논뚝에 베개 베연 누어 잠서(누워 자고 있어).(서귀포)

2 보조용언

[지도60] ~버리다(보조용언)

~버리다(행동의 끝남) : 보조용언의 전국 분포

중부방언	평안도	함경도	전라도	경상도	제주도
-버리다 -뻐리다(충청)	-버리다 -삐리다	-버리다 -삐리다 -뿌리다	-불다 -뿔다	-뿌따 -뿌리다 -삐리다	-부리다

　보조용언 '버리다'는 앞말이 나타내는 행동이 이미 끝났음을 나타내는 말이나 그 행동이 이루어진 결과, 말하는 이가 아쉬운 감정을 갖게 되었거나, 또는 반대로 부담을 덜게 되었음을 나타낼 때 쓴다.

　방언별 차이는 대체로 경음화를 보이느냐 하는 점, 그리고 /ㅓ>ㅜ/, /ㅓ>ㅣ/의 변화로 분화되는 것으로 보인다. 중부방언에서는 대체로 '-버리'이지만, 충청도에서 경음화한 '뻐리-' 형태가 상당수 보인다.

　　매일 꼭 한 잔씩만 먹어야 되는 걸, 다 먹어 **버렸으니** 안 줘.(강원 횡성)
　　만약 타 **뻐리면** 바람에 날려가 **뻐리니까** 거죽만 타는 거지요.(충북 단양)

　시북방언에서는 '-버리다'와 '-삐리다'가 쓰이고, 동북방언에서도 '-뿌리다'가 보인다.

　　돈을 다 써 **삐리다**. 나무를 모두 베에 **삐리다**.(평북)
　　내 회미를 잃어 **뿌레서** 얼매나 바빴는지 모릅지?(호미를 잃어버려서 얼마나 힘들었는지 모르지?)(함경도)

　특히 동남방언에서는 대체로 '-삐리다(경남)'와 '-뿌리다(경북)'인데, 이 둘은 경북과 경남의 남북 간 경계를 보여준다. 물론 경북 인접 지역인 경남 동부의 거창, 창녕, 밀양, 김해, 양산 등에서는 '-뿌다' 형이 실현되기도 하고 '-삐다'와 '-뿌다'가 동시에 사용되기도 한다.

　부모님 젊었을 적부터 70년 살아온 집인데 호미 자루 하나 안 남기고 다 타 **뿌따**. (경북 영양)

　고만 돈을 조서(주어서) 보내 노니, 이놈들 '좋아라'고 가 **뿌리지**.(경남 거창)

　아바이가 탁 집어 옇어 **삐리고**, 문을 잠가 **삐고**, 고만 나와 **삣다** 말이다.(경남 진주)

전라도와 제주도에서는 주로 '부-' 형태가 사용된다. 전라도의 동부 위주로 '뿌-'도 나타난다.

　그 처녀하고 저허고 잘 살아 **부렀어**. 잘 살아 **부렀다고**.(전북 정읍)

　시집온 보름만에 서방이 죽어 **뿌렀고**, 시아버지 시어머이 다 죽어뿌렀고, 나 혼자 남었어.(전남 고흥)

　그 룻배로 타오지 못게 탁 끈어 **불민**(끊어 버리면) 육지에 나오지 못 거랜 말이우다.(제주시)

　집에 돌아와 버리니, 그 헐쑥(잘 처리) 경되어 **브렀주**(되어 버렸지요).(서귀포)

[지도61] ~가지고(보조용언)

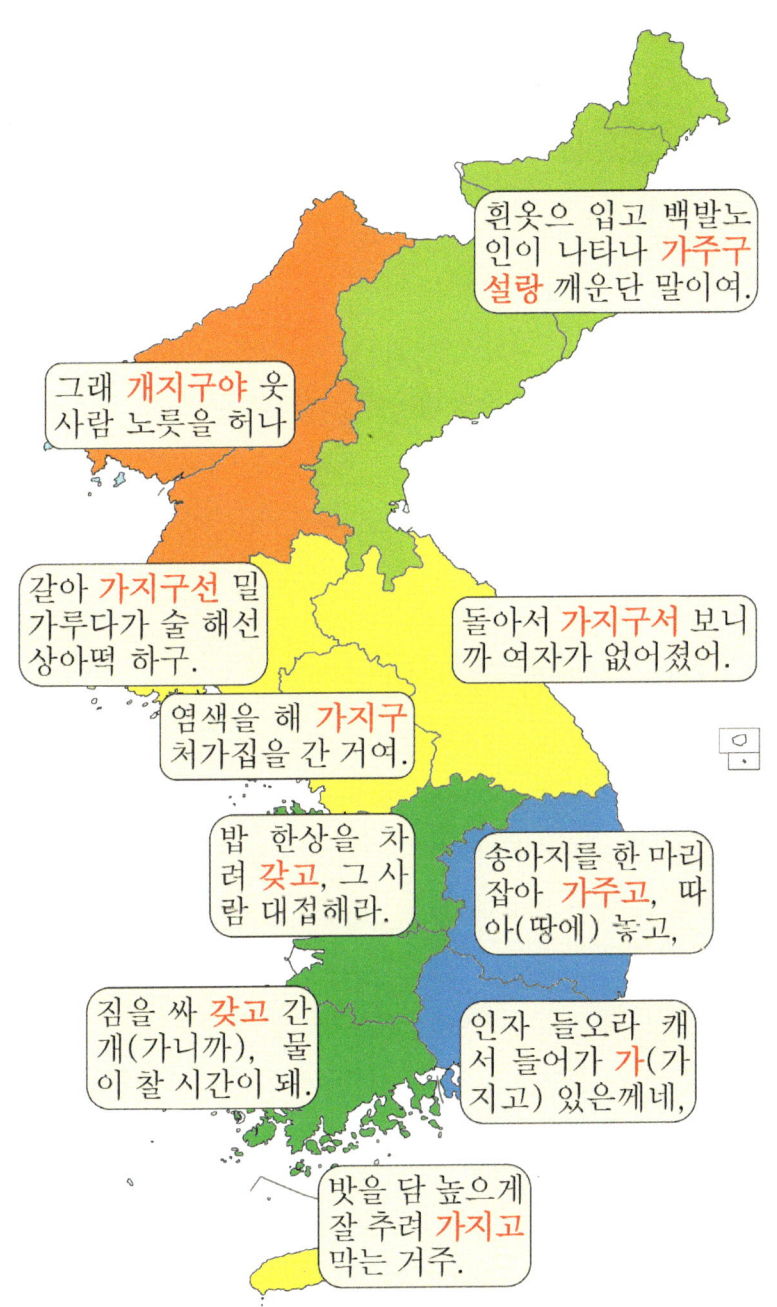

■ ~가지고(유지) : 보조용언의 전국 분포

중부방언	평안도	함경도	전라도	경상도	제주도
-가지구(선) -갖고(충청)	-개지구	-가주고	-갖고	-가(아) -가주고 -가져	-가지고 -가져

보조동사 '-가지다'는 앞말이 뜻하는 행동의 결과나 상태가 그대로 유지되거나, 또는 그럼으로써 뒷말의 행동이나 상태가 유발되거나 가능하게 됨을 나타내는 말을 뜻한다.

'-가지고'는 원래 동사에서 조사로 문법화를 겪은 형태다. 연결어미 '-어가지고' 형태로 나타나 '-어서'와 같은 뜻을 갖는다.

중부방언에서는 '-가지고', '-가지구'가 주로 사용되고, 충청남도에서는 '-갖고', '-갖고서'도 쓰이고 있다.

그 아이가 옷을 해 **가지고** 즈 아버지 옷을 해 가지고 왔대는 거야.(경기 강화)
아들이 들어와 **가지구서** 아, 부애가 잔뜩 났어. (강원 영월)
담 넘어서 호랑이가 와. 넘어 와 **갖고서** 신랑을 업고 간다.(충남 아산)

평안도에서는 '개지구'가 쓰이는 것을 확인할 수 있다.
서 푼에치두 안되는 걸 **개지구** 그르누만(서 푼어치도 안 되는 것을 가지고 그러는구만).(평북)

특히 경상도에서는 이 '가지고'가 '가'로 실현되는데, 본동사 '가지고'가 '가'로 실현되는 모습도 이와 같다.

　(**보조동사**) 글만 디다(들여다) 봐 **가**(가지고) 살 것가?(경남 거제)
　(**본동사**) 그것도 한 사람 **가**(가지고) 안 되지요.(경남 거제)
　문경 새재를 넘어 **가가** 점을 하는데 보이 떨어지게 한다 카그덩.(경북 영덕)

특이한 형태는 '-가지고'의 형태가 제주도와 경상도에서는 '-가져'의 모습으로 나타난다는 점이다. 다시 말하면 접속문에서 대부분의 방언에서 '가져 > 가지고'의 변화를 겪었으나 경상, 제주에서는 '-어 > -고' 변화 이전의 모습이 남아 있는 것이다. 물론 이들 지역에서 '가지고', '가주고'도 실현된다.

　그동안 입은 옷도 더럽어 **가져**(가지고) 마 남루하이 기숭하거던,(경북 군위)
　포에 책을 싸 **ᄀ젼** 가라.(보자기에 책을 싸 가지고 가거라.)(제주)
　송편을 맨들어 **가주고** 인자 그 부인이 남편과 김도령하고 서이서(셋이서) 밭을 맨다.(경북 월성)
　큰아둘만 글청(書堂)엘 보내여 **가지고** 멧 해를 드러 글을 시겨.(큰아들만 서당에 보내어서 몇 해를 들여서 글을 시켜.)(제주)

한편 제주방언에서 '-가지고' 형태는 보조동사의 모습이지만 보소동사의 기능은 없고 연결어미(-어서)로 문법화되고 담화표지(화제나 분위기 전환)로 쓰인다고 한다.[10]

[지도62] ~싶다(보조용언)

■ ~싶다(욕구) : 보조용언의 전국 분포

중부방언	평안도	함경도	전라도	경상도	제주도
-싶다 -젚다(충청) -수푸다(강원)	-푸다 -싶다	-푸다 -싶다 -시프다	-잡다 -시푸다	-접다 -시푸다	-프다 -푸다

'-싶다'는 앞말이 뜻하는 행동을 하고자 하는 마음이나 욕구를 갖고 있음을 나타내는 말인데, 방언권별로 다양한 형태를 보인다.

중부방언에서는 대체로 '-싶다'인데, 충청남도에서는 '-젚다', 강원도에서는 '-수푸다'도 쓰이고 있다.

외조부가 한 몇 해를 지내니깐 두루 근심도 좀 가라앉구 으응 딸도 보구 **싶구**.(경기 인천)

다른 고을보다두 밀양을 먼저 가 보구 **숲어**.(강원 횡성)

그 밥 먹구 **젚우먼** 시장하다구 헐 것 같으면 뱁(밥)이 나와서.(충남 대덕)

평안도, 함경도에서는 '-푸다'와 '-싶다'가 함께 쓰인다.

넷날에 총각 하나이 옆에 집 체네(처녀)한데루 당개(장가) 들구**파서** 저 오마니과(어머니에게) 그 말을 하라구 했다.(평북 선천)

매렌해선(마련해서는) 죽구(죽고) **싶어요**(평북 강계)

무스거 먹구 **푸다구** 말으 하란 말이오.(함북)

전라도에서는 주로 '-잡다', 경상도에서는 '-접다' 형이 사용된다.

손님이 꼭 알고 **잡으먼**(싶으면) 내가 얘기를 히드리다.(전북 군산)

여보 내가 풀 묵고 **접어**(싶어) 먹는 줄 아오? 내가 속빙(속병) 따무로(때문에) 먹는 거요.(경북 봉화)

참고로 전라도와 경상도에서도 '-싶다', '-시푸다'가 나타나는데 이때의 의미는 '욕구나 희망'보다는 앞말에 대하여 '생각하는 마음이나 추측'을 의미한다.

그 어매는 계득이 있어. 아마 지 어맨가 **싶어**(어머니인가 추측되어서) 지 아들보고 "데려오라."(전남 화순)

"야야, 우리집에 자고 가라." 카는기라. 때는 맞찼다 **시푸거든**(맞추었나 추측되거든).(경북 구미)

제주도에서는 주로 '-프다', '-푸다' 등이 사용된다.

돈을 멧 만원 깨민 이 송아질 딱 사고 **푼디**(사고 싶은데), 돈이 없어.(제주시)

귀신을 몰라지고 사름인가 **프덴**(싶어서) 완뎅겨(따라다녀)졌구나.(서귀포)

[지도63] ~(은)가 보다(보조용언)

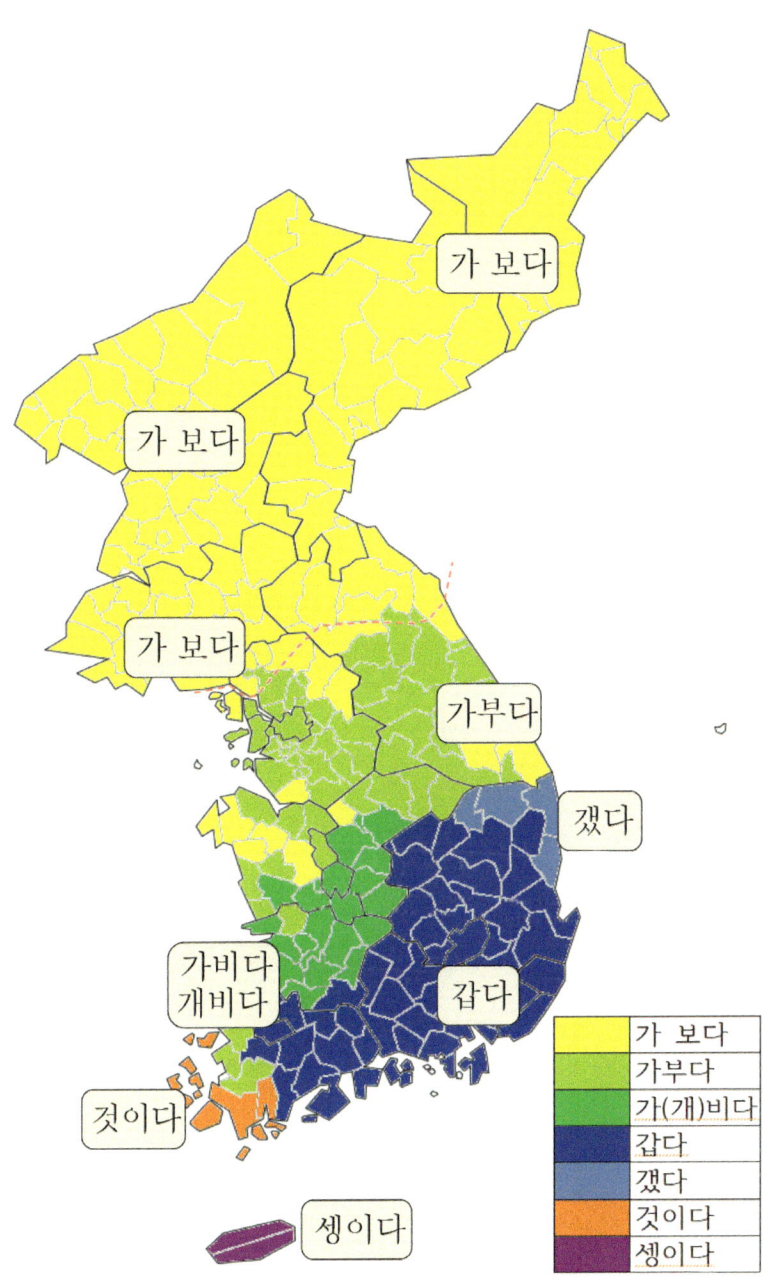

■ ~(은)가 보다(추측) : 보조용언의 전국 분포

중부방언	평안도	함경도	전라도	경상도	제주도
-가 보다 -가부다 -개비다(충청)	-가 보다	-가 보다	-갑다 -가(개)비다 -것이다	-갑다 -갰다 -시푸다	-셍이다

'-보다'는 앞말이 뜻하는 행동이나 상태를 추측하거나 어렴풋이 인식하고 있음을 나타내는 보조 형용사로서 표준어에서는 '-은가 보다(연결어미+보조용언)' 구성으로 쓰이는데, 우리나라 각 방언권에 따라서 '-(은)갑다', '-(은)가비다', '-(은)가부다' 등으로 하나의 형태소로 굳어져 쓰이고 있다.

중부방언에서는 '-가부다' 형이 우세하고, 평안도, 함경도에서는 대체로 표준어와 같은 '-(은)가 보다'가 그대로 쓰이고 있다. 그리고 충청도에서 '-개비다'가 보이는데 이것은 전라도의 영향으로 보인다. '-개비다'는 활용 시 '-개벼'로 나타난다.

가래우물이 원채 물이 거기 잘나고, 예전 노인네들이 인제 그 가래라는 이름을 아마 지은 모양인**가 봐**요.(경기 인천)

내가 왔다구 아마 메누리가 가서 뭘 좀 사다가 날 해 줄라구 아마 가는**가부다**.(강원 횡성)

도깨비가 개금 까는 소리에 또 놀래가지구, "아! 이거 암만해두 뭐이 왔능**개벼**어, 이상한데."(충남 대덕)

전라도, 경상도에서는 '-갑다'가 우세하고, 전라북도에서는 '-가비다',

'-개비다' 형태가 주를 이룬다.

머 우예 얘기가 댔는지 집안에 화기가 나는 그런 기색이다. 야 이 머가 내가 인지 입장이 좋아지는**갑다**.(경북 영덕)

엇(어제) 저녁에 꿈에 그 샘에가 무지개가 서갖고 있어서, 아무라도(아무래도) 백년배필 될라고 갔는**갑서**.(전남 고흥)

밭을 가는디 일 하잔는가? "이라 자라." 그래. 그럼시로 소가 말을 잘 안 듣는**가비대**.(전남 화순)

하, 이거 왕왕 본게 저게 으산**개빈디**(어사인가 본데) 으사가 이 부량한(불량한) 놈을 모르고 지내는구나.(전북 군산)

전라도 신안, 진도 등 해안 지역으로 특이한 형태인 '-은 것이다'가 쓰이고, 경상도 동북부 해안 지역에서는 '-겠다' 형이 사용된다.

그전 구식에는 어디 출입할라면 금비녀 이런 놈을 머리에 딱 찌르고 가는디 금봉채가(비녀가) 빠져 부렀든 **것이요**(빠져 버렸던가 봅니다).(전남 신안)

'쿵' 소리가 나, 말리(마루)에 가서, "옳다, 어디 가서 한바탕 해갖고 온 **것이다**(가지고 오는가 보다)."(전남 신안)

"아! 여게가 뫼터 좋은 **겠다**(좋은가 보다)." "이 뫼를 이거 높히 쓰쟎고 서워 썼으만 발복을 참 잘 하겐데."(경북 안동)

제주도에서는 표준어와 같은 '-(은)가 보다' 그대로 쓰이고, 그 어원이 전혀 다른 '-셍이다'를 볼 수 있다.

경니, 거 지방적으로 봐서 그 좋은 지방인**가 보는디**,(서귀포)

우리 아바님 나이 아무만이(아무만큼) 잡수와 가니 노망는 **셍이여**(모양이다).(제주시)

[지도64] ~을까 봐(보조용언)

~을까 봐: 보조용언의 전국 분포

중부방언	평안도	함경도	전라도	경상도	제주도
-을까 봐 -으까 버(강원) -으깨미(충청)	-을까 봐	-을깨 바	-으깨미, -으까미 -은개미, -으깜시	-으까배 -으까이	-으카부덴

    표준어의 '-을까 봐'에 해당하는 보조용언이 포함된 표현은 특히 전라도의 '-으깨미', '-으깜시', 경상도의 '-으까배', 제주도에 나타나는 특이한 형태인 '-으카부텐' 등이 연결어미로 굳어져 사용되는 모습을 볼 수 있다.

    중부방언에서는 충청도에서 '-으깨미'를 볼 수 있는데 이는 '-을까봐 > -으까마 > -으까미 > -으깨미'로 /ㅂ > ㅁ/, /ㅏ > ㅐ/의 변화이다.

    그눔 만나**까미**러(만날까 봐) 시시시 그저(쉬쉬 하면서) 그눔만 어디서 버썩허먼(번쩍 나타나면) 피해 댕기네.(충남 부여)

    먼저처럼 혼나**깨미**(혼날까 봐) 그랬는지 워쨌는지 마루밑이 가 납쪽 엎드려 있어. 쪼꼼 있응깨 워서 '쿵' 소리가 나가던?(충남 보령)

    '-을까 봐'의 변화형은 전라도에서 가장 다양하게 나타나는데 '-으까마, -으까미, -으깨미, -으깨비, -은가마, -은가미' 등이다.

    딴 데로 후가(後家, 재가)해 가**깨비**(갈까 봐) 매느리 얼굴을 쳐다 봄시로 울어 쌌오 그리여! 슬퍼허요.(전남 함평)

    즈그 아버지 찾아 갈련다고 인자 그락**까미**(그럴까 봐), 즈그 아버지 찾아 간다고 할꺄 무선께 못갈쳐 줬는디.(전남 해남)

바느질 고리다 막 똘똘 막 헝겊대기다 싸서 인자 누가 보**깨미**(볼까 봐)말여. 싸놓고 있는 거여.(전북 군산)

그리고 전라도에서는 '-을까 무서워'의 의미를 가진 '-으깜시', '-으깜수와', '-으깜숭께' 등을 볼 수 있다.

누가 니 까자(과자) 그런 걸 뺏아 묵**으깜시**(빼앗아 먹을까 걱정되어) 로코롬 곰말(괴춤)에다 숭케갖고 댕이냐?(전남 순천)

비가 오**깜숭께** 나락을 곳간으로 들에야 쓰것다.(비가 올까 무서우니까 벼를 창고에 들여 놓아야 되겠다.)(전남 담양)

경상도에서도 전라도와 비슷한 형태인 '-으까배' 형태가 보이고, '-으까이'가 경남에서 두루 쓰인다.

여 음식 쫌 준비해 놨는 것 시**까배**(상할까 봐) 아버님 드릴라꼬 가주 왔어요.(경북 예천)

아 이거 뭐 겁이나서…. 또 해나 또 딴사람이 오**까이**(올까 봐) 싶어서, 인자 그때는 막 그만 도망을 해 니리오는(내려오는) 판이라.(경남 거창)

제주도에서는 '-으카부뎬', '-을까브뎬'을 사용하고 있다.

내중에 남의 발질이나 맞**일까브뎬**(맞을까봐), 역블(일부러) 기십을(기개를) 좀 죽이곡 젠,(서귀포)

해적놈들은, 그 배에 물건들을 이녁(자기네) 배에 실러주**카부뎬**(실어 줄까봐) 난, 밸 쪽 바위를(끄트머리를) 심언 우끗(힘껏) 엎어 브리난(엎질러 버리니),(서귀포)

3 기타 품사

[지도65] 때문에(의존명사)

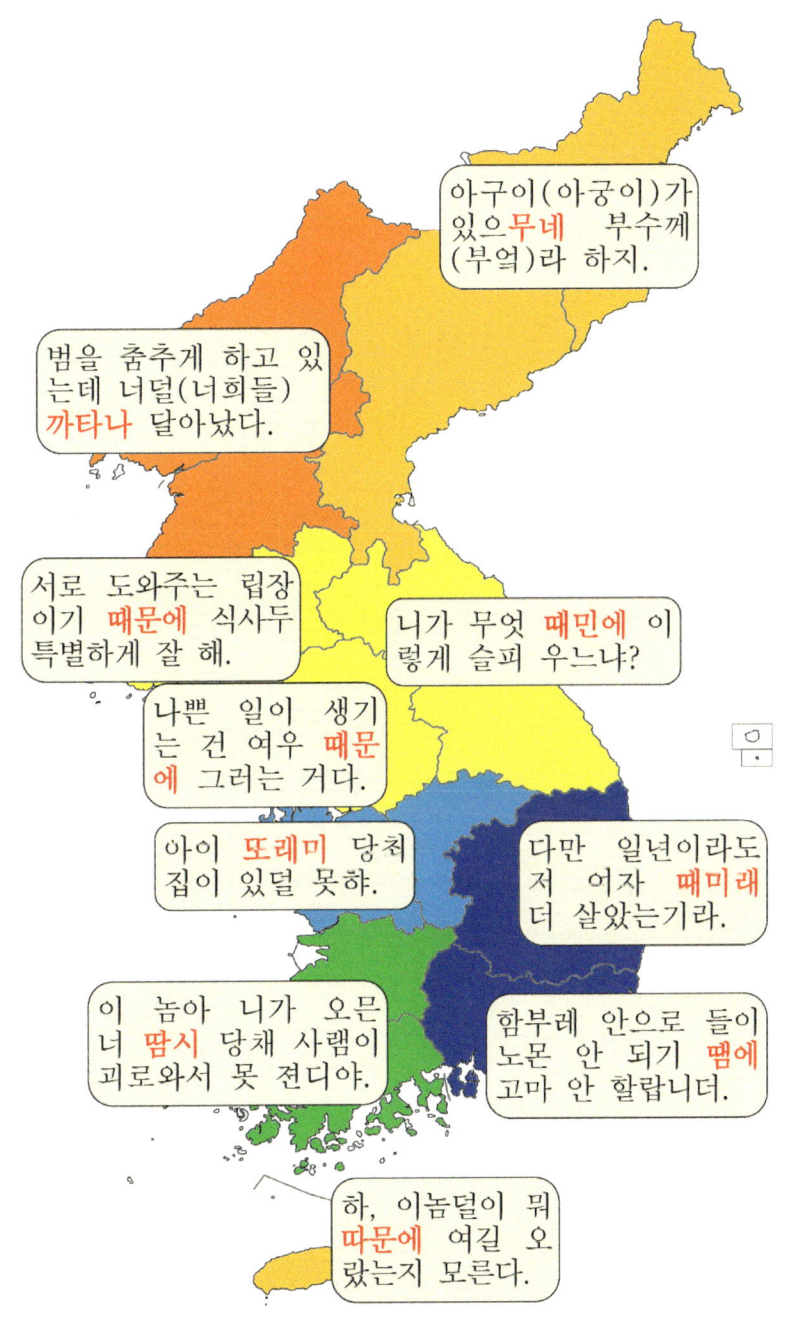

■ 때문에: 의존명사의 전국 분포

중부방언	평안도	함경도	전라도	경상도	제주도
때문에 또래, 때미(충청) 때민에(강원)	때민에 까타나	때문에 문에	땀새/땜시 난새 따물래 쭈울래	때미레 때무로 때민에 땜에	따문에

'어떤 일의 원인이나 까닭'을 나타내는 의존명사 '때문'에 조사 '에'가 합한 '때문에'는 지역에 따라 조금씩 변형된 모습으로 실현되기도 하고 '또래', '까타나', '난새'처럼 전혀 말뿌리가 다른 모습으로 실현되기도 한다.

중부방언에서도 충청도에서는 '때미' 형태가 주로 사용되는데 대덕과 공주 등에서는 어원이 다른 형태인 '또래', '또래미'가 나타나는 것을 볼 수 있다.

 이것 **때미** 형제간에 우애를 끊어서야 쓰겠냐?(충남 보령)
 하두 잘 하신다구 해기 **또래미**(하기 때문에) 점을 하러 왔읍니다.(충남 공주)

평안도에서는 전혀 형태가 다른 '까타나' 형이 눈길을 끈다.
 자기는 색시 **까타나** 펜안히 놀구 둏은 집에 잘 지내넌데,(평북 정주)

전라도 말에는 '땀새, 땀시, 땜시, 따물레, 난새, 쭈울래' 등의 다양한 변이형이 보인다.
 우리는 여자들만 서(셋)이 있기 **땀새** 어디로 은신할 때가 없다.(전남 보성)

거 저 욕심 많이서(많아서) 장기판을 갖고 있기 **땜시** 안 올라 간다고,(전북 정읍)

시부모님을 뫼시고 농사질하고 있기 **난새**(때문에) 이런 일이 생겼어.(전남 고흥)

급작스럽게 비가 오기 **따물레** 옷은 베릴 수가 없고 이렇게 떡 달라들고 보니께 나를 관대히 용서해 달라.(전남 해남)

동남방언에서는 '때미레, 때미로, 때민에, 땜에, 때무로' 등 다양한 변이 형태가 보인다.

이렇게나마 정성만이라도 디릴 줄 알기 **때무로** 그래 평사아(평생에) 걱정이 없어. (경북 영덕)

이 여자가 큰사람이기 **때민에** 아들을 아주 큰자식 놓고 나중에 다시 만나서 잘 살았다는 그런 이얘기라.(경북 군위)

제 사촌이 서울 가 지금 내려온다 쿠는데, 거어(거기) 마중가기 **땜에** 안 되겠읍니더.(경남 진주)

제주도에서는 주로 '따문에' 형태를 볼 수 있다.

주인이 은공이 너무 크기 **따문에** 내가 그 공을 갚아 둬야 갈 텐디 나는 돈도 엇고(없고),(서귀포)

[지도66] 어째서(의문대명사)

■ **어째서: 의문대명사의 전국 분포**

중부방언	평안도	함경도	전라도	경상도	제주도
어째서 워째서(충청) 우째서(강원)	어드래서 와	어때 어째	어째 어째서	어예가 우예서 와	어떵난 어떵허연

'어찌하여서'가 줄어든 말'인 표준어 '어째서'는 각 방언권에서 다양한 변이형이 존재한다.

중부방언에서는 '어째서', '어째' 형태가 주로 사용되는데 충청도에서는 '워째-', 강원도에서는 '우째-' 등의 형태가 보인다.

뭐 잘 먹여서 잘 돼 보내니까 **어째** 이런 소릴 허나? 그 중을 불러 오라.(경기 옹진)

이눔아 똥바가지 쓸 눔아. 너 **워째서** 그 딸허구 해 달라구 감히 입을 벌리니?(충남 부여)

야, 너는 **우째** 그렇게 낭구 밑에서 잠만 자느냐?(강원 횡성)

평안두에서는 '어디래(어드래)', '어드래서', '어디래서'가 쓰이며, '와'를 사용하기도 한다. 함경도에서는 '어때', '어째'가 쓰인다.

어디래 기맇게 됐습마?(평북)

와 여기 있는가 물으꺼니 자기덜두 모르갓다 하멘(하면서) 돼지에 첩노릇을 하구 있다구 했다.(평북 철산)

그 도적늠같은 십장늠은 **어째** 구경도 앙이 나오구.(함북 학성)

동남방언에서는 '우예서', '우예가(지고)' 등이 사용되고, 특히 경북에서는 '어예서', '어예가(지고)'도 나타난다. 물론 이런 의미로 '와'도 사용할 수 있다.

그래 인자 장개로 오라 카는데, 우리는 우예가 **우예가** 하꼬? 우야꼬?"(경남 울산)

넌 그래 **어예가지고** 못 살고 왔노? 이얘기를 해라.(경북 군위)

와 그러냐고? **와** 수심이 있느냐? 수심 있는 그런 골, 수심 그 골자를 이약하라.(경남 의령)

전라도에서는 주로 '어째', '어째서'가 주로 사용된다.

에이 주제넘는 놈, 니가 **어째** 그따(그곳에) 묏(묘)을 써야?(전남 고흥)

제주도에서는 '어떵허연', '어떵난'이 사용된다.

아이, 삼춘님은 **어떵허연**(어째서) 그렇게 저안티 오라서(와서) 가다가도 허여얍지(해야 하지).(제주시)

아이고, **어떵난** 설운 낭군님 죽입데가? 저승을 아이 가 오랐수가(아니 갔다 왔읍니까)?(제주시)

[지도67] 엄청나게(정도부사)

■ 엄청나게: 정도부사의 전국적 분포

중부방언	평안도	함경도	전라도	경상도	제주도
굉장히, 엄청 되우(강원) 엄청히(충청) 아즌(황해)	혹게 세과니	무세 되우	겁나게 허천나게 허벌나게 무작허니	억수로 엄청시리 디게	엄부랑ᄒ게 잘도

"**겁나게** 요새 멋을 많이 묵었등마, 솔찮이 살이 쪘이야.(엄청나게 요즘 뭣을 많이 먹었더니, 상당히 살이 올랐네)"(전라도)

표준어 '엄청'과 '굉장히'는 '양이나 정도가 보통 이상으로 아주 지나친 상태'를 나타내는 부사이다. 물론 '엄청'은 '엄청나게'의 모습으로 많이 쓰인다. 각 지역별 특징을 살펴보자.

중부방언에서는 대체로 이 둘을 사용하고 이와 비슷한 상황에서 강원도에서 '되우' 형태가 사용되는데 충청도에서는 '엄청히'라는 말도 사용된다. 충남의 '엄청히'라는 말은 '엄청'과 '굉장히'의 혼태형으로 보인다(엄청+굉장히).

양반인디 **엄청히** 가난햐. 그 베슬길이 있어야지.(충남 대덕)

서북방언에서는 '혹게'라는 말이 사용되고, 함경도에서는 '무세', '되우' 등이 보이는데, 강원도에서 흔히 쓰는 '되우'는 엄청나게보다는 조금 정도가 낮은 '매우'의 의미로 쓰인다.

키가 팔대장성(매우 큼)같이 **되우** 크오야. 옆에 같이 가는 사람이 고목낭게(고목나무에) 매미 같소야.(강원 횡성)

경상도에서는 '억수로', '엄청시리' 등이 사용되고, 전라도에서는 '겁나게', '무작허니', '허천나게' 등을 자주 사용하는데, '허천나게'는 원래 '음식을 허겁지겁 먹는 모양'을 일컫는 말에서 '엄청나게' 또는 '아주 탐닉하는 모습'의 뜻을 지닌다. 요즘 자주 듣는 '허벌나게'라는 말은 비교적 최근에 나온 말이다. 물론 '겁나게(엄청나게)'는 원래 '겁(怯, 두려움)나다'에서 의미변화를 보인 것이다.

고래 가지고 인자 시월 초하릿날이면은 인자 **엄청시리** 춥는 기라.(경남 의령)
옛날에 말이요 아들 한나 나서 키우는디 **겁나게** 끼우르(게으르)더라요.(전남 보성)
그란께 그 중이 대자 오라한께 좋아갖고 **허천나게** 오드라요.(전남 신안)
무안 연꽃축제 가봉께 사람들 **허벌나게** 와 부렀등마.(전남 순천)

제주도에서는 '엄부랑ᄒ게', '잘도' 등이 사용된다.
똑 이녁 셍각나는 만이 **엄부랑ᄒ게** 빈디 웃이 텃저게. 나 신세가 설루완.(꼭 당신 생각나는 만큼 어마어마하게 (하늘)빈곳 없이 떴다게. 나 신세가 서러워.)11)
경만 해주민마씀 **잘도** 좋으그라마씀.(그렇게만 해주면요 매우 좋겠어요.)

[지도68] 그러니까(접속부사)

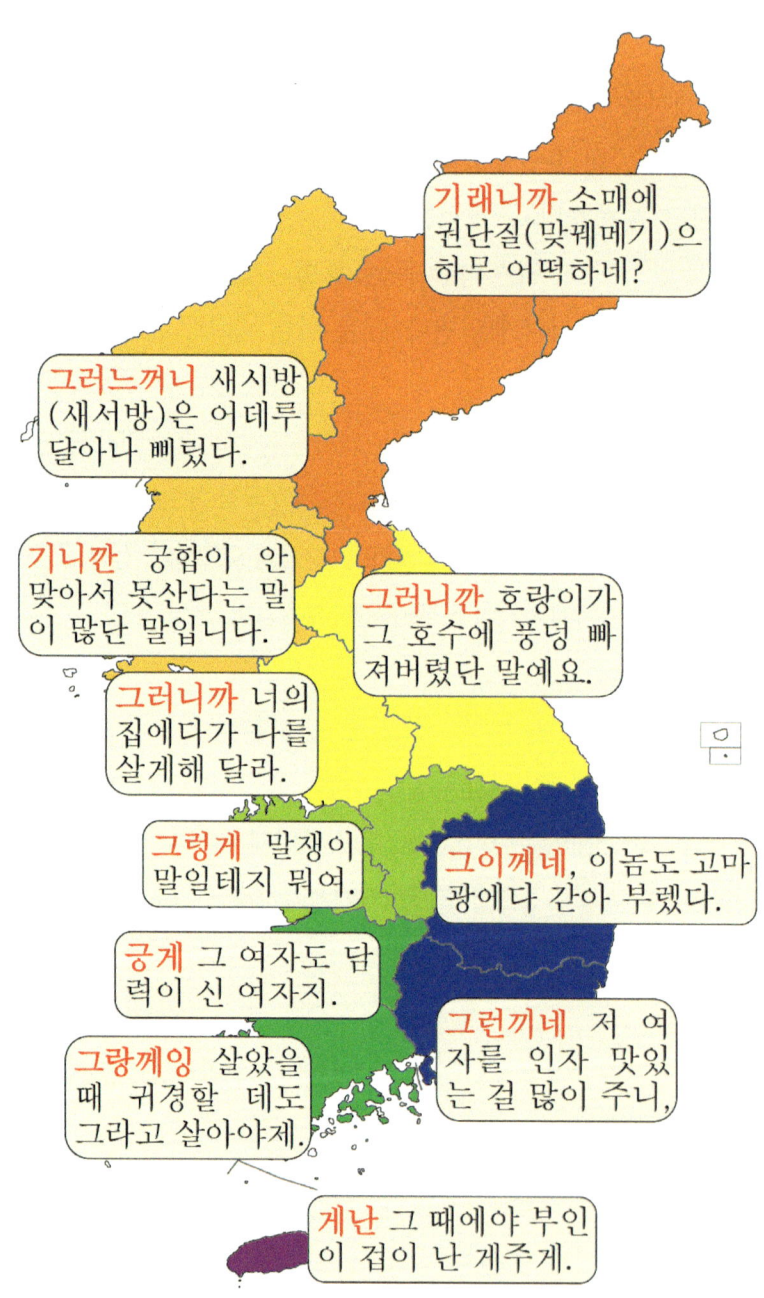

■ 그러니까: 접속부사의 전국 분포

중부방언	평안도	함경도	전라도	경상도	제주도
그러니까(깐) 그렁게(충청) 그러니깬(강원)	그러느꺼니 그러니까니 기니까니	기래니까 기래니	그랑께(게) 긍께(게)	그이께네 그이까 그런께네	겨난, 게난 영난, 경난 겨니까니

    접속부사인 '그러니까'는 앞의 내용이 뒤의 내용의 이유나 근거 따위가 될 때 쓰는 접속 부사인데, [지도68]에서 보듯 각 방언권에서 다양한 변이형이 존재한다.

    중부방언에서는 대체로 '그러니까', '그러니깐', '그러니깬' 등이 사용되지만, 각 지역에 따라서 '그렁게, 그런께(충청)', '기니까, 기니깐(황해)' 형태도 나타난다.

    그냥 잡아다 죽였지. 자, **그러니깐** 이제 딸 하나만 남았네.(경기 인천)
    그전에 **그러니깬** 아버지하고, 며느리하고, 아들, 손주 이렇게 네 식구가 사는데 저 산골에 살면 장날에 장에를 갑니다.(강원 영월)
    그런께 사람은 좀 아둔스럽긴 아둔스러워야 할거 아녀?(충북 영동)

    함경도, 평안도, 황해도에서는 '기래니까', '기래니', '기니까니' 등 /ㄱ/(연구개음)에 /ㅣ/가 이어질 때 주로 'ㄱ-〉기-'로 전설화된 형태가 나타난다. 물론 평안도에서는 '그니까니', '그러느꺼니'도 사용되고 있다.
    이 짐이사 개가웁구(가볍고), **기래니** 내 들구 가갯소.(함남)

기니까니 그때 아주 힘든 일 할 때게는 밥을 세 끼 먹은 게 아니라 네 끼까지 먹엤다 거지.(평남 온천)

전라도에서는 '긍게', '그랑게'(전북 위주), 경음화를 보이는 '긍께', '그랑께'(전남 위주), 두 가지 형태가 공존한다.
그랑게 즈그 아버지가 이자 세(혀)를 껄걸 차.(전북 군산)
아 **긍께** 다 그짓말로(거짓말로) 알았제잉? 야! 그 쬐깐한 놈이 디려 올 줄 알아!(전남 화순)

경상도에서는 주로 '그이께네', '그이까', '그런께(끼)네' 등 다양한 형태가 사용된다.
그런끼네 그 머슨(무슨) 마음으로 전처 자슥을 죽이고, 지가 놓은(낳은) 자슥한테 전할라고 애로 썼다 말이지.(경남 밀양)
그이까 여름이니께로 머 이, 칠팔 월이니께 옷깃이 떨어졌든게레.(경북 영덕)

제주도에서는 '영난', '겨난', '게난', '경남', '겨니까니', '경니까니' 등 다양한 형태가 사용된다.
영난 하르방이 그거 꺼냉(꺼내어서) 채왕(갖추어서) 그아기 다 죽여부러십주게.(서귀포)

[지도69] 암, 그럼(감탄사)

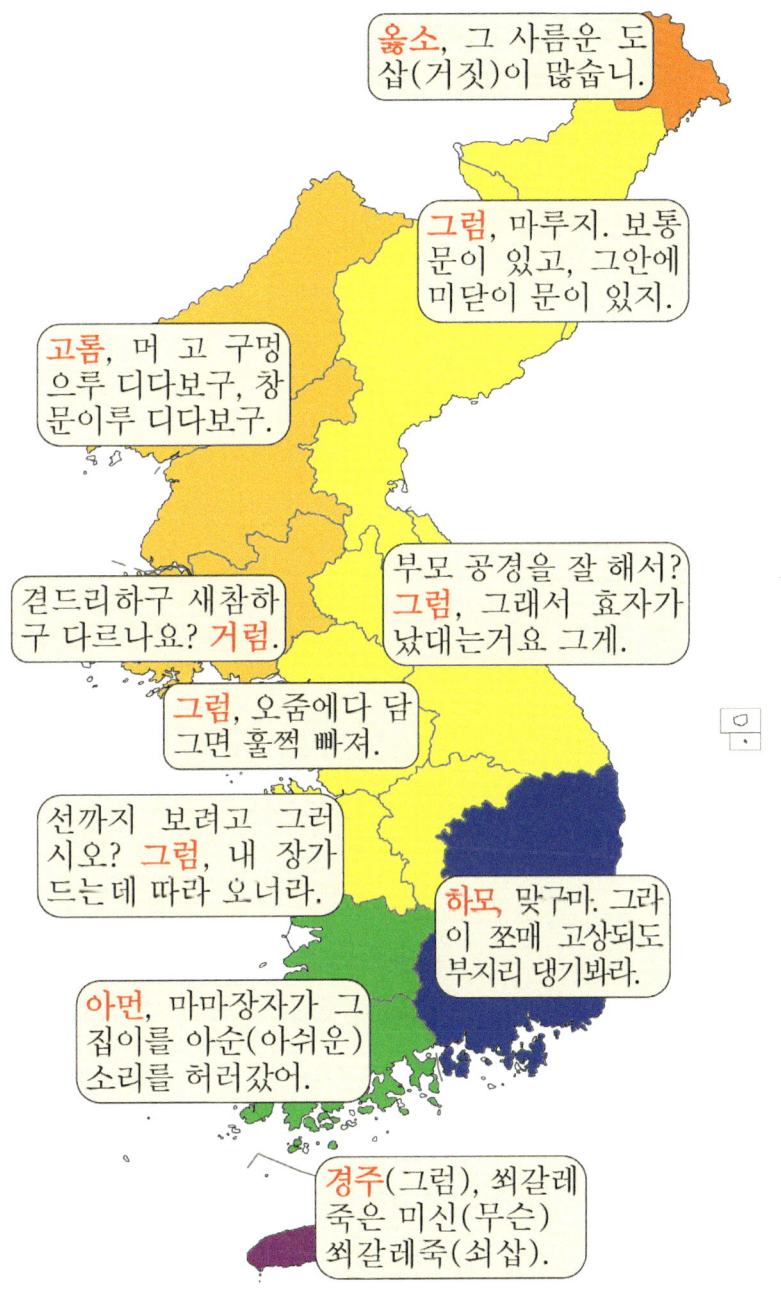

■ 암, 그럼: 감탄사의 전국 분포

중부방언	평안도	함경도	전라도	경상도	제주도
그럼	거럼 고롬	그럼, 거럼 옳소(고려말)[1]	아먼, 고롬 암, 하아	하모, 하머 하아	경주

"물 밑에 디가면(들어가면) 원래 찹거든, 거 왜 그노? 하모, 몸이 씩으머 좋찮그던."(경북 영덕)

경상도 말에서 자주 들을 수 있는 '하모'는 표준어 감탄사 '암(아무렴)'과 같은 말이며 '말할 나위 없이 그렇다'는 뜻으로 상대방의 말에 강한 긍정을 보일 때 하는 말이고 '그럼'과도 비슷한 뜻을 가진다. 물론 명확한 뜻이 없는 담화표지로 쓰이기도 한다.

'그럼'과 '암'의 전국적인 분포를 보면 대체로 '그럼', '거럼', '고롬' 등은 주로 중북부 방언에서 사용되고, '암', '아먼', '하먼', '하모', '하머' 등은 주로 우리나라 남부의 전라도와 경상도에서 사용되고 있는 것을 알 수 있다.[12]

먼저 경기도, 강원도, 충청도와 북한 지역에서는 '그럼'형이 사용되고 있는데, 평안도, 황해도에서도 변화한 모습 '거럼', '고롬'이 분포하고 있는 모

---

1 '고려말'이란 1937년 중앙아시아로 강제 이주된, 함경도 방언에 기초한 고려인들이 사용해 온 말을 일컫는다.

습을 볼 수 있다.

거럼, 기카니끼 거저 한 오십년 여기서 살기 시작핸거 거티 생각댄다구.(평남 온천)

한스물댓 살 그저 못살았더. 아 **거럼**. 시집가구 장개가믄 아이 나케 됐지머.(황해 신계)

'그럼'과 '암'의 중간지대인 충남, 경북 일부에서는 '그럼'이나 '하모' 이외에 '그렇지'와 같은 좀 더 중립적인 표현이 대신하고 있다고 한다.

여자가 자꾸 먹으라구 권하능 걸 뺏어 가지구 들어 가니깐 남자가 받더니, "**그렇지**, 내가 돼지고기 한 초롱허구 술 한 잔하구 있다구 내가 안 그랬어."(충남 대덕)

함경도말을 기반으로 하고 있는 중앙아시아의 고려말 사용 화자들은 주로 강한 긍정의 감탄사로 '옳소'를 많이 사용한다.

"여기 오는데 비행기 닐굽 시간 앉아서 왔스꾸마." "**옳소, 옳소**, 그렇기 야. 음." ("일곱 시간 걸렸습니다." "그럼, 그럼. 그렇게. 음.")(고려말)

제주도에서는 '경주'가 사용되고, '게메'도 쓰이지만, '게메'는 일상어에서 '그럼'과 '글쎄'의 두 가지 경우에 사용되는 것을 알 수 있다.

"바둑 지는 사름(사람)은 손가락을 물어 불켄(버리겠다고). 내가 지면 네가 내 손가락 씹어라 그 말이주게(그 말이죠)" "아, **경주**(그러죠)."(서귀포)

게메 마씀. 귀 눈이 왁왁허우다.(그러게 말입니다. 귀와 눈이 캄캄합니다.)

4 선어말어미

[지도70] ~았~/~었~(선어말어미)

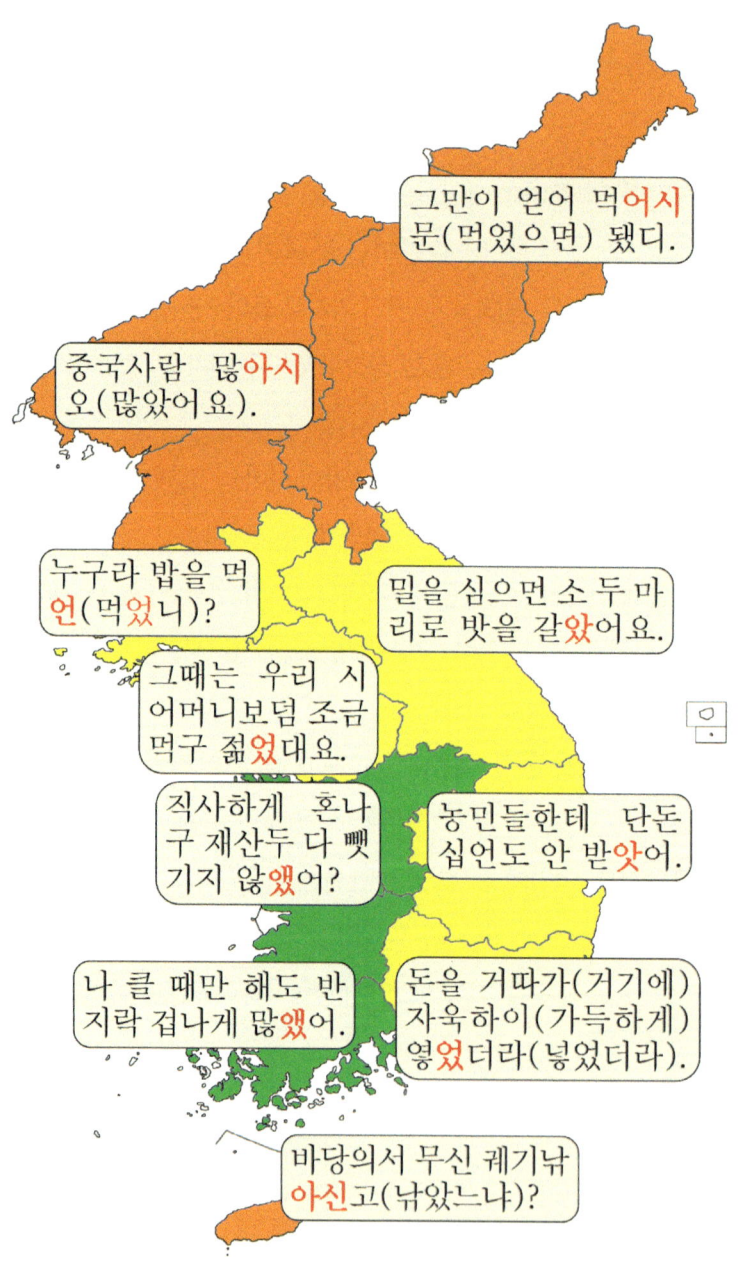

■ ~었(과거시제): 선어말어미의 전국 분포

중부방언	평안도	함경도	전라도	경상도	제주도
-었- -앴-(충청)	-엇- -어시-	-엇- -어시- -어스-(육진)	-었- -앴-	-엇/었-	-엇- -어시- -랏-

과거시제를 표시하는 선어말어미 '-었-'은 흥미롭게도 중부방언, 서남방언 이외의 방언에서는 좀 다른 형태로 나타난다.

'-었-'은 통시적으로 '-어+잇'에서 변천되었다고 보는데 평안도, 함경도, 제주도의 '-어시-', '-엇-', 그리고 경상도의 '-엇'은 16세기 중세국어에서 사용되던 과거표시 선어말어미와 동일하여 결국 이들 지역에서는 아직까지도 중세국어의 모습이 전혀 변하지 않은 고어 형태를 사용하고 있는 셈이다.13) 물론 '-어시-'와 '-엇-'은 수의변이이고, 모음조화 따라 '-어시-, -엇-'과 '-아시-', '-앗-'이 달라질 뿐이다.

　내 먹엇다, 내 먹**어시**요(내가 먹었어요).(평북 의주)

이처럼 받침이 된소리 '었'이 아닌 '엇'으로 사용되는 모습은 중부방언과 서남방언에서 /ㅅ>ㅆ/의 변화를 겪었지만 '-엇, -어시'를 사용하는 지역에서는 이러한 변화를 겪지 않은 셈이다.14)

　건지(건져) 가지고 보니 전부 거짓 밀이 소복히 들**엇**다 캐. 그기 전부 거짓말이라. (경북 성주)

　난 세상 구경 나**왓**다구.(평안도)

평안도와 황해도, 강원도 지역에서는 '-엇-' 뒤에 /ㄴ/으로 시작하는 종결어미(-니, -느냐)가 통합된 '-엇니', '-엇나'는 '-언'으로 바뀐다. 이 '언?'은 아주낮춤의 '-느냐?'로 보기도 하고, 반말의 종결어미 '-었어?'로 보기도 한다.[15]

너 피양 가 봔?(너 평양 가 보았니?)(평안도)
일감 받안?(일감 받았니?)(황해도)

또 황해도에서는 '-이?'로 끝나는 경우에 선어말어미가 없이 과거를 나타내기도 한다.

너이 왜 핀지 안 해이?(너희들 왜 편지 안 했니?)

제주방언의 선어말어미로서 (과거)는 '-앗/엇-', (현재)는 '-앖/없-', (미래)의 의도나 추측을 나타내는 '-으크-', (회상)을 나타내는 '-아/어'가 결합된다. 그리고 과거를 나타내는 '-앗-/-엇-'은 앞말이 ('이')일 경우 '-랏-'으로 교체된다. '-랏-'은 동남방언에서도 나타난다.

(**과거**) 가이가 어제 질을 막**앗**저.(막았어)
　　　　가이가 하나 풀민 큰 돈**이랏**지.(돈이었지)
(**현재**) 가이가 지금 질을 막**앖**저.(막는다)
(**미래**) 가이가 내일 질을 막**으크**라.(막을 것이다)
(**회상**) 가이가 그때 질을 막**아**라.(막더라)

니가 갈 물래 우리 집안 사정이 엉망이**랏**잖아,(경북 청송)

[지도71] ~댓~, ~랏~(선어말어미)

■ ~댓~ (과거시제) : 선어말어미의 전국 분포

중부방언	평안도	함경도	전라도	경상도	제주도
-댔- -드랬-, -더랬(황해)	-드랬, -더랬- -댔-	-댔(육진) -더랬-	(-었-)	-랫(경북일부) -랏(경남일부)	-라시/-랏-

'-댔-'은 과거시제의 '-었-'과 같은 자격을 가진 서북방언의 특징적인 어미라고 볼 수 있는데, '과거', '과거 지속'의 의미를 지니며, 평안도뿐만 아니라 황해도, 충북 일부, 경기도, 강원도 일부 지역에서 이러한 '-댔-', '-드랬(더랬)-'이 나타난다.

그건 하나바지 지게댔다.(그건 할아버지 지게였다.)(황해도)
산골짝으루다 집이 있는데 인제 지금 집이 이렇게 많지 그전인 집이 띄엄띄엄 있더랬어요(있었어요). (경기 옹진)
"논에 풀이라는 거 머, 기캐서(그렇게 해서) 논김은 네벌낌까지 한 서너 번씩 맷댓시오(매었어요)."(평남 용강)
옛날에 그 석교(石橋)가 있었댔는데(있었었는데), 지금은 흔적이 없읍니다.(강원 횡성)

이들 '-댔-', '-드랬-', '-더랬-'은 '-더라 햇-'과 같은 인용문의 통사적 구성에서 생겨난 것으로 보고 있지만 인용의 의미는 없다. '-더라 햇-'이 융합되어 '-더랬-'이 형성되고 이 형태가 '-더랬- > -드랬- > -댔-'의 변화를 보이는데, 현대 평안도에서는 이 세 형태가 모두 쓰이고

있다.[16)]

앞이 다 바티지만 다 논이더랫이요.(앞이 다 밭이지만 다 논이었어요.)(평북 운전)

그리고 '-댓'과 '-드랫-'이 진행의 의미를 나타내기도 하여서 '밥 먹댓(드랫)어?'는 '밥 먹고 있었어?'와 같은 뜻을 지니기도 한다. 또 과거완료를 나타낼 때는 각각 '-엇댓-', '-엇드랫-'으로 나타나는데, '-댓-'이 그대로 반복되어 '-댓댓-'의 모습도 보인다.

내 어제 토배기 말으 가뜩 써 가지고 왔댓소.(내 어제 토박이말을 가득 써 가지고 왔었소.)(육진)

아니 이 밤뚱에 함자 어딜 갔드랫소?(아니 이 밤중에 혼자 어디를 갔었소?)(평북 선천).

부체끼리댓댓갓구만.(부처끼리였었겠구먼.)(평안도)

제주방언에서는 '-었-'과 같은 쓰임으로 '-라시', '-랏'이 쓰이고, 경북과 경남 일부에서는 '-랏/-랫'이 쓰인다. 이들은 대체로 '이다', '아니다'와 어울리는 과거시제 선어말어미이다.

집에 방 한 칸 있었는데, 사랑 있는 데가 그 집 방이랫어요.(경북 영덕)

첨먼이는 문디이가 아이랏으니 젊었을 때는 풍악 소리를 듣고 춤을 추고 했지마는…(처음에는 문둥이가 아니었으니 젊었을 때는 풍악 소리를 듣고 춤을 추고 했지마는…)(부산)

저는 절대 이번은, 형님네가 두 번차(두 번째) 가서 속안(속아서) 오라시니(왔으니), 저는 절대 아이 속것습니다.(서귀포)

[지도72] ~겠~(선어말어미)

~겠(추정과 의도) : 선어말어미의 전국 분포

중부방언	평안도	함경도	전라도	경상도	제주도
-겠-, -겄-(경기,충청일부) -갔-(경기,강원,충남일부) -갓-(황해도), -갯-(영동)	-갓- -가시-	-갯- -개시-	-겄-	-겠-(경북동부) -겄- -읋-	-으크-

'미래의 일이나 추측, 주체의 의지'의 기능을 나타내는 선어말어미 '-겠-'의 그대로의 모습은 대체로 중부방언에 한정되고, 평안도에서는 '-갓-', '-가시-'가 쓰이고, 함경도에는 '-갯-'과 '-개시-', 전라도, 충청도에서는 '-겄-', 그리고 제주도에서는 모습이 전혀 다른 '-으크-'가 사용되는 것을 볼 수 있다.

평안도, 황해도에서 사용되는 '-갓-', '-가시-'는 '가(去)+잇(有)'이 문법화된 것으로 보고 있으며, '-갓-'은 '-젓-'보다 이전 시기의 모습으로 받침은 /ㅆ/ 아닌 /ㅅ/이다. 평안도의 '-젓->-갓-'의 /ㅓ>ㅏ/ 교체의 모습은 이 지역의 종결어미 '-더라>-다라', '-너라>-나라'의 변화와 같다.

올라가기 힘들**갓**습네다레.(올라가기 힘들겠습디다.)(평북 익주)
집이꺼정 비를 맞으멘서 걸어**가시**요(걸어갔어요).(황해도)

그리고 이 '갓'에 해라체 의문형 어미가 결합할 때는(갓+니?) 특이한 형태인 '-간?'으로 나타난다. 이것은 마치 과거시제 선어말어미와 해라체 의문형 어미가 만났을 때 '엇+니?'가 '-언?'으로 바뀐 모습과 흡사하다.

발쎄 덤심 먹**언**?(벌써 점심 먹었니?)(평남 대동)

기래두 기리 다티디는 않앗어. 어띠나 혼이 낫**간**?(그래도 그렇게 다치지는 않았어. 아이고, 어찌나 혼이 났겠니?)(평북 초산)

그런데 함경도와 육진방언에서도 '-갯-', -'개시-'가 쓰인다.
예, 그렇게 하**갯**스꾸마.(예 그렇게 하겠습니다.)(함경)
어느 날이 떠나**갯**슴두?(어느 날에 떠나겠습니까?)(육진)

전라도와 충청도에서 주로 사용하는 '-것-'은 대체로 '추측'으로만 쓰이고 '의도'의 의미를 나타내지는 않는다. '의도'를 나타낼 때는 '-겄-' 대신 '-을라-'가 사용된다.
낼도 비가 오**겄**다.(추측)
니 대신 내가 갈**란**다.(의도)

경상도에서도 '-것-', '-겠-'이 쓰이지만, 주로 남동 내륙, 서북 지역의 '-겟-'과, 경북 동북의 특이한 '-읋-(의도, 추측, 가능)'이 쓰인다. '-읋다'는 의문형(가능)에도 사용되어 흥미롭다.
머슥하이 디리고 가야 델**따** 싶어서.(무엇해서 데리고 가야 **되겠**다 해서.)
가가 밥이라도 묵**을따**?(그 애는 밥이라도 먹**겠더**냐?)

제주방언에서 '-으크-'도 의도나 추측을 나타내는 선어말어미다. 윗사람에게 말할 때는 어말어미를 '-다'로 바꾸고 그 앞에 존대 표시 선어말어미 '-쑤-'나 '-(으)우-'를 더하면 된다.(예: 그거 나가 먹**으쿠**다.)
그거 나가 먹**으크**라.(그것은 내가 먹겠어.)(의도)
가이 이젠 밥 먹어시**크**라.(그 애가 이젠 밥 먹었겠어.)(추측)

[지도73] ~더~(선어말어미)

~더~ (회상시제) : 선어말어미의 전국 분포

중부방언	평안도	함경도	전라도	경상도	제주도
-더 -두(황해) -러(충남)	-다 -더	-더	-드 -디	-다 -더 -디	-어 -라 -데

회상시제 선어말 어미는 제주를 제외한 대부분의 방언에서 '-더-', '-드-'를 사용하고 지역에 따라 '-다-', '-디-', '-러-', '-라-', '-두-' 등의 변화형이 있다.

중부방언의 충남 일부 지역에서는 연결어미 '-을-' 다음에서 '-러-'가 나타나기도 하는데, 표준어의 '-겠더-'에 대응하는 '-을러-'가 사용된다.
딸을 하나 났는디, 아, 이게 참 제 집이를 찾아 왔는디, 어떻게 이쁜지 몰를러라.(충남 보령)

황해도에서는 '-더니'의 경우 '-두-', '-데-' 등이 사용되기도 한다.
강아지럴 혼달궜두니 구석이 숨어 베렸다.(강아지를 혼내 주었더니 구석에 숨어 버렸다.)
도무지 소식이 없데니(없더니) 포로로 잽혀갓습디다레.

평안방언에서도 '-더-'와 함께 '-다-'가 쓰이는데 대체로 '-다라'의 경우에 한정하여 '-다'가 나타난다. 경상도에서도 '-다-'와 '-도-'가 의문형에서 '나/노'와 결합할 때 '사용된다.

설경이 돟다라.(설경이 좋더라)(평북방언사전)

엄마요, 엄마요. 절에 대사가 만날 글을 갈치고 하는 말이 "너매가 날 오라 카다?"(너의 엄마가 날 오라고 하더나?)(경북 군위)

"누가 그카도?(그러더노?)" "동네 사람이 그카드라.(경북 경주)

전라도와 경상도에서는 '-드-'와 함께 '-디-'가 쓰이는데, 경상도에서는 상대높임의 '-이-'와 함께 쓰일 때에는 '-디-'로도 나타나는데, 구체적으로 '-디더'와 '-디꺼'(아주높임)의 결합체로 쓰인다. 물론 전라도에서도 '-습디다'에서는 아주높임으로 쓰인다.

게놈을 죽여 가지고 어따가(어디에다가) 그 송장을 어째 부리디냐(어째 버리더냐)?(전남 고흥)

큰 솔을 베고, 거게 뿌리를 파고 거기 묻어달라 카디더(묻어 달라고 하였습니다). (경북 영덕)

제주방언의 회상 선어말어미는 '-아-/-어-'이며 '이다', '아니다'처럼 지정사의 경우에는 '-라'로 변동한다. 그리고 '-읍데다'와 '-읍데가'에서는 '-데-'가 쓰인다.

허는 거 보난 느 춤 착해여라.(하는 것을 보니 너 참 착하더라.)

촛안 보난 그거 영수네 말이라라.(찾아 보니까 그거 영수네 말이더라.)

아바님아, 나 엇이난(없으니까) 어떵이나 생각나압데가?

그 영감은 절로 백마 타아전(타서) 나갑데다.

5 연결어미

[지도74] ~으면(연결어미)

■ ~으면(조건) : 연결어미의 전국 분포

중부방언	평안도	함경도	전라도	경상도	제주도
-으문, -으믄, -으만(강원일부) 음, -으면(충청)	-으문	-으무 -으문	-으먼	-으머/으먼 -으모/으몬 -으마/으만	-으민

　조건을 나타내는 '-으면'은 전국적으로 자연어에는 어떤 방언에서도 공식적인 경우를 제외하고는 '-으면'을 사용하지 않는다고 한다. 변화형들은 의미 차이가 없고 형태적 변이가 있을 뿐이다.

　표준어 '-으면'의 이중모음은 모든 방언에서 단모음으로 변이되어 쓰인다. 그래서 중부방언에서는 주로 '-믄'이고 동북방언과 서북방언에서는 '-문'이며 서남방언에서는 '-먼'이다. 동남방언에서는 '-모, -머, -마'이고 그리고 제주방언에서는 '-미'이다.

　원래 '-으면'의 원형을 '*-으ᄆᆞᆫ'으로 재구할 수 있다. 역사적으로 둘째 음절의 모음이 'ᄋᆞ'인 경우에 대체로 'ᄋᆞ>으'로 변하는데, '-으마(으만)'는 'ᄋᆞ>아'로 변했나는 뜻이고, '-으머(으먼)'는 '아-어'에 의한 대립에 의한 것이며, '-으모(몬)/-으무(문)'는 양순음 아래서 'ᄋᆞ>오/우'의 변화에 의한 것으로 설명된다.

　중부방언에서 충청북도는 대부분 '-으믄', '-으문'인데 충청남도는 대체로 '-으믄', '-으먼', '-음'이 함께 쓰인다. 강원도에서는 '-으만'도 나타난다.

'죽겠으믄 죽구, 말겠으믄 말라'고 부인이 그러는 기라.(강원 속초)

여기서 허는 소린데 거기 가서 들으믄 용바위라구 그러구 용 낳던 터라고 그린다구.(경기 인천)

아 저짝에 앉았으먼 줄 테니 한 짝에 가 앉었으라구.(충북 단양)

두 칸 방두 있는데 새끼덜 많음 그 워떻게덜 살우.(충남 아산)

그따구만 매 놓으만 물이 샐 데가 없으니깐두루…(강원 홍천)

서북방언과 동북방언, 그리고 중부방언의 일부에서 사용되는 '-으문', '-으무'는 '-으믄'에서 양순음(ㅁ) 뒤에서 '으'가 원순모음인 '우'로 바뀐 모습이다.

까딱햇으문 메킬뻔 햇어요(하마터면 먹힐 뻔했어요).(평북)

무섭우무 가라우.(무서우면 가라.)(함북)

동남방언의 연결어미 '-으몬(모)', '-으먼(머)', '-으만(마)'는 그 분포가 지역적으로 다르다고 한다.[17]

뱀이라는 거는 밤이 되마, 어덥으마 이거 소래(따비)를 치고 있는데.(경북 월성)

이 질로 서을 올라가몬, 가다 보면 손 골목이 있어.(경북 군위)

선상한테 글 안 받으머 비(비석) 몬 하거덩,(경남 진주)

제주도의 '-으민'은 '-으면＞-으멘＞-으민'처럼 단모음화, 전설모음화 과정을 겪었을 것이다.

놈의 거(남의 것) 공꺼 먹으민 등걸리곡 목 걸린다.

[지도75] ~으면서(연결어미)

~으면서(동시) : 연결어미의 전국 분포

중부방언	평안도	함경도	전라도	경상도	제주도
-으면서(성) -으머(미)서 -으면서(충청,강원) -으민서리(황해도)	-으멘 -으멘서 -으미	-으메(서리) -으멘(서리) -으민서 -으무서	-음서(선) -음스로 -음시롱	-으만서(성) -으만(민)서러 -으만설랑	-으멍

'두 가지 이상의 동작이나 상태 따위가 동시에 겸하여 있거나 맞서는 관계에 있음'을 나타내는 연결어미인 '-으면서'는 역사적으로 '-으며'에 '서'와 /ㄴ/이 덧붙어 생겨난 모습이다(으며 > 으며서 > 으면서). 그리고 '-으면서'는 '-으며' 자리를 빼앗아 세력을 얻기 시작하였고, 현재 '-으며'는 극히 제한된 경우에만 사용되고 있다고 한다.

충청도에서는 '-으머서', '-으며서', 황해도, 강원도 일부 지역에서는 '-으미서' 등 /ㄴ/이 첨가되지 않는 중간 단계가 아직도 존재함을 알 수 있다.

자기 며누리게다 주**머서** "너 이거 마셔라" 그랬어.(충남 대덕)
석냥을 주기 싫은 돈을 꺼내 주**미서** 이래니까,(강원 횡성)
석방시긴다**미서** 집으로 가라고 해요.(석방시킨다면서 집으로 가라고 해요.)(황해도)

또 평안도와 육진방언에서는 '-으멘서'가 쓰이고 평안도에서는 그냥 '-으멘(으면서)'으로도 나타난다.

가시어마이두 모르갈땐다 기래. 기리멘서 또 드르오는데 거기 누가 이선나.(평북 구장)

"이놈에 토까이(토끼) 잡아 쥑이갓다 하멘(하면서) 쫒아 나왔다.(평북 초산)

그리고 방언에 따라 다양한 변이형 '-으면(며)서리(함경)', '-으민서래(강원)', '-으먼서러', '-으먼서로(경상)', '-음서(선)', '-음시롱', '-음시로(전라)' 등이 확인된다.

그 샤:을 들구 댕기며서리,(그 산을 들고 다니면서,)(함북)

그래 이 청년들이 둘이 가민서래, "할아버지 나 과게 점 좀 해 주시오."(강원 속초)

날 살리달라고." 이래먼서러 붙들고 애걸복걸했다.(경북)

호랭이를 꽉 끌어 보듬음시로(안으면서), "이놈아 나 물어가제 이 양반 물어가지 말라."(전남 해남)

제주도에서는 '-으멍'이 표준어의 '-으면'과 '-으면서'가 같은 형태로 사용된다. 그리고 '-으멍도'는 문장 앞뒤의 내용이 상반되게 대립시키는 경우이다. 노년층일수록 '-멍'이 '-면서'보다 사용 빈도가 높다고 한다.

우리 사름 먹으멍 옹기만들앙 아사 요 진흙이라.(우리들이 살면서 옹기 만들어서 팔아야 할 진흙이라.)(서귀포)

성 안에 갇혀정 살멍도 밧이 나오랑 농시깨나 ᄒ난.(성 안에 갇혀 살면서도 밭에 나와서 농사깨나 하니까.)(북제주 애월)

[지도76] ~으니까(연결어미)

■ ~으니까(원인) : 연결어미의 전국 분포

중부방언	평안도	함경도	전라도	경상도	제주도
-으니까 -으니께(는) -으니깐(두루) -으니까네(황해)	-으니까(깐) -으니께(네) -으니끼니 -으니까니	-으니까데 -으니까디 -으이까네 -으니까나(함북)	-응께(로) -으니께(로) -응게, 으닝게(로)(전북)	-으이까나 -으니께네 -으이까네 -응께네	-으난 -으나네

앞말이 뒷말의 원인이나 근거가 되는 인과관계를 맺는 이유표시 연결어미를 표준어와 같은 '-으니까'로 사용하는 지역은 대체로 서북방언과 중부방언에 한정되며, 전체 방언권에서 이와같이 다양한 형태로 실현되는 이유는 방언의 구어적 특성을 반영한 것이라 보인다. 중세국어에는 '-으니'만 있었으며 '-으니까'는 19세기 말 문헌에서부터 나타났다고 한다.

'-으니까'에는 강조표지 '는'이 첨가될 수 있는데, 일부 방언에서는 '나', '네', '니' 등의 형태로 실현된다(-으니까나, -으니까네, -으니까니). 중부방언의 '-으니깐두루'는 '-으니깐'에 정체불명의 '두루'가 붙은 점이 특징이다.

머 조화로 부리**니께네** 배를 타고 일본을 갔어.(경북 영덕)

기카**니까니** 거저 우리 거 하라반(할아버지) 살았을 때가 집이 불가 멫 집 안대대갔으니까.(평안 내성)

가서 돈을 주**니깐두루**, 거 참, 돈만 가지구 살짝 어디루 달아났어요. 도망을 갔어요.(경기 강화)

그리고 '-으니'에서 /ㄴ/이 탈락한 형태인 '-으이'가 나타나기도 하는데(-으이까나, -으이까네, -으이까데), 함경도, 경상도 등 대체로 우리나라의 동부 지역이다.

기래서 해방대**이까이** 부여르 받아서 농사르 짓구…(그래서 해방되니까 급여를 받아서 농사를 짓고…)(함경북도)

짐승 죽었는 거 그걸 먹골랑 낫았**으이까**, 그 짐승이 무엇인지 한번 알아보라.(경북 봉화)

일꾼은 또 안주 들고, 이래 가주가선 떡 드가**이까네**(들어가니까), 자기 쥔(주인) 노인이, "하이, 가주(가져) 왔나?, 먹자."(경북 영덕)

그리고 '-응께', '-응께(로)'는 전라도와 경상도, 충청도 일부에서 쓰는 형태인데 '-응께'는 '-으니께'에서 '이'가 탈락하여 형성된 것으로 본다. 그래서 '-으니께 > -은께 > -응께'로 변한 모습이다. 전북에서는 된소리가 아닌 '-응게', '-으니게'가 사용된다.

그놈도 여울(결혼시킬) 때가 되었**응께**, 슬슬 준비해야 쓰제.(전남 화순)

메칠 있**응께** 한 츠녀 하나가 떡 허니 집이루 들어오더라거던?(충남 부여)

그 실사 없이 있**응께네** 그 처녀가 성명을 물거덩.(경남 거창)

미칠 저녁 안 **강게** 그냥 동네가 싹 비어 부렀거던.(며칠 저녁 안 가니까 그냥 동네가 싹 비어 버렸거든.)(전북 정읍)

제주도에서는 '-으니까'와 전혀 다른 형태인 '-으나네', '-으난'이 쓰인다.

소를 열 두 마리나 잡아먹**으난** 심이 쎄였주.(소를 열두 마리나 잡아먹으니까 힘이 세었죠.)(서귀포)

오널은 비 크게 오**나네** 원, 술이나 가져 오주.(서귀포)

[지도77] ~어서(연결어미)

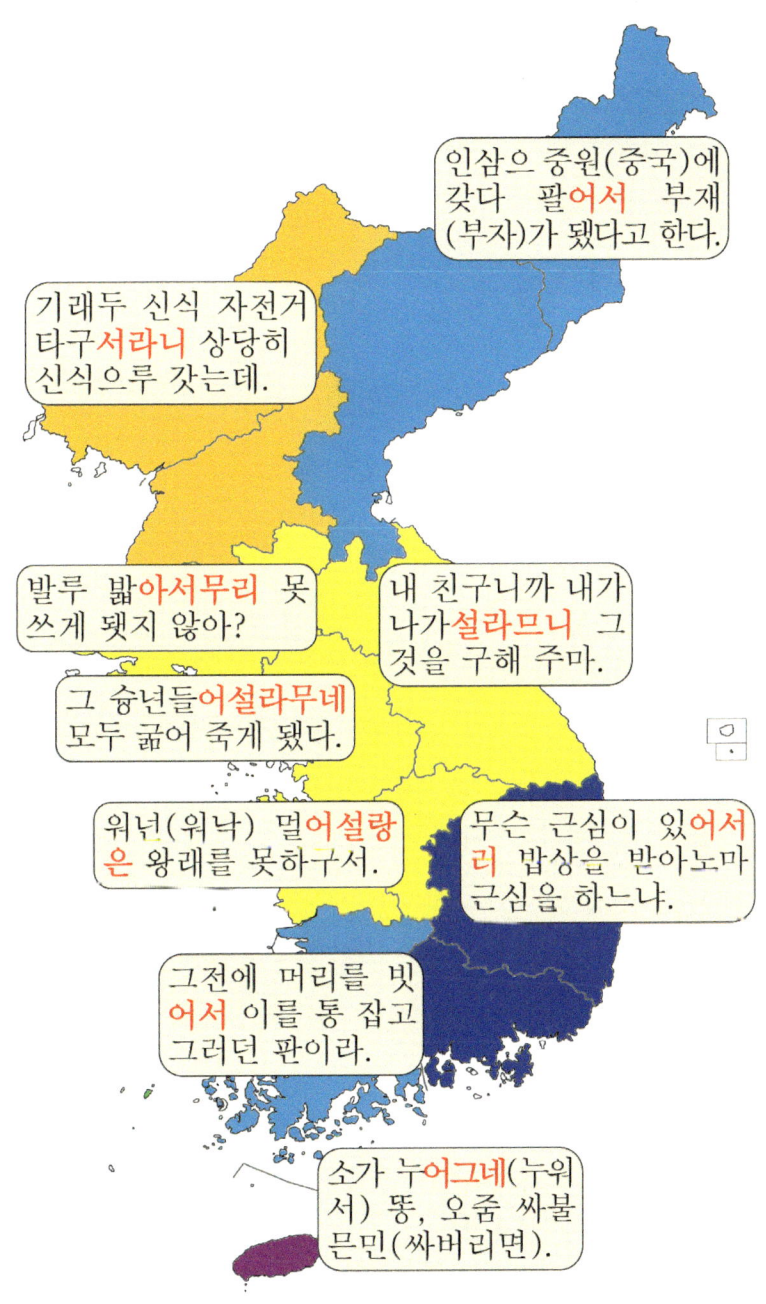

~어서(선후 관계): 연결어미의 전국 분포

중부방언	평안도	함경도	전라도	경상도	제주도
-어서(나), -느서 -어설랑, -어설라무네(니) -아서나(무)리(황해도)	-어서(리) -어서라무네(리)	-어서(리) -어셔(육진)	-어서	-어서/이서 -어서로(리)	-엉/언 -엉으네 -어그네

'-어서'는 '이유나 근거, 수단이나 방법, 시간적 선후 관계'를 나타내는 연결어미인데, 전국적으로 의미 차이는 없지만 각 방언권별로 뒤에 다양한 형태의 강조표시가 붙는 차이점이 있다.

강조의 의미를 담은 '-어서는'이 여러 방언에서 나타나고, 동북방언의 '-어서리', 동남방언의 '-어서러', '-어서로' 등도 보인다.

다듬이질을 해서 잘 페가지구 기루카**구서리**(그렇게 하고서) 다시 옷을 만들거나 이불을 꾸미거나.(평북 구장)

굶주리 하도 배가 고파서 카는가 부다 싶**어서러**, "쌀되나 있읍니다." 하고,(경북 상주)

어째서 저 집에는 저리 잘 사노(사는가) 싶**어서로** 친구 집에 놀로(놀러) 갔는기라. (경남 김해)

한국구비문학대계를 보면 강원도, 충청남도에서는 '-어설랑', '-설라무(므)니'는 많은 대화에서 자연스럽게 실현되고 있다. 강원도와 충청북도에서는 주로 '-설라무네'가 쓰이고 충청남도에서는 대체로 '-설라무니'로 사용된다.

거가 날골이라는 데가 투전을 붙여 **설랑은** 먹구 사는 동네야.(강원 횡성)

하늘에서 내려온 그 천사가 입는 옷처럼 이렇게 맨들**어설라무네** 지 입고.(강원 속초)

이놈의 범이 시대삿갓을 덮어쓰구 와**설라무네**, "갱암! 갱암." 성질을 내서 부르거든.(충북 단양)

이거 참 나무나 해서 한 짐씩 팔**어설라무니** 먹구사는 처지에…(충남 부여)

충청도, 강원도에서는 '-설라무네'에서 /ㄹ/이 탈락한 형태인 '-서라(나)무니'가 '-서라(나)무네'가 쓰이는데, 평안도에서도 '-어서라무네', '-어서라무니' 등 평안도의 넓은 지역에서 사용되고 있다고 보고되어 있다.

그 방고래에 가**서라무니는** 그 떼오쟁이 묶은, 묶응 것을 가서 내 가지구 와라아.(충남 부여)

한나절 이상 떡 돼서 주막을 들**어서나무네** 점심 요기를 하구서.(강원 속초)

제주도에서는 '-어서'에 대응하는 연결어미는 '-언'과 '-엉'인데, 이 밖에도 '-어네', '-어그네', '-어그넹'과 같은 형태도 확인된다.

실퍼도(슬퍼도) 건 벌**엉**(벌어서) 남아도 좋곡, 부족해도 좋곡.(서귀포)

이제 이거 조 묶**어그네** 데며(쌓아) 노민 썩어 부령(버려서) 아무것도 먹을 건 어슬(없을) 게니까.(서귀포)

[지도78] ~으려고(연결어미)

■ ~으려고(의도) : 연결어미의 전국 분포

중부방언	평안도	함경도	전라도	경상도	제주도
-을려구 -을랴구 -을라구	-을라구	-으랴르 -쟈(구) -자구서리	-을라고	-을라꼬	-으레 -젠 -젱

'-으려고'는 '어떤 행동을 할 의도나 욕망을 가지고 있음'의 뜻을 가진 연결어미인데, 중세국어(15세기)에는 '-으려'로 쓰이다가 19세기에 '-고'가 첨가되어 오늘날과 같은 모습이 되었다.

'-으려고'나 '-을려고'는 주로 표준어 화자에게서 확인되고 중부방언의 대부분 지역에서는 '-을랴구', '-을라구'로 쓰이는 것이 보통이다.

그 나라를 집어 먹**을라구** 그렇댑니다.(인천)

잉어를 회를 한강서 잡은 걸 회를 **할라구** 아, 배를 때개니(갈르니) 이기(이것이) 나오잖소.(강원 속초)

함경도와 육진방언에서 '-으랴르'가 '목적'이나 '의도'의 의미로 쓰인다.

덩게 털안이 께디 못하**랴르** 흙을르 싸안 맥이 없소?(저기에 탄환이 꿰뚫지 못하도록 흙으로 쌓은 막(방벽)이 없소?)(육진)

평안도에서는 주로 '-을라구'가 쓰이는데, '-을라구 허'가 '-을래'로 축약되는 것이 특징이다.

사:람을 모함**할라구** 꾸메낸 일:이얘요.(사람을 모함하려고 꾸며낸 일이에요.) (평북)

맨손으로 잡**을래**서는 잡디 못헌다.(맨손으로 잡**으려고 해**서는 잡지 못한다.) (평북)

전라도와 경상도에서는 '-을라고'가 쓰이는데, 동남방언의 '-을라꼬'는 '-을라고'가 경음화를 보인 것이다.
저녁으 그 아버님 메라도(저녁밥이라도) 지어**줄라고** 쌀 한 되 메달은 놈 고놈 끌러 다가 저녁을 대접횄다고.(전북 정읍)
우리 집 자아로 도라지 타령 춤을 한분 추아 **달라꼬** 카는 기라.(우리 집 쟤에게 도라지 타령 춤을 한번 추어 달라고 하는 거야.)(경남 부산)

제주도에서는 '-젠, -쩽' 등이 '-으려고'의 의미를 대신하고 있다.
옛날은 빙원도 웃고 약방엔 가**젠** 해야 돈더 웃고 허니.(옛날은 병원도 없고 약방에는 가려고 해야 돈도 지금보다 없고 하니.)(북제주 애월)
동생이라 허영 건(힘 닿는 데까지) 살려 주**쩽**(살려 주려고) 동데레(동으로) 곡(달리고) 서레레 던 누님아, 고맙수다.(제주시)

[지도79] ~지마는(연결어미)

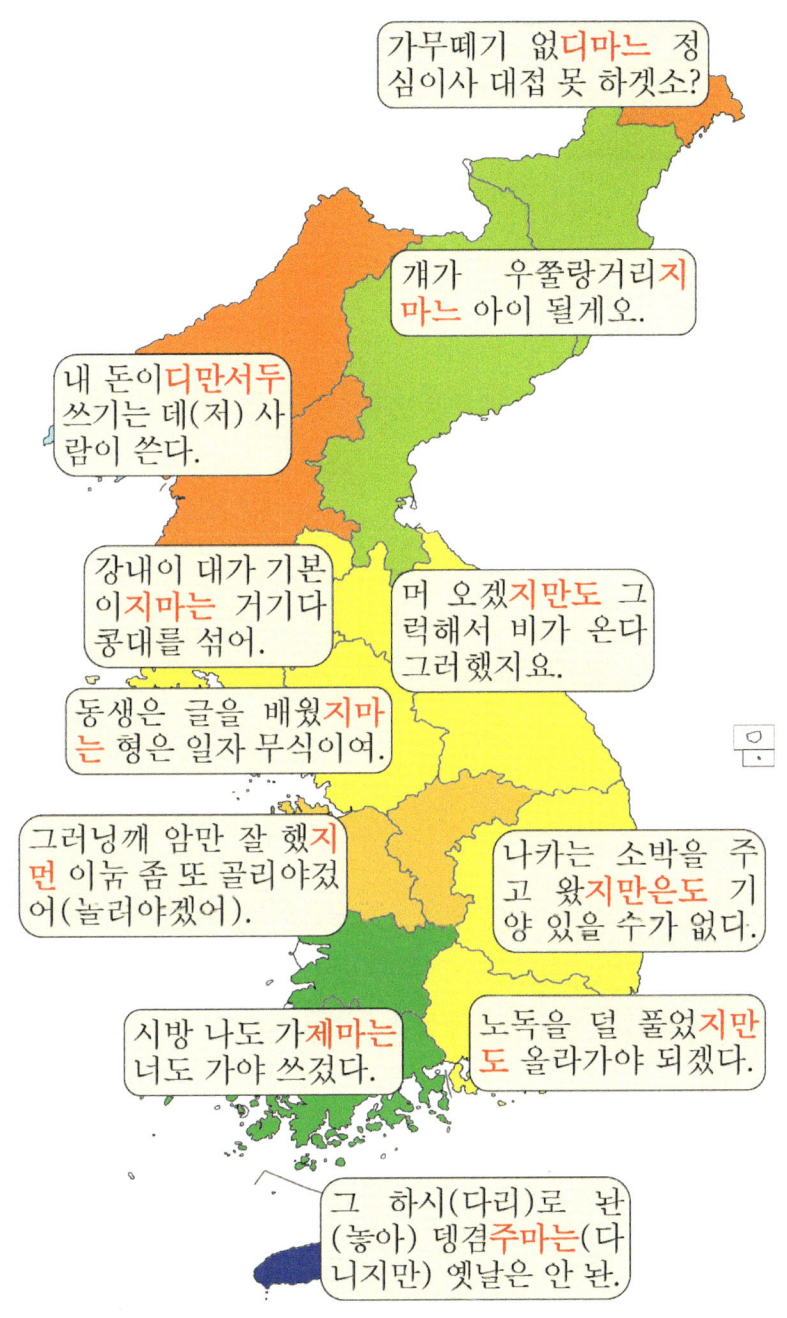

■ ~지마는(양보) : 연결어미의 전국 분포

중부방언	평안도	함경도	전라도	경상도	제주도
-지마는(만) -지머는(먼) -지만서두	-디마는 -디만서두	-지마느 -디마는(만) -디마느(육진)	-제마는 -제만	-지마는(만) -지만도(동)	-주마는(만)

'-지마는'은 어떤 사실이나 내용을 시인하면서 그에 반대되는 내용을 말하거나 조건을 붙여 말할 때에 쓰는 연결 어미인데, 각 방언권에서는 약간 형태가 바뀐 변이형이 쓰이고 있는 것을 확인할 수 있다.

중부방언에서는 주로 '-지만', '-지마는' 형태가 쓰이지만, 충남 일부 지역에서는 '-지머는', '-지먼', '-지만서두'로 실현되기도 한다.

우리는 다 그저 벼슬을 하고 있**지마는** 자네는 벼슬을 못했으니 저, 전라도 글로(거기로) 가라."(강원 영월)

이런 관에서는 이방이라구 그랬**지만서두** 자기네 집에서는 일꾼이라구 그랬어요.(충북 청주)

그것이 우선 돈도 들어가**지머는** 내 듣는 기분이 좋구.(충남 태안)

그 전에 느하구 점상(겸상)을 해 그 전에 같이 먹었**지먼** 낼 식전에 느 처가 나가서 밥을 해가주구 외상을 네 앞에다 차려 놓구서…(충남 아산)

평안도에서는 구개음화가 일어나지 않은 '-디만', '-디마는'형을 사용하는데 육진방언에서도 이와 같다. 또 '-디마는', '-지마는'에서 /ㄴ/이 탈락된 '-디마느', '-지마느'형이 쓰인다.

키는 크**디마는** 힘이 약하다.(평북)

김군두 일루 선수**디만** 니군한텐 깽꾸 못 해.(김군도 일류 선수지만 이군에게는 꼼짝 못 해.)(평북 정주)

가무떼기 없**디마느** 정심이사 대접 못 하겠소?(주부가 없지만 점심이야 대접 못 하겠소?)(육진)

샘물으 올라오기느 올라오**지마느** 이렇게 쉬 울라오는게 높이 울라오는게 없없답니다.(함남 북청)

전라도의 '-제마는'은 그 의미의 폭이 확대되어 단순히 시인하는(-지마는) 것이 아니라, 당위(-으련마는: 그러지 못해서 좀 아쉽다)의 의미 영역까지 포함하여 나타낸다.

왔다, 엄매는 밭을 못 매먼 말제, 그라**제만은** 동생을 호랭이를 줘야?(아이고, 엄마는 밭을 못 매면 말 것이지, 아무리 그렇더라도 동생을 호랑이에게 줘요?)(전남 해남)

강원도와 경상도에서는 '-지마는' 뒤에 조사 양보의 의미를 가진 '도'나 '동'이 붙기도 한다.

지금은 처니(처녀)도 알고 총각도 알**지마는도** 저 옛날에는…(경남 거제)

남녀가 유별하**지만동** 어엔시 서로 밤이나 새우고 가자고.(경북 예천)

팔십여 세를 살구 그랬었**지만도** 아들이 그렇게 읊어.(강원 횡성)

일부 동남방언과 중앙아시아 이주 한인들의 고려말에서는 조사 '도' 대신 '해도'가 오는 경우도 있다.

지금은 큰애기들이(처녀들이) 시갖고 봉께 이 총각들이 그런 짓거리가 없**지마는해도** 그전에는 처녀들도 귀고(귀하고) 항께,(경남 하동)

멩절이 돌아오믄 싹 소련 멩절이 있긴 했었지마는, 그래고 그러니까 또 있었**지만 해도** 그래도…(고려말)

제주방언의 '-주마는', '-주만'은 어미 '-지'가 '-주'로 실현되기 때문이다.

지금은 다 세면바닥(시멘트 바닥)이**주마는**, 그때에는 세면바닥이 어시난(없어서) 돌 위에 노앙(놓아서) 손바닥으로 짝 밀면.(서귀포)

딴 디 가 버릿**주만** 거기서 주장으로(주로) 서당 주인도 허엿지.(북제주 애월)

[지도80] ~을수록(연결어미)

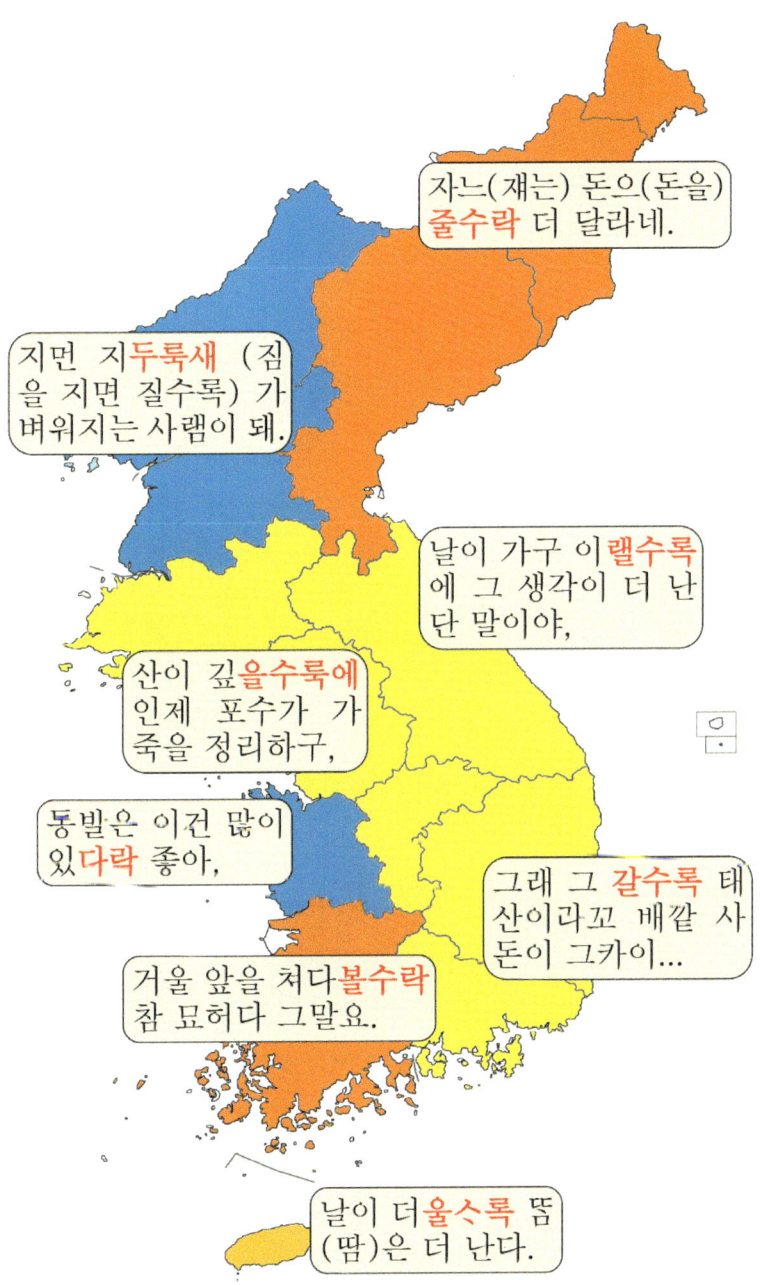

■ ~을수록(더함) : 연결어미의 전국 분포

중부방언	평안도	함경도	전라도	경상도	제주도
-을수록(룩) -다락(충남) -두사리(황해)	-두룩새(나) -을수룩	-을수록 -을수락	-을수락(이) -을수락(에)	-을수룩	-을ᄉ록 -을수록 -닥지

표준어 '-을수록'은 '앞일의 정도가 뒷일의 정도를 더하거나 덜하게 하는 조건이 되는 연결 어미'인데, 중세국어에서는 '-을ᄉ록'이었다. 제주방언에는 아직도 이와 같은 '-을ᄉ록'이 그대로 남아 있다.

중부방언에는 표준어와 같은 '-을수록'과 '-을수룩'이 보이고, 경상도에도 그러하다. 충청도에는 '-을수록에', '-을수록이' 등이 보인다.

아주머니 그집에 어린애가 밥술이나 먹고 **볼수록** 갸가 크문 벼천(벼슬)이나 하겠어요.(강원 영월)

"에이 시방 더웁기두 하구 파는 데가 없일라", "아, 더**울수록** 장에 가 보면 되잖아요.(경기 화성)

언제던지 참 때가 거듭**할수록에** 아 도리어 마음이 불안하단 말여.(충북 청원)

또 충남에서는 어원이 전혀 다른 '-다락'이 보이는데, 옛말(16세기) '-을수록'의 뜻을 가진 '-드록', '-디록'의 변화형으로 본다. 황해도에서는 여기에서 파생한 것으로 보이는 '-두사리'가 사용되고 평안도에서는 '-두룩새', '-두룩새나' 등을 볼 수 있다.

지가 괴기 많이 잡겄다구 자꾸 허**다락** 잡을 수가 있는 거니껀.(충남 태안)
하**두사리**(할수록)~, 잇**두사리**(있을수록)~(황해)
움물은 깊**두룩새** 물이 맑고 차다.(우물은 깊을수록 물이 맑고 차다).(평북방언사전)

평안도와 함경도에서는 '-을수룩', 그리고 서남방언과 동북방언 일부에서는 '-을수락'이 보인다.
청년(청년)**일수룩** 일을 더 해야 헌다.들을쑤룩 재미 잇다.(평북)
지금사 일**할수록** 맥이 나지비.(지금에야 일할수록 힘이 나지.)(함경)
자느(저 애는) 돈으(돈을) 줄**수락** 더 달라네.(함경)
태산같은 돈이래도 쓰먼 쓸**수락** 줄어들게 마련 아니겄습니까?(전북 군산)

제주에서는 '-을ᄉ록', '-다끼', '-닥지'도 볼 수 있다.
날이 더울**ᄉ록** 뚬은 더 난다.
쓰긴 쓰주게, 쓰되 묵이**다끼**(묵힐수록) 더 좋다 요 말이주.(서귀포)

[지도81] ~듯이(연결어미)

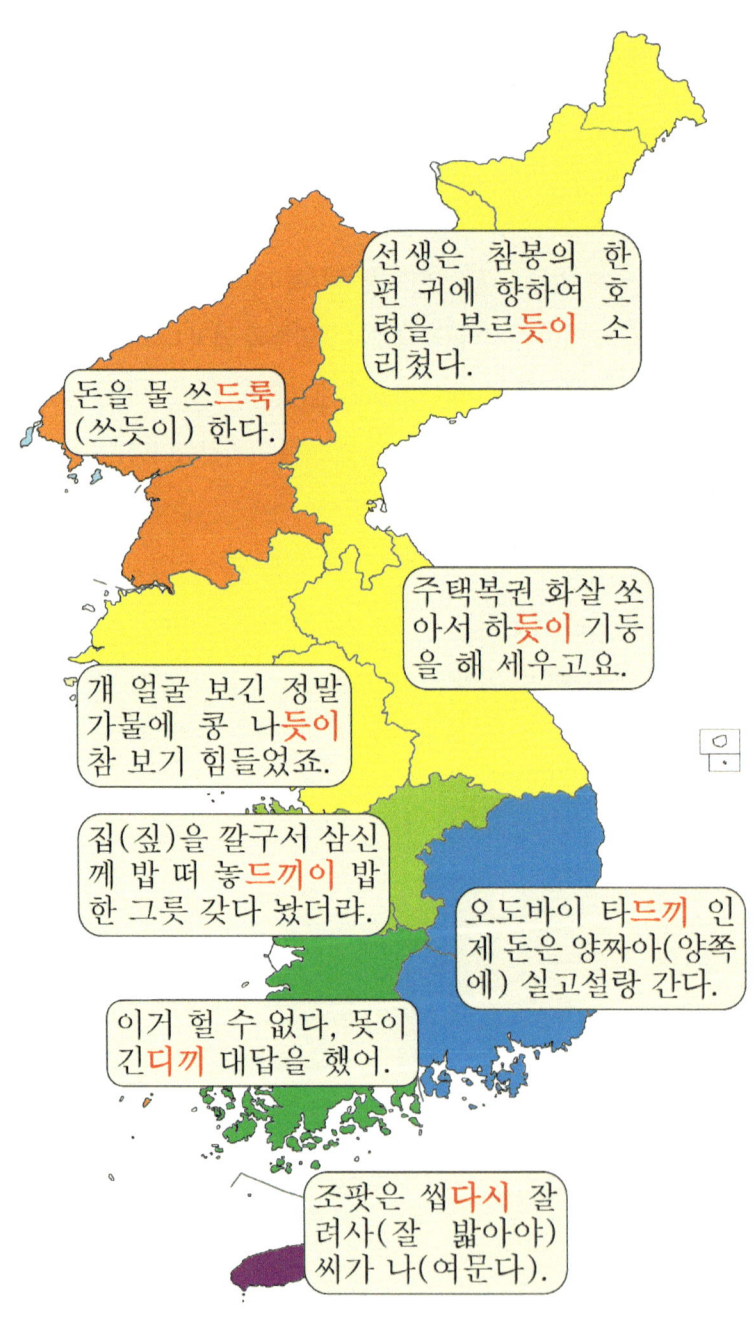

- **~듯이(같음) : 연결어미의 전국 분포**

중부방언	평안도	함경도	전라도	경상도	제주도
-듯이, -드키 -드끼, -데끼	-드룩, -듯이	-듯이	-데끼, -디끼 -드끼, -드키	-듯이, -드키 -드끼	-듯이 -다시

연결어미 '-듯이'는 '뒤 절의 내용이 앞 절의 내용과 거의 같음'을 나타낸다. 각 방언권에서는 조금씩 다르게 실현되고 있는 것을 볼 수 있는데, 크게 '-듯이', '-드끼', '-데끼', '-드룩'형으로 나눌 수 있을 듯하다.

'-듯이'는 15세기 중세국어에서 '-듯', 또는 '-드시'로 쓰였던 형태가 변한 것이다.

눉므를 비 오**듯** 흘리시고.(월인석보)

중부방언을 비롯한 대부분의 방언에서 '-듯이'가 그대로 실현되며, 경기, 충남에서는 '-드키'가 보이고, 또 충남에 '-드끼', '-데끼' 등이 사용되는 것을 볼 수 있다.

삼밭에다 짚을 쓰구, 애들 장난해**드키** 쪼옥 세우고 그 속에 들어가 앉았는데.(경기 화성)

그래두 뭘 잘핸**드키** 저눔에 ㅇㅇ가 숨물 피느라고 저래나부다.(충남 아산)

그 여자가 집우루 들어 가서 그저 자기 살림 허**드끼** 뭐이구 그저 같이 한단 말여.(충남 보령)

닭 뭐 묶어서 이렇게 들**데끼** 한 짝 손으루 꺼꿀루 매달어 놓는단 말여.(충남 보령)

평안도에서는 '-듯'이 쓰이고 특이한 모습 '-드룩'이 쓰인다.

돈을 물 쓰드룩(쓰듯이) 한다.(평북방언사전)

범 티듯 말렛는데두 끝내 일을 저즐구 말앗디요.(범 잡듯이 말렸는데도 끝내 일을 저지르고 말았지요).(평북 강계)

전라도에서는 형태가 조금 변한 '-데끼', '-디끼', '-드끼'형이 주로 사용되는데, '-데끼'가 충남에서도 많이 쓰이고, '-드끼'는 경북에서 상당수 나타나는 것을 확인할 수 있다.

기양(그냥) 그동안 더 많은 감정이 있었드라고. 기양 그 얼음 녹데끼(녹듯이) 기양 그 순간에 다 없어져 버렸어요.(전남 함평)

꼼짝없이 생각허디끼, 뭐 아는 체끼(아는 듯이) 험서,(전북 정읍)

비가 온여에는(오며는) 고마(그만) 물 내려 가드끼 머머 거 처마물이 말이래,(경북 안동)

'-듯이'는 의존명사로도 쓰이는데 모든 방언권에서 각 지역별 쓰임새가 연결어미와 똑같은 형태로 나타난다.

많이 먹으라고 주먹질 아마 허는 디끼(하는 듯이) 힜지(했지), 무슨 놈으 주먹으로 찔어겄어,(전북 군산)

이걸 자기가 한 데끼(한 듯이) 인저 가지구 들어 갔단 말여. 가지구 들어 가서, "해석을 했읍니다."(충남 보령)

제주도의 '-다시'는 '-드시 > -다시'의 모습으로 보인다.

근근 씹다시(차근차근 씹듯이) 조팟은 잘 려사(밟아야) 씨가 나(여문다).(서귀포)

제 5 장
한국어 방언의 독특한 쓰임

1. 부정문
2. 사동, 피동문
3. 인용문
4. 담화표지
5. 일상표현

1 부정문

[지도82] '안~'(부정문)

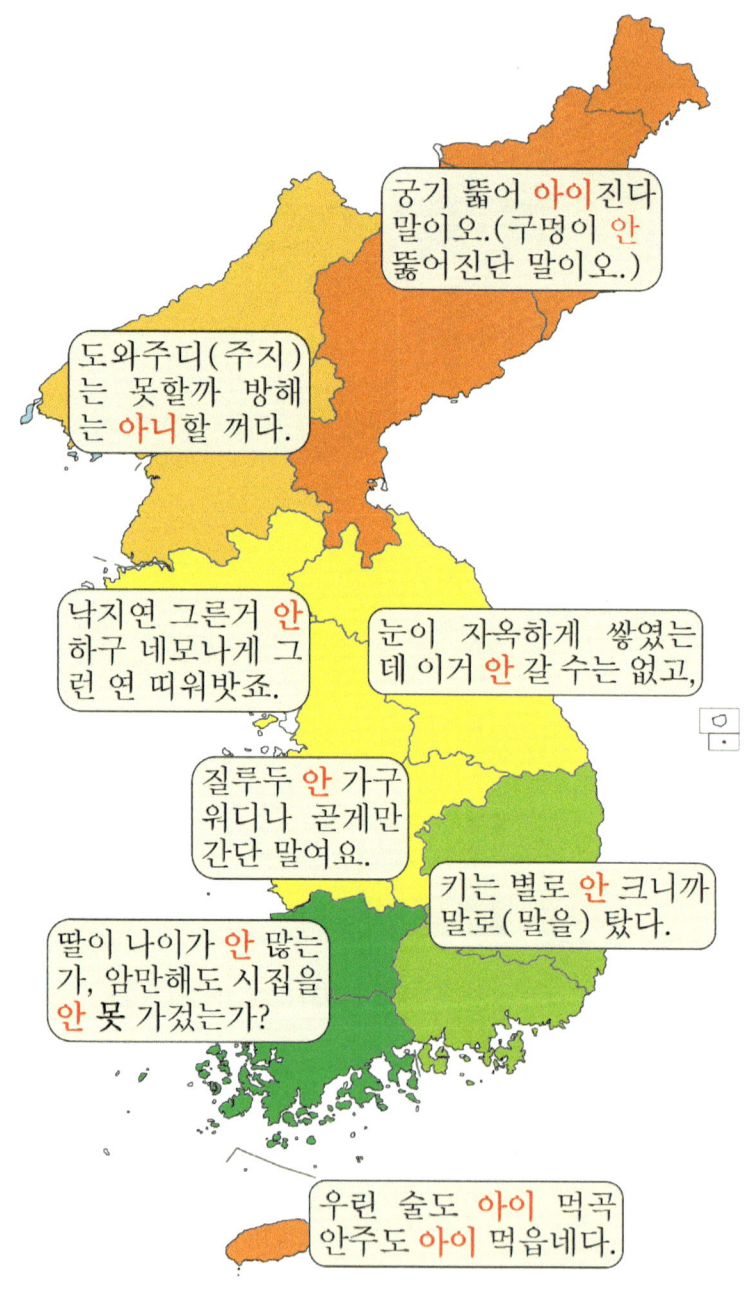

■ 안~: 짧은 부정문의 전국 분포

중부방언	평안도	함경도	전라도	경상도	제주도
안	안 아니	아이, 앙이 아니	안	안	아이

앞의 [지도82]은 국어의 단형부정의 '안'과 '못'이 실현되는 양상을 보인 것이다. 주목할 점 중에서 첫째는 '아이, 아니' 등의 형태이고 둘째는 '안, 아이'가 어느 위치에 자리잡고 있는가 하는 점이다.

먼저 가장 눈에 띄는 것은 함경도와 제주 방언에서 '아니', '아이', '앙이' 등이 쓰인다는 점이다. '아니'는 옛말에서 사용된 부정어인데, 함경, 제주에서는 '안'으로 줄어들기 이전의 옛말 모습을 그대로 유지하고 있다고 볼 수 있다.

고지 **아이** 들른다.(곧이 안 듣는다.)(함남 함흥)

오늘 명덱이너 집에 가서 이밥으(쌀밥은) 주는지 먹구서는 조밥은 **앙이** 먹습메.(함북 학성)

흔 십 년이나 허민 몰라 불민 건 ᄒ뒈 알고는 **아니** 뒈어.(한 십 년이나 하면 몰라 버리면 그건 하되 알고는 안 돼.)(북제주 애월)

그리고 함경도 방언의 부정부사 '안'과 '못'의 위치가 특이한데, 부정어 '아이~'가 수식하는 부사어 앞에 나타나고, 다른 방언과 달리 보조용언 앞이나 합성어 사이에 부정어를 개재하는 일이 매우 활발히 일어난다는 점이다.

밥을 먹어 **아이** 보다.(밥을 안 먹어 보다.)

남의 얘기는 들어두 **앙이** 보구.(남의 얘기는 들어 보지도 않고.)

가시 한번 들어가문 빠 **아니** 딘단 말이오.(가시가 한번 박히면 안 빠진단 말이오.)

사실 이와같이 복합어의 중간에 부정어가 오는 경우는 옛말에서 흔히 볼 수 있었다. 함경도에서는 이러한 옛말과 같은 모습을 보이고 있는 것이다.

선의 가난ᄒ므로써 **두려 아니 ᄒ디** 아니ᄒ니라(**두려워하지** 않지 않았다).(여훈언해, 16세기)

집일을 **도라 아니** 보니라.(집안을 **돌아보지** 않았다).(동국신속삼강행실도, 17세기 초)

전라도에서도 이와같이 '안'의 위치가 자유로워서, 복합어 내부에 '안, 못'이 들어가는 경우가 있다. 예를 들어 '뷁허다(빨갛다)', '깨끗시롭다(깨끗하다)', '딸싹허다(딸싹하다)'와 같은 경우, '뷁 안 허다', '깨끗 안 시롭다', 딸싹 안 허다'와 같은 표현이 사용되는 경우가 허다하다.

아무리 인자 노를 젓어야 배가 **달싹 안 하고** 안 가. 오도 가도 안 하거든.(아무리 이제 노를 저어도 배가 **딸싹하지 않고** 가지 않아. 오지도 가지도 않거든.)(전남 고흥)

[지도83] '~지 않'(확인 부정)

~지 않: 확인 물음의 전국 분포

중부방언	평안도	함경도	전라도	경상도	제주도
-지 안허 -잖 -잖여(충청)	-닪 -닪	-재잉	-안허 -잔허, -잖	-잔하, -잖 -다 아입니꺼	-지 안허 -잔흥, -잖

장형 부정인 '-지 않-'의 축약형은 '-잖-'인데, 수사의문(확인 물음)에도 자주 나타나는 특징을 지녔다. 방언권에 따라서 상당한 차이를 보이는데, 축약이 완료된 곳은 우리나라 중부방언 일부와 북한의 평안도와 함경도임을 쉽게 알 수 있다.

중부방언에서는 '-지 않-'과 '-잖-'의 두 가지가 모두 나타나는데, 문장 종결의 모습은 '-잖아', '-잖어', '-잖우'와 충청 일부에서 '-잖여'의 방식으로 실현된다.

사람이 와서 약을 멕인대더니 그래 사람이 죽어두 설웁**지 않어**?(경기 화성)
당신들이 날 잡으러 오**잖우**? 내가 동방석이오.(강원 양양)
아, 의원이 그 부잣집이니께 뭐 그득하**잖여**?(충남 보령)

함경도에서는 대체로 '-지 아닣-'이 합해져서 '-재잉-'이 되는 방식으로 '적재잉다(적지 않다)', '걱정하재잉구(걱정하지 않고)' 등의 모습으로 실현된다.

자꾸 한번 오라는 것두 일이 바뿌다구 안 가**재잉소**?(자꾸 한번 오라는 것도 일이 바쁘다고 가지 않지 않았소?)(함경도)

평안도에서는 역사적으로 중세국어에서부터 '-디 앓-> -지 않-'의 구개음화를 경험하지 않았기 때문에 '-닿-', '-닪-'으로 줄어서 쓰이는 것이 일반적이다.

기니까니 데 마당에 뛰돌아 가는거 잇닪네?(그러니까 저 마당에 돌아다니는 것이 있잖니?)(평안도)

전라도와 경상도의 부정문은 동사뿐만 아니라 형용사에서도 '-지 않'의 장형부정보다는 '안-'의 단형부정이 주로 사용된다. 예를 들어 표준어에서는 형용사의 경우 '예쁘지 않다', '깊지 않다'와 같은 긴 형식의 부정문으로만 실행되지만, 경상도, 전라도는 이런 경우에도 '안 이뿌다', '안 지푸다'와 같이 짧은 형식의 부정문으로 실현되는데, 이렇게 긴 부정문을 짧은 부정으로 표현하는 방식은 수사의문의 경우에도 동일하다.

딸을 여웠는데(결혼시켰는데) 인자 손네로 안 갔소(손님으로 갔잖아요?)(전남 신안)

딸 데려다 물은께 딸은 기양 내 말을 좇을란다고 안 하요(따르겠다고 하잖아요?)(전남 해남)

"와 능금값을 안 주요?" "이거 그저 먹는 거라 안 했소(먹는 것이라 하잖았소)?"(경북 겅주)

흥미로운 모습은 전라도에서는 이 '안'은 문장 내에서 위치가 자유롭고, 두세 번도 쓰일 수 있는 특징을 갖는다. 또 전라도에서는 '있다'의 경우 부정표현은 앞서 '안 있다'와 같은 표현을 만들 수도 있고, '있도 안 해'와 같은 통사적 부정도 가능하고, 이 외에 '있도 없다'와 같은 이색적인 부정도 존재한다. 또 '알도 몰르다'의 부정도 마찬가지로 이 방언에 나타난다.

안 우리 거그 **갔다고**?(우리 거기 갔잖아?)

우리 **안** 거그 **안** 갔다고 **안**?(우리 거기 갔잖아?)

그 집을 들어간께 도독놈은 **있도 없고** 즈그 처가 있었는디.(전남 신안)

그런데 경상도의 경우는 '-다 아이요?', '-다 아잉교?' 형식의 확인의문형(부가수사의문)이 나타나기도 한다.

손님, 한분만(한번만) 입을 안 띠몬 다른 사람은 모른**다 아이요**(모르잖아요)?(경남 울산)

만약에 설계대로 안 되어 있으면 다 빠 뿌고(부숴 버리고) 새로 맹근**다 아잉교**(만들잖아요)?(경북 영덕)

제주도에서는 수사의문이 줄어들기 전의 모습인 '-지 않-'으로 실현되지만 더러 '-잖-'으로도 나타난다.

홀연히 배가 뒤틀려 자빠지는 경우가 있**지 않**아?(제주시 애월)

겐디(그런데) 땅 파는 벤줄레(지렛대)라는 거 있**잖우**?(서귀포)

위와 관련하여 '재미있었어요?'라는 질문에 대한 긍정적 대꾸인 답변은 '그러잖고(그렇고 말고)'인데, 지역별로 '그렇잖고?(중부)', '그러댷구?(평안)', '그렇재잉구?(함경)', '그러잔허고?(전라)', '그런다 아입니꺼(경상)'의 모습을 볼 수 있다.

2 사동, 피동문

[지도84] 알리다(사동사)

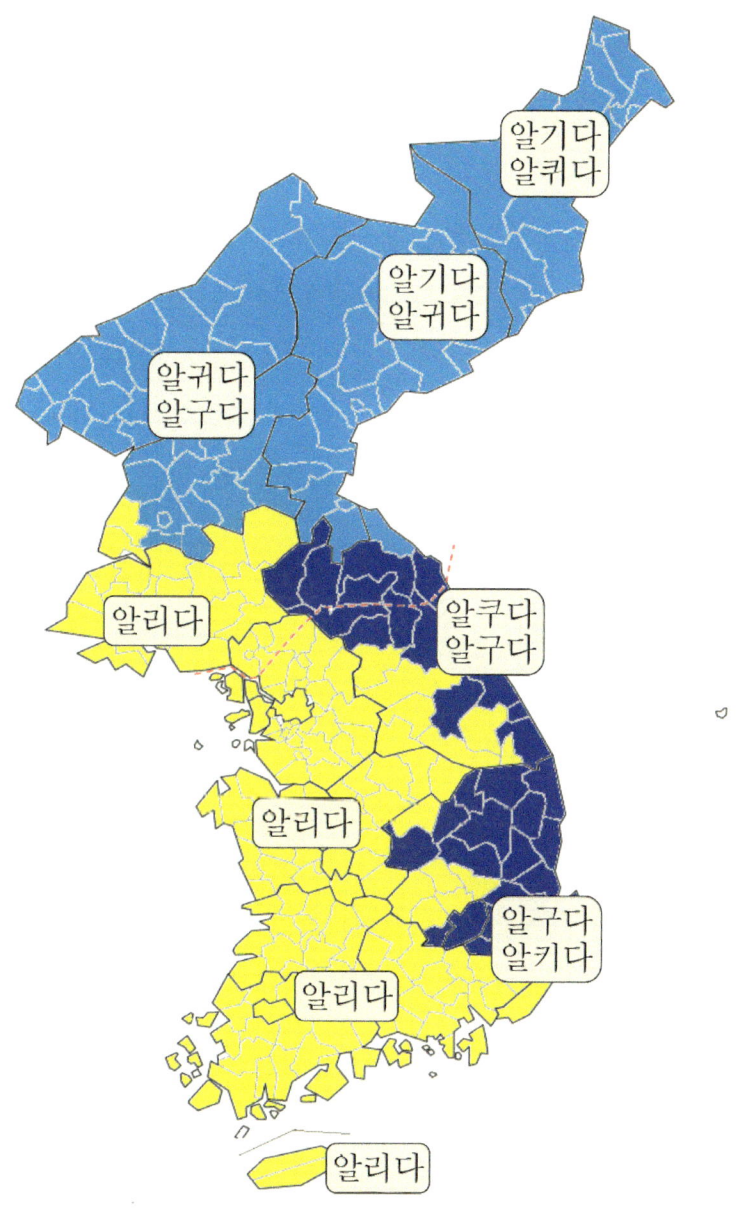

■ 알리다: 사동사의 전국 분포

중부방언	평안도	함경도	전라도	경상도	제주도
알리다 알쿠다(강원)	알구다 알귀다	알구다 알기다 알귀다	알리다	알구다 알쿠다 알리다	알리다

위 [지도84]는 사동사인 표준어 '알리다'가 각 방언권별로 어떤 접미사를 취하면서 사동형으로 실현되는지를 보여주고 있다. 국어의 사동형은 대체로 '살리다', '말리다', '알리다', '놀리다' 등 어미가 /ㄹ/로 끝나는 어휘에 접미사 '-리-'가 붙는 경우가 많은데, 각 지역별로 상당한 차이를 보이고 있어 흥미를 끈다.

평안도에서는 사동접미사 '-리-' 대신 '-귀-', '-구-', '-쿠-'가 붙어서 '알귀다(<알리다)', '살구다(<살리다)', '늘쿠다(<늘리다) 등을 볼 수 있으며, 동북방언에서도 '-기-'는 물론 '-리-' 대신 '-구-'와 '-쿠-'가 붙어서 '심구다(<심다)', '살쿠다(<살리다)' 등을 볼 수 있다. 학자들은 '알구다'의 '-구-'를 접미사 '-기-'와 '-우-'가 합해진 중복된 모습으로 본다.

멕 한 근 개지구 기저 냉국거티 고릫게 끓에서두 서루 **알구구** 노나 먹구 햇디.(미역 한 근을 가지고 그저 냉국같이 그렇게 끓여서도 서로 알리고 나눠 먹고 했지.)(평북 의주)

경상도에서도 표준어의 사동접미사인 '-이-', '-히-', '-리-', '-기-'를 대신하여 '-우-', '-후-', '-구-', '-쿠-'가 상당한 생산성을 가지고 있다. 예를 들면 '쫄우다(졸이다)', '썩후다(썩히다)', '숨구다(숨기다)', '늘쿠다(늘리다)' 등이며, 흥미롭게도 경남에서는 '깨우다'를 '깨배다'라는 말도 있다.

눈을 퍼쩍 떠보이 별은 새파란데 며느리가 **깨배거**든(깨우거든). "이기 야 어디고?"(경북 군위)

이처럼 /ㄱ/이 포함된 사동접미사 '-기-', '-구-', '-쿠-' 등이 나타나는 경우는 경상도와 함경도가 가장 적극적이며 강원도에서도 나타나는데, 이러한 현상은 앞에서 보았던 어중자음 /ㄱ/이 특징적으로 많이 분포하는 현상과 결코 무관하지 않아 보인다. 즉 우리나라 동부 방언권에서 '놀기(<노루)', '여끼(<여우)' 등 어중자음 /ㄱ/을 유지한 어휘가 유난히 많다는 점이 그것이다.

수꾸대비(수수깡) 앵경(안경)을 망그는 방법을 좀 **알콰**(알려) 줄라나(주려느냐)? (강원 삼척)

그리고 또 하나 특징적인 점은 함경도, 황해도에서 사동사는 접미사가 2중으로 붙는 경우가 많다는 점이다. 예를 들어 '마르다(乾燥)' 등의 경우 사동형은 표준어에서 '말리다'이지만 이 지역에서는 주로 '말리우다'와 같은 방식으로 사용하고 있기 때문이다. 그러한 예를 살펴보면 '입히우다(<입히다)', '자래우다(<자라다)(키우다)', '몰리우다<몰리다)' 등을 들 수 있다.

앗가 산에서 나무꾼들에게 **몰리우던** 일을 생각하엿다.(아까 산에서 나무꾼들에게

몰리던 일을 생각하였다).(함북 경성)

　참고로 전라도에서도 사동접사는 '빠치다(빠뜨리다)', '자빨씨다(넘어뜨리다)' 등의 독특한 예를 많이 찾아볼 수 있다.

[지도85] 갇히다(피동사)

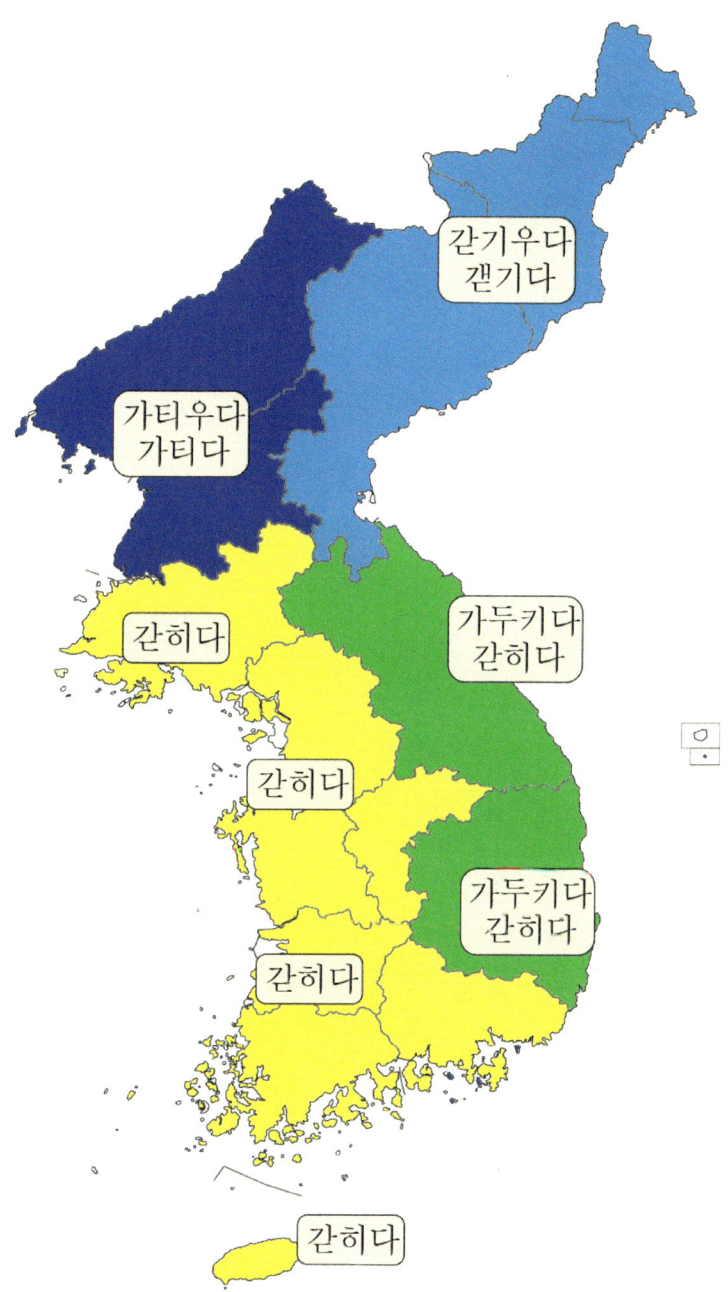

■ 갇히다: 피동사의 전국 분포

중부방언	평안도	함경도	전라도	경상도	제주도
갇히다 가두키다(강원)	가티우다 가티다	갇기우다 갣기다	갇히다	가두키다 갇히다	갇히다

위 [지도85] '갇히다(울타리 안에)'는 표준어 '가두다'의 피동사인데, 이 '가두다'에 피동접미사가 지역별로 어떻게 다르게 실현되는지를 보여주고 있다.

강원도, 경상도 일부에서는 표준어 '가두다'의 피동사 '갇히다'가 아니라 '가두키다'가 쓰이고 있는 모습이 색다르다.

온종일 좁은 골방에 **가두케** 있었더이(갇혀 있었더니) 골이 띵하구나. 바람을 좀 쐬는 기(것이) 좋겠다야(좋겠구나).(강원 삼척)

고마 옥에 **가두켔** 뿟다. 옥에 딱 **가두케**가 있으이, "그라고 마 이 놈 잡아 가두켔으이 사형, 미칫날 사형한다."(경북 군위)

그리고 평안도, 함경도 방언에서는 '-히-'와 '-우-'가 2중으로 붙어 '가티우다', '갇기우다'로 실현되는 모습을 볼 수 있다. 평안도의 '가티우다'는 '갇히- > 가티-'로 아직 구개음화를 겪지 않는 모습이고, 함경도의 '갇기우다'는 '갇히- > 갇기-'로 /ㅎ > ㄱ/ 교체를 보인 것이다.

또 이들 지역에서 이처럼 피동접사가 이중으로 사용된 모습은 다음과 같이 많은 예를 찾아볼 수 있다.

물리우다(물리다), 깨이우다(깎이다), 빨리우다(빨리다, 투전판에서 돈을 잃다), 깔리우다(깔리다) 〈이상 평안도〉

댁이우다(닦이다), 업히우다(엎히다), 씹히우다(씹히다), 잽히우다(잡히다), 눌리우다(눌리다) 〈이상 함경도〉

화식원들이 부지런허니까 맨날 가매솥이 반들반들 **딲이웃디**.(식당 종업원들이 부지런하니까 매일 가마솥이 반들반들 닦여졌지.)(평북 의주)

이처럼 2중으로 사용된 피동접사는 남한의 강원도 강릉, 횡성이나 경상도에서도 나타난다. 강원도 강릉에서는 '보이다'에 대응하는 '뵈키다'가 쓰이는데 이는 '보+이+키+다'로서 접미사가 '-이-'와 '-키-' 2개가 사용된 모습이고, 이 외에도 '-리키-, -기키-'도 보인다. 역시 경북에서 쓰이는 '뵈이다'도 접미사 '-이-'가 2중으로 사용된 '보+이+이'의 모습으로 볼 수 있다.

채경(거울)을 들고 보니 영감 얼굴이 **뵈키니까**(보이니까), "아이그, 등 너머 양첨지가 왔구나."(강원 횡성)

호빅이 칼에 찔리키니 **찔리킨** 곳에서 찐덕찐덕(찐득찐득)한 액이 나오더라.(강원 강릉)

의복까지 깝데기꺼정 다 **뺏기키고** 그리고 혼자 저러고 앉아 있읍니다.(강원 속초)

여러 수십 명이 올라가는 기(것이) **뵈이그던**.(경북 경주)

3 인용문

[지도86] 직접 인용(~고 하다)(인용동사)

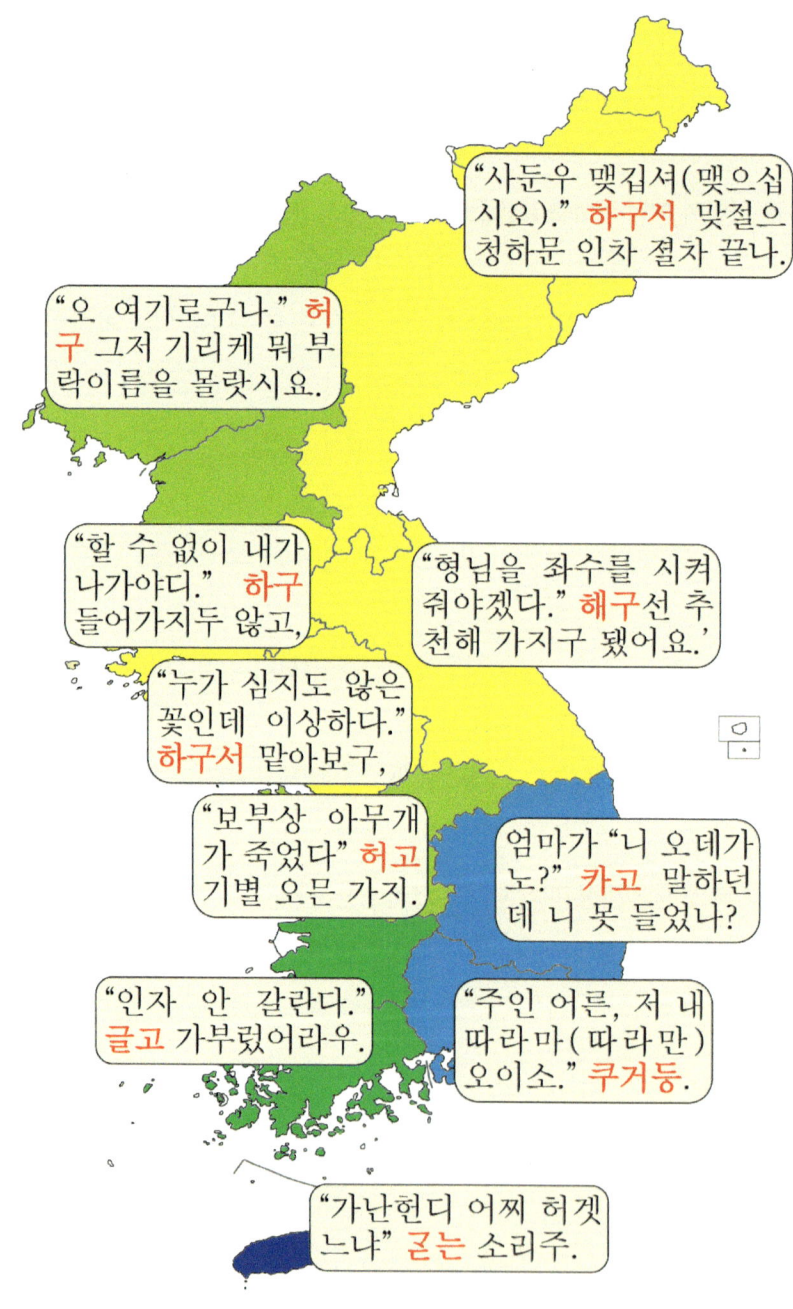

~하고: 인용동사의 전국 분포

중부방언	평안도	함경도	전라도	경상도	제주도
하다 해다	하다, 허다 커다	하다	하다, 허다 글다, 가다	카다, 쿠다 하다	ᄒᆞ다(허다) ᄀᆞ다

앞의 [지도86]은 직접 인용문에 쓰이는 '하다', '말하다'와 같은 인용동사의 사용 용례를 보인 것이다. '하다'는 '말하다(얘기하다, 묻다)'를 대신하여 사용되는 인용동사로서 각 방언권에서는 그 쓰임의 형태가 변형되어 나타나는 모습을 볼 수 있다.

가장 특징적인 인용동사는 동남방언에서 쓰이는 '카-'와 '쿠-'이다. 대체로 '카-'가 많이 쓰이는데 경남의 서부쪽에서는 '쿠-/커-'가 사용된다. 이러한 '카-/쿠-'는 '고+하-(인용조사+인용동사)'가 축약되어 생겨난 것이다. 그래서 예를 들어 보면 '가자고하니까 > 가자ㄱ하니까 > 가자카니까'의 방식으로 축약이 되면서 '카'가 생겨난 셈인데, 이렇게 생겨난 '카-'는 다시 '하-'와 같이 인용동사로 재구조화되어 사용되고 있는 것이다.

"서울로 온나." **카고** 호래이를 타고서 서울로 갔이.(경북 예천)

"이눔우 자석 니거 머슴이 와 우리 집에 오노?" 꼬. "여거 장(늘) 오는데 머." 이**카고** 싱글싱글 나오그덩.(경북 경주)

"어디 있느냐? 이 놈 잡아 쥑인다고. 나오라. 나오라." **쿤께네**, 슬찍이 아랫방에서 문을 열고 나오면서,(경남 진주)

서북방언과 동북방언에서는 '고 하-'가 아닌 '하-'의 형태로 나타난다.
홀애비는 "날은 저물구 어카갔소, 자리 좀 부테 주구레" 하고 자꾸 말했다.(평북 용천)
가아느 "소리라 해애라." 하무 알아듣기 바뿝꾸마.(그 아이는 "인사를 해라."고 하면 알아듣기 어렵습니다.)(육진)

서남방언에서는 위의 '고+하-'의 축약 과정이 '가자고하니까 > 가자가니까'처럼 ㅎ이 탈락되어서 동남방언과 같은 '카-', '쿠-'와 같은 축약형이 생겨나지 않는다는 차이점이 있을 뿐이다. 그리고 대체로 '하다' 대신 '글다, 그러다(그렇다)'를 사용하는 경향이 있다.
"천지를 대니면서 봐도 그 사람백에 못 봤읍니다." 그러거던.(전남 장성)

중부방언에서도 인용조사 '라고'가 생략된 '하-/해-'가 많이 쓰이고, '하고/허고'의 경우는 '-고/-구'로 대체되기도 한다.
"뭐 남편이 세상 떠났다." 하면서 곡도 안 하고 갔단 말야.(경기 강화)
"저는 이리 장갈(장가를) 들게 됐으니 그런 줄 아세요." 해구 절을 꿈벅 했대.(강원 횡성)
"헛광 멍석을 쓰러뜨려 펴 보라. 구", 펴 보니깐 사람이 들어서 있어, 남자가.(경기 인천)

제주도에서는 'ᄒ'와 'ᄀᆞᆮ(말하다)' 앞에 '영'이나 '경'과 같은 지시부사가 함께 쓰이는 것이 보통이다.
"저런 놈의 새끼덜랑 목이나 뚝기라지라(부러져라)" 허여 돌아산 보난, 집데레(집으로) 들어가는구나.(제주시)
"가난헌디 어디서 돈을 튿어 왕" 영 ᄀᆞᆮ는 소리주.(북제주 애월)

[지도87] 간접 인용(~고)(인용조사)

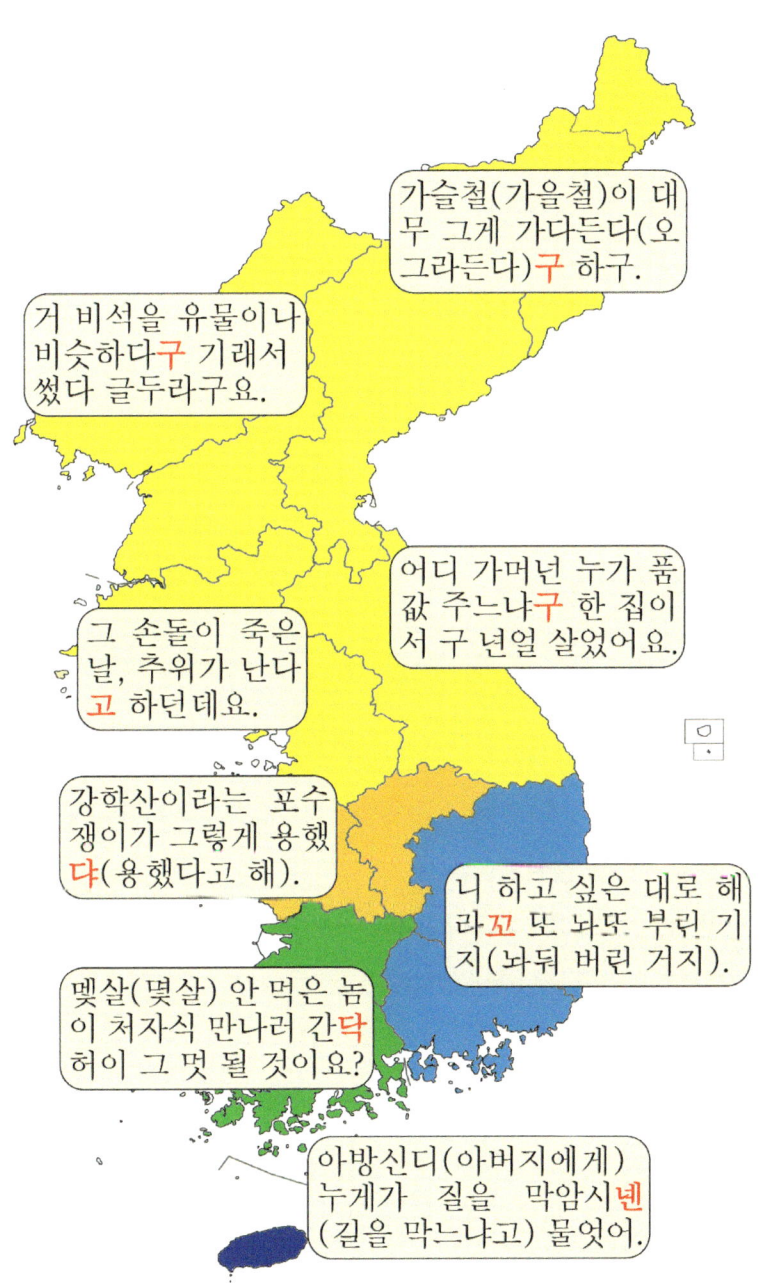

~고(간접 인용): 인용조사의 전국 분포

중부방언	평안도	함경도	전라도	경상도	제주도
고 구	구	구	고/ㄱ	꼬 (쿠, 카)	인/잉 (젠/젱,녠/녱센/셍,겐/겡)

    표준어의 간접 인용에서 조사는 '고'이다. 그런데 이 '고'는 실제 대화에서는 생략되는 경우도 많다. 또 간접 인용을 써야 하는데, 직접 인용 조사인 '라고'를 잘못 사용하는 사람도 있다.

    중부방언과 서북방언, 동북방언에서는 공통적으로 '구'가 사용되고 있다. 충청도에서는 '고'가 나타나지 않고, '-다고 해'의 줄임말로 '-댜'가 간접 인용구문에 쓰이기도 한다.

  전에 사람들은 '간장이나 댄장은 토방돌에 놓구 햇빛 받는다'**구** 길댔다구요(그랬다고요).(평남 용강)

  느한테 말야. '내가 여태 속여왔다 말여. 마누라두 읍고 자식두 없다'**구** 했더니 아주 자초지종을 얘길해.(강원 횡성)

  도깨비방맹이 가지구 뭐 "뚝딱 나오너라." 하믄 또 나오구 '이래 가지구서는 부자가 됐**댜**'(부자가 됐**다고 해**).(충남 대덕)

    전라도에서는 '고'에 뒤이어 '하(인용동사)'가 올 경우에는 '고'가 ㄱ으로 줄어들기도 하고 '고'가 아예 생략되기도 한다. 경상도에서도 경음화된 '꼬'가 많이 사용되지만, '고'에 '하'가 이어지면 '카', '쿠'로 축약된 모습으로 나타나기도 한다.

강생이를 쓰다듬음서 이쁘라 해쌌고 글더라요. 할마니보고 '강생이를 폴아**락**' 했어. '절대 안 판**닥**' 하드라요.(전남 순천)

야, 새꺄 이 별주야, 어찌 '간을 뺏다 들였**다**' 헌다냐?(전북 정읍)

머 자네가 연여이 참 이 머 봄이 되면 찾아왔고, '올해도 자네가 한 번 찾아오리라'**꼬** 내가 생각은 했다.(경북 안동)

'질쌈도 마이 했고, 고생도 마이 했다'**카**는 그런 유래가 있는데 권씨라요. 전라도 사람이라요. 권씨 부인이라.(경북 상주)

제주도의 간접 인용 표지는 피인용문의 종결어미에 따라 다양하게 나타나는데, 평서문의 경우는 '-젠, -덴, -켄, -렌, -넨', 의문문은 '-녠, -궨, -겐, -곤, -닌, -단' 등으로 실현된다. 또 명령문은 '-센', '-렌', 청유문은 '-겐', '-준' 등으로 나타난다.

<평서문> (여기서는) '제주도 사람 삼분지 일이 죽엇**젠**(**젱**)(죽었다고)' 허지, 그 사삼 사태로 삼분에 일이 더 죽언.(북제주 애월)

<의문문> '어떵허연(어째서) 너는 헤영게(하얗게) 손발이 고와지느**녠**(고와지느냐고)' 그 말을 일러가나**네**(일러가니),(제주시)

<명령문> 활을 내여줘 가나네(가니) '조준허여그넹에(조준해서) 바락게 리 쏘읍**센**' 허연(쏘십사고 해서), 비둘기 쌍을 쏘아네(쏘아서) 서천꽃밧디 들어간나.(제주시)

<청유문> 지네 성 이장 뒈엇젠 허난이(자기네 형 이장 되었다고 하니까) 아방7라(아버지보고) '이장 뒈난에(이장 되었으니까) 희사허**겐**(희사하자고)' 허난(하니까).(인성)

4 담화표지

[지도88] 잉, 유, 야, 예(담화표지)

■ 잉, 유, 야, 예(첨사) : 담화표지의 전국 분포

중부방언	평안도	함경도	전라도	경상도	제주도
응, 야 요, 유	잉, 레	응, 예, 야 지비	잉, 웨, 와 예, 야	이, 예 요	이, 예, 양 마씀

담화표지란 주로 구어에서, 문장의 내용에 직접적인 영향을 미치지는 않지만 전체적인 분위기나 대화의 최종적인 목적을 달성하고자 문장 간의 응집성을 높이기 위하여 사용하는 표지로서 화자의 상태나 의도, 감정을 나타내기도 한다.

표준어 '응'과 '예'는 때로는 문장의 맨 끝에 붙어서 담화표지로서 상대편의 대답을 재촉하거나, 호응이나 부탁, 다짐을 바랄 때도 사용한다. 원래 표준어 '응', '예'는 감탄사로서 상대의 묻는 말에 대답하거나 부름에 응답어로 쓰는 말이다.

물론 담화표지로서 '응'은 낮춤, '예', '야'는 높임의 말에서 쓰이며, 상대의 호응을 바랄 때도 쓰인다.

아빠, 우리 놀러 가요, 예?(표준국어대사전)

중부방언에서도 담화표지로서 '응', '요', '유', '야' 등이 강조나 상대에 대한 호응을 이끌어내는 상황에서 자연스럽게 쓰인다.

베(벼) 안 갖다 놓으면 너희들응 좋지 않으리라.(경기 강화)
워떤 사람이 인저 논을 팔어가지구유 한 삼 년 댕기다 보니까 다 떨어 먹었지 뭐.(충남 대덕)

여기서 지체하지 말고 어부어부(어서어서) 가시우야.(강원 속초)

　서남방언에서 '잉'은 콧소리가 없히고, 쓰임이 여러 문장성분과 어울리는 등 아주 활발한데 표준어 '응'과 달리 높임에도 사용할 수 있다. '잉'은 정확한 의미표현보다는 '확신'이나 '강한 주장', '친밀감' 따위와 같은 화자의 발화 태도를 드러내는 기능을 한다, 물론 높임말에도 '예'와 '야'가 덧붙는 표현으로 쓰인다. 또 할머니가 손자에게 쓰는 친근한 '웨', '와'도 있다.

자고 새복으(새벽에) 올란게(오려니까) 날 새기 전에 와서 자는 딧기(듯이) 허고 있을란게 어디 갔다고 마라잉.(전북 정읍)

대사님, 어두와지고 그러는디 여그 가서 자고 가시요예?(전남 신안)

시안에 못 오면 멩년 봄에 또 오소웨.(겨울에 못 오면 내년 봄에 또 오게 응.)(전남 여수)

샐팍에 캄캄헝께 조심해 가그라와.(사립 밖이 캄캄하니 조심해서 가거라응.)(전남 순천)

　동북방언에서도 '응', '야', '예' 등의 예를 찾을 수 있다. 이들 역시 친밀감과 호응을 얻고자 함이고 명령의 기능은 약하다. 또 서북방언의 '레'는 '그려'의 변화형으로 보이는데(그려 > 그레 > 레), 말할 이가 들을 이에게 단호한 뜻을 드러내기도 하며, 반갑거나 고마운 마음을 드러내기도 한다.

작년에 애기 낳는데응 아이 그 어미르랑 허이너랑 다 있는네 이장 따라와 산다.(함남 삼수)

선희동무, 내일야 당번이니깐야 일찍 오오야.(함남 삼수)

누이동생네 지베 가니까 그 이 보쌈김치 그 동치밀 마이 만드는데 우리두 거 좀 한번 해머거봅씨다레.(평북 온천)

동남방언에서 담화표지로 쓰이는 '이', '예', '요' 중에서 '이'는 낮춤의 등분에 사용하고, '예', '요'는 높임에 사용한다. 그리고 '이'는 다른 방언보다 선행 종결어미와 긴밀하게 융합해 있다.

참고로 경남 창원의 경우 '요'는 상내방을 그렇게 대우하는 느낌을 주지 않는 반면에, '예'는 상대방을 매우 높여서 대우하는 느낌을 준다고 한다.1)

오늘 저녁 나캉 갑시더. 내 씨기는(시키는) 대로 갑시대이.(경북 경주)

내가 몸이 붓는다. 그래 자기 아들이 채리(쳐다) 본께네 거싱이거든예.(경남 진주)

'처남요' 카지 말고 '처남예' 캐바라.(경남 창원)

마지막 문장은 화자가 손위 처남을 보고 '처남요'하고 불렀더니, '처남요'라는 표현은 사석에서는 청자였던 처남인 자기를 존대하는 효과가 별로 없으니 '처남예'라고 불러라는 농담 섞인 표현이다.

제주방언의 '예'와 '양', '마씀'은 듣는 이를 높이는 첨사로서 표준어의 '요'에 대응하며, '긍정(예)', '호출(저기요)', '되묻기(예?)'의 의미로도 다양한 환경에서 사용된다. '예'가 좀 더 친밀한 관계, 젊은 여성의 경우에 사용 빈도가 높다고 한다.

목청이 좋아 부난예 안 끌어갓수과.(목청이 좋아 버리니까 안 끌어갔어요).(제주시)

하관해그네 마지막 개판 더끌 때 있지 아녀꽈양?(하관해서 마지막 덮개 덮을 때 있지 않아요?)(제주 한경)

[지도89] 거시기(담화표지)

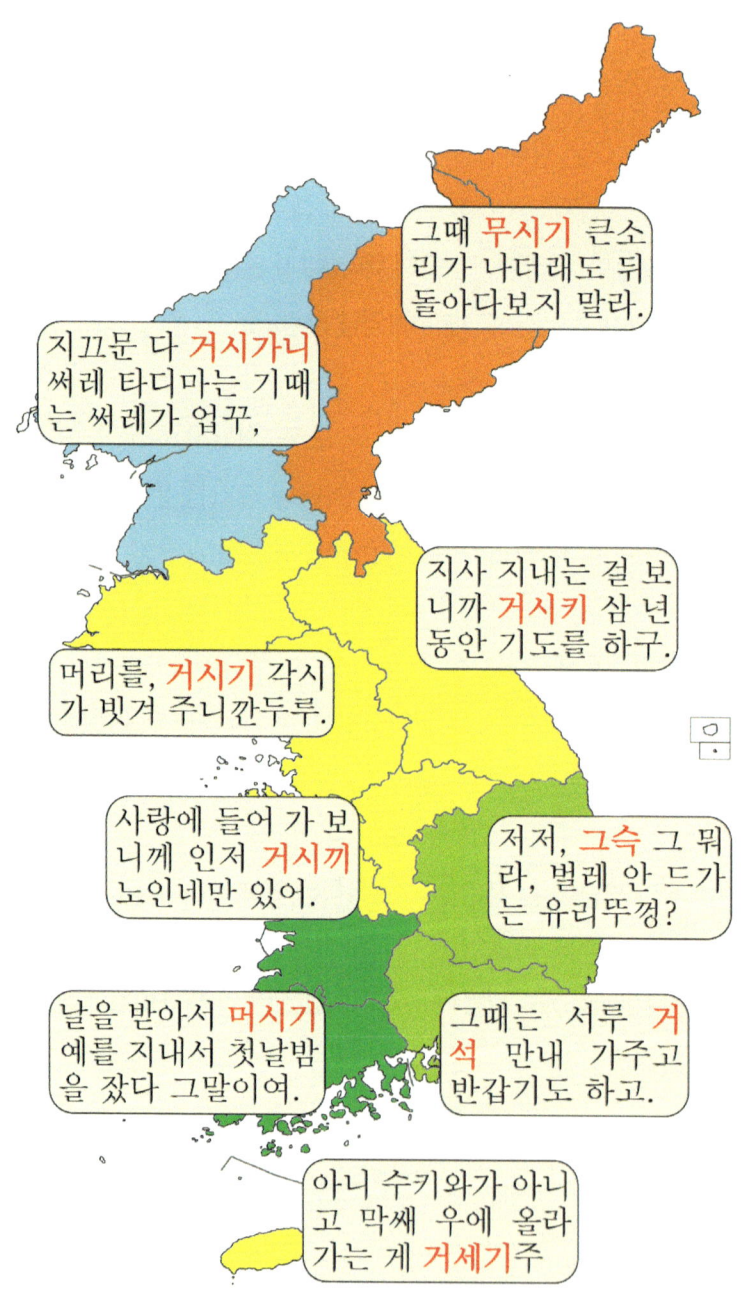

■ 거시기: 담화표지의 전국 분포

중부방언	평안도	함경도	전라도	경상도	제주도
거시기 거시끼(키)(충청)	거서가니 머서가니	무시기 무스기(고려말)	거시기 머시기 거석	그슥 거석	거세기

"시방 신라군이 거시기하니 거시기한께 거시기해야것다."
"그러니께 이번 여그 황산벌 전투에서 우리의 전략 전술적인 거시기는 한 마디로, 머시기 할 때꺼정 갑옷을 거시기한다!"(계백 장군)

영화 '황산벌'의 계백장군이 했던 대사의 일부이다. 영화 속에서 신라군은 이를 암호로 오해하여 이 '거시기'를 해독하는데 상당히 애를 먹는데, 실제 의미는 "죽을 때까지 갑옷을 벗지 않는다"이다.

'거시기'의 사용 지역은 대체로 우리나라 남쪽으로 내려갈수록 빈도수가 많다고 하는데, 실제 가장 활발하게 사용되는 지역은 전라도라고 한다. 전라도에서는 이와 거의 같은 의미로 '머시기'도 사용되기도 한다.

표준어 '거시기'는 얼른 이름이 떠오르지 않거나, 말하기가 거북할 때 사용하는 대명사, 감탄사이지만, 담화표지로서 생각할 시간을 벌기 위한 메움말로 사용하기도 한다. 각 방언에서는 조금씩 변이형이 사용되고 있는 것을 볼 수 있다.

인자 저 거시기 지팽이 짚고 거그를 오는디 한간디 꿩허니 짚은게 어디 쿵 소리가

나.(전북 군산)

　절로 들어가갖고 인자 공부도 좀 하고 그 절 **머시기** 저 대사를 만나갖고 대사한테다 그 원정(부탁)을 했어.(전남 해남)

　그 밖에도 사용빈도가 높은 지역은 경상도, 충청도, 제주도인데, 경상도에서는 '거석', '그슥' 형이 사용되고 충청도에서는 '거시끼', 제주도에서는 '거세기'가 주로 쓰인다.

　너거 시숙들이 말이지이 오거들랑 마 감쪽같이 마 감챴뿌고 **거석**해라.(경북 달성)
　내가 창원(昌原)어느, 그 머꼬 **그슥**이라 그 함정에 빠져가 있으니 와서 구해 도라.(경남 의령)
　아니 수키와가 아니고 막새 우에 올라가는 게 **거세기**주 오니주게.(제주 한경)

　물론 경기도, 강원도에서도 '거시기', '거시키' 등이 사용되며, 평안도에서는 '거서가니', '거시가니'가 사용되는데, 함경도에서는 '거시기'가 잘 쓰이지 않고, 약간 의미가 다른 '무시기'가 빈자리를 대신하고 있다. '무시기'는 '어떤', '무슨' 뜻을 담고 있기도 하다.

　이 양반이 주머니에 만져보니까, **거시기** 주머니칼 요만한 거 있었드래야.(경기 인천)
　남으 집 장독을 들어내구서 뫼를 씨, 쓰는데 그런 **거시키**가 어디 있느냐?(강원 횡성)

5 일상표현

[지도90] 빨리 오세요(일상대화)

■ 빨리 오세요: 일상 대화의 전국 분포

중부방언	평안도	함경도	전라도	경상도	제주도
빨리, 얼찐 톰빨리(황해)	걸씨 얼떵	날래 얼핑	후딱 싸게	퍼뜩 쌔기	흔저 재기

잘 알려진 노래 가사 '흔저 옵서예'는 '빨리 오세요'의 제주말이다. '흔저'에 아래아가 있다는 점을 지나쳐 '혼자 오세요'로 착각했던, 이 노래를 처음 들었던 기억이 떠오른다.

각 방언별로 다음과 같이 말뿌리가 다른 다양한 형태의 말이 사용된다.
그래 물은게(물으니까) 말어. **후딱** 갈쳐 주지도 안혀.(전북 정읍)
쟁인 영감은 안에서 요리 끄내기만 끄내시오. 그러면은 내가 **싸게** 가져 나를 것 아니요.(전남 보성)
그러먼 아부지 어예든지 **쌔기**(빨리) 가시 가주고 약을 가주고 곧 오시라고.(경북 경주)
범이 한 마리 떡 나타나거던. "이 짐승아, 나 잡아 묵을 거 **퍼뜩** 잡아 무라. 내 답답하다."(경북 달성)
저기 양반이 오믄 **얼른** 길 아래 가서 그 사람 지나갈 때꺼정 엎드리구 있어요.(경기 화성)
또 농문을 열어서, 다락에 **얼찐** 가 숨으니까 숨어 있는데, 아 그래 인저 기침을 캑 해니까,(강원 횡성)
어머니가 나이가 많이 들어서 **언는**(얼른) 모시구 가라.(충남 공주)

저낙때 댓으니까데 **얼핑** 집으로 가서 밥하구 장물으 끓에 아덜으 멕에야 합구마. (함북)

넝감 가기 전에 **날래** 상복 만드우. (영감이 돌아가기 전에 빨리 상복을 만드세요.) (평북)

제주도에는 '혼저(빨리)' 외에 '재기', '저'라는 말이 쓰인다.

혼저 왕 먹읍서. 맨도롱 했수과?(어서 와서 먹으십시오. 따뜻합니까?)

재기 걸어가민 소도 **재기** 가 불곡(가버리고),(제주시)

두권(두건)이라도 썽(써서) **저**(빨리) 려(차려)갑서.(제주시)

제 6 장
한국어 방언의 친족 어휘

① 할머니
② 외할아버지
③ 장모
④ 큰아버지
⑤ 고모부
⑥ 홀어머니
⑦ 의붓어머니
⑧ 올케
⑨ 시동생
⑩ 아재'의 뜻

[지도91] 할머니(친족 어휘)

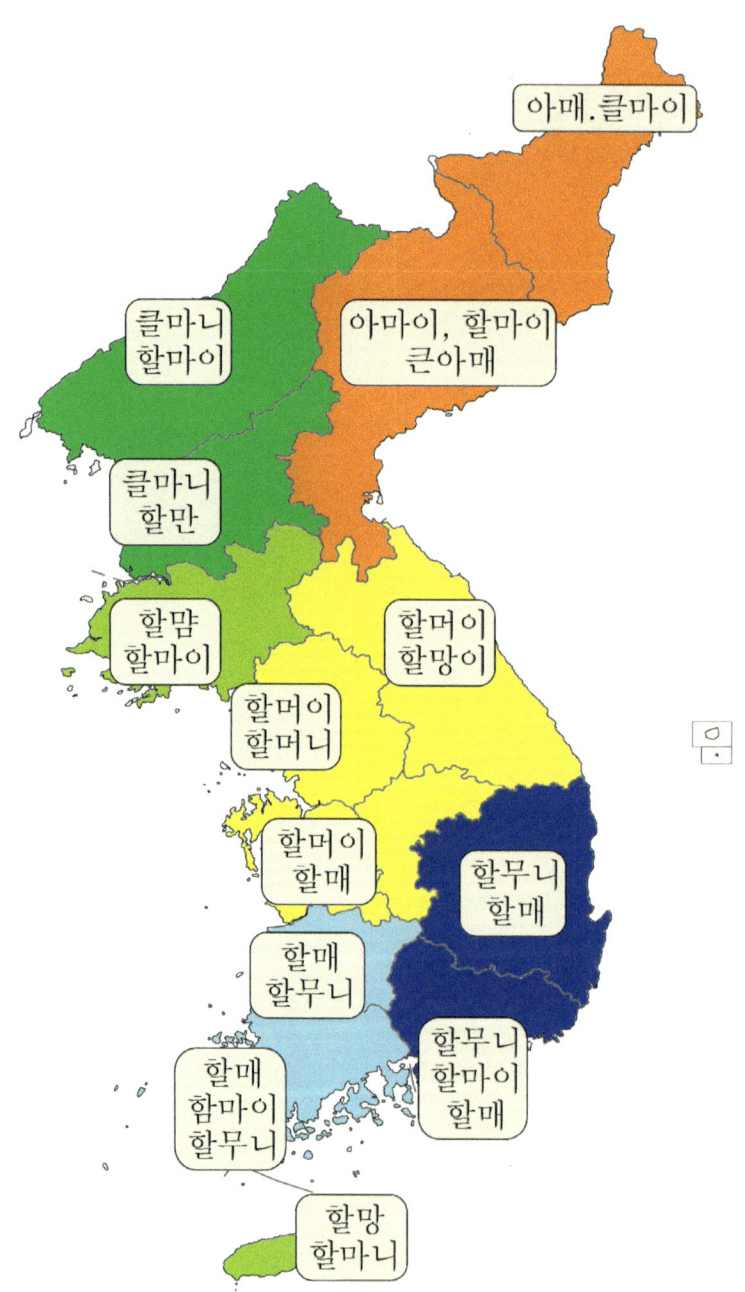

■ 할머니(호칭, 지칭) : 친족 어휘의 전국 분포

중부방언	평안도	함경도	전라도	경상도	제주도
할머이 할마이 할맘(황해)	클마니 할마이 할매	아마이, 아매 클마이, 큰아매 할마이	할무니 할매	할무니(이) 할마이 할매	할망 할마니

'할머니'에 대한 호칭은 중부방언에서 '할머이'가 우세하고, 경상도와 전라도에서는 '할무니', '할매'가 많이 쓰이고 있다.

가장 눈에 띄는 말은 '클마니', '큰아매'라는 말인데(평안도, 함경도)인데, 물론 이는 '큰+어마니', '큰+아매'로서 '큰어마니 > 큰마니 > 클마니', '큰아마이 > 큰아매'와 같이 변한 말이다.

그런데 '클아바지/클마니' 계통의 평북 방언과 '할아바니/할마니' 계통의 평남 방언으로 분화될 가능성이 매우 크다고 한 보고도 있다.1) 일부 경상도 반촌에서도 할머니를 '큰어매'라고 한다고 한다.2)

원래 우리말에서 '한(大)'과 '큰(大)'은 같은 뜻이었는데, '한+어머니'가 '한어머니 > 할머니'가 된 것처럼, '큰+어마니'가 '큰어마니 > 클마니'가 된 것이다. 그래서 '할머니'나 '큰아매'나 둘 다 '어머니보다 더 큰 존재'를 뜻하는 말이 되는 말이다.

황해도에서는 축약된 '할맘(할머니)'이 쓰이고 있다. 여기에는 접미 요소로 '-암'이 붙었다고 말할 수 있으며, 이는 평안도의 '-안'(하라반), 제주방언의 '-앙'(하르방)과 비교해 볼 수 있을 것이다.3)

[지도92] 외할아버지(친족 어휘)

■ 외할아버지(지칭) : 친족 어휘의 전국 분포

중부방언	평안도	함경도	전라도	경상도	제주도
외할아바이 오이할아버지 오자라버지 외하르바이(강원)	왜크라바지 왜할바지	왜크라바니 왜크라배 왜하나버지	왜하나부지 왜하나씨	위할배 위조부 웨할배 웨할아버지	왜하르방 하르버님

'외할아버지'는 각 방언권별로 대체로 '할아버지' 앞에 '외'나 '왜', '오이'가 붙어 있는 모습이다.

그래서 함경도나 평안도에서는 '할아버지'를 '클아바이', '클아배' 등으로 지칭하는데 여기에 '왜'를 붙여 '왜크라배'라고 하면 '외할아버지'를 부르는 말이 되고, 경상도에서도 '할배'에 '웨'가 붙어서 '웨할배'가 된 것이다. 물론 '오이할아버지'의 '오이-'는 단모음 '외-'가 예전에 이중모음이었음을 간접적으로 보여주는 예이다.

오이할아버지 죽기 생전 이 돈만해도 못 다 잪숫고 돌아 가신다고 금을 하나 가득 너서 보냈댜.(충남 대덕)

그래 인사 저거 **위할배**한테 가서 절을 절을 너부시 하이, 저거 위조부가 참 깜짝 놀래여.(경북 달성)

그 웨손이 **웨하르방**(외할아버지) 백마를 들러다가(훔쳐다가) 먹칠허여네(먹칠해서) 놔 두니계.(제주시)

'왜크라배'는 당연히 '외(外)+큰아버지'가 변한 말이다. 북한에서는 '큰아버지'는 남한의 '할아버지'를 뜻하기 때문이다. 앞의 '클마니'에서 보았던 '큰(大-)'과 같은 이치이다.

[지도93] 장모(친족 어휘)

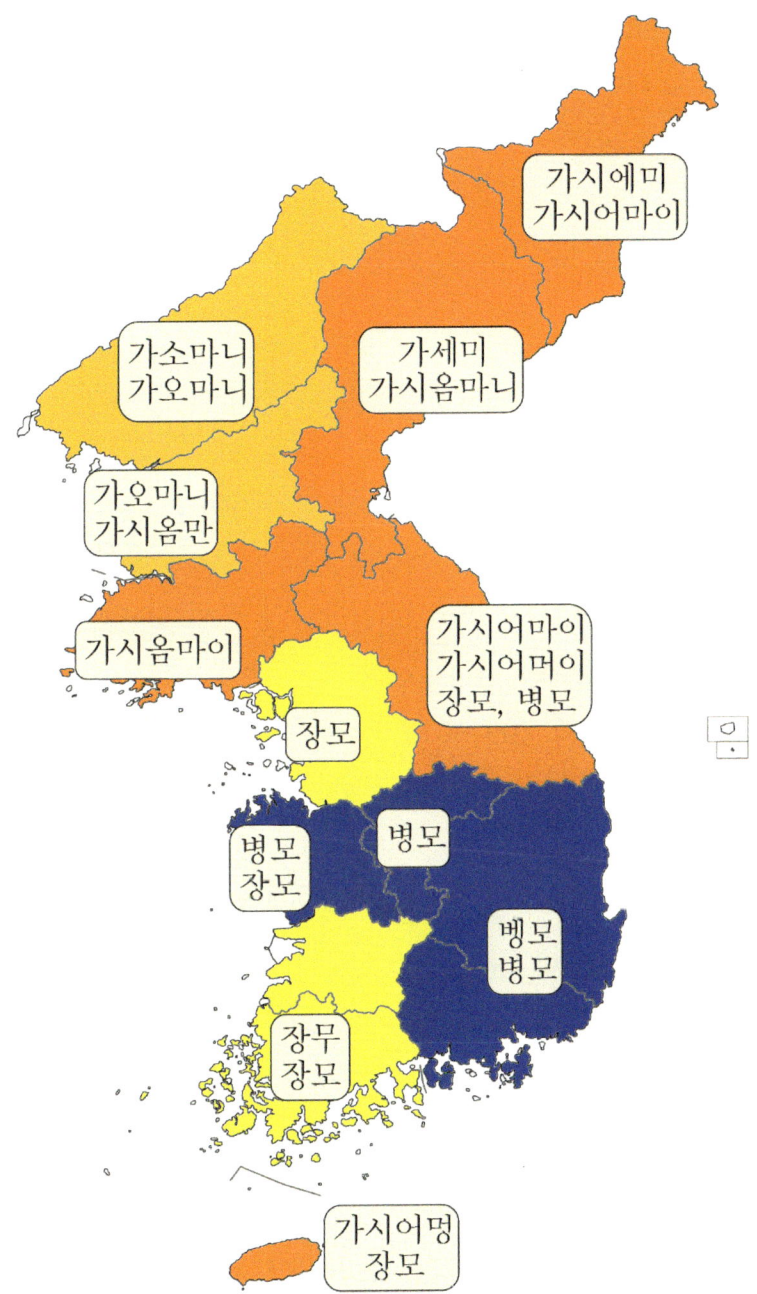

■ 장모(지칭) : 친족 어휘의 전국 분포

중부방언	평안도	함경도	전라도	경상도	제주도
장모, 병모(충청) 가시어마이(강원) 가시옴마이(황해)	가소마니 가오마니 오마니	가시옴마이 가시에미	장모 장무	벵모 병모	가시어멍 장모

'장모'를 지칭하는 말은 남한에서 '장모', '벵모'가 우세하고, 북한에서는 '가소마니', '가시에미' 등이 넓게 분포하고 있는 것을 볼 수 있다.

'가소마니', '가오마니'는 '가시+오마니'가 '가시오마니 > 가소마니 > 가오마니'로 변한 말인데, '가시'는 옛말에서 '아내', '여자'를 뜻하는 말이었다. 그래서 '가소마니'는 '아내의 어머니'라는 뜻이다. '가시에미' 역시 '아내의 어미(에미)'를 뜻하는 말임을 알 수 있다. 평안도에서 장모를 부를 때는 그냥 '오마니'라고도 한다.

평안도에서 '장인'은 '가시아바지', '가시아반'이라고 한다.

'벵모'는 '빙모(聘母)'가 변한 말인데, '빙모'는 표준국어대사전에 '다른 사람의 장모를 이르는 말'이라고 나와 있는데, 한자어 聘母(부를 빙, 어머니 모)의 뜻풀이로 보아 원래는 그냥 '어머니'를 부르는 말이었던 것이 자기 아내의 어머니를 부를 때 사용하는 말로 바뀌어 온 것이라 보인다.

강원도, 제주도에서도 장모를 '가시+어마이', '가시어멍'이라고 부른다.

[지도94] 큰아버지(친족 어휘)

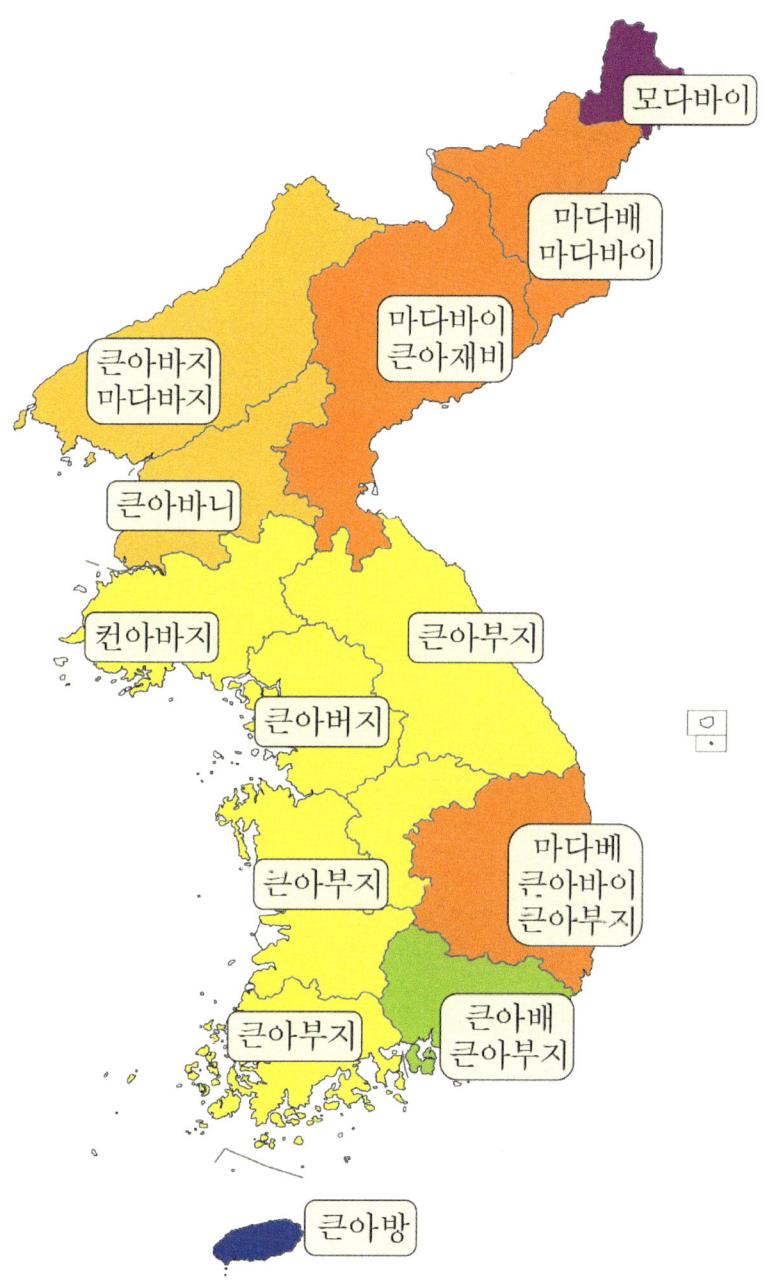

■ 큰아버지(호칭, 지칭) : 친족 어휘의 전국 분포

중부방언	평안도	함경도	전라도	경상도	제주도
큰아버지 큰아부지(충남)	큰아바지 큰아바니	마다바이 큰아재비 모다바이(육진)	큰아부지	마다배 큰아배 큰아부지	큰아방 큰아버님

위의 분포를 보면 남한 대부분의 지역이 '큰아버지'인데 비하여 평안도와 함경도에서는 '마다바지', '마다바이(바다배)'라고 한다. '마다바이(맏+아바이)', '마다바지(맏+아바지)'이다.

이렇게 '마다바이', '마다바지'라고 부르는 지역에서는 '할아버지'를 '클아배', '클아바이' 등으로 부르기 때문에 '큰아버지'와 '할아버지'를 구분하기 위해서이다.

'할아버지'는 원래 '한(크다, 大)+아버지'가 '한아버지 > 할아버지'로 변해 온 말이므로 '큰아버지(큰+아바지)'는 '할아버지'와 같은 뜻을 가졌다. 우리 말에서 '한'은 '크다'는 뜻을 지니고 있는데, '한숨', '한아름' 등의 말에서 찾아볼 수 있다.

경북 일부 지역(봉화,안동,영양,의성,영덕)에서도 '마다배'라는 말을 쓰는데 함경도의 '마다바이'와 같은 뿌리를 가진 친족 호칭어임을 짐작할 수 있을 것이다. '마다바이 > 마다배'의 변화로 짐작되므로 이전 시기에는 경북에서도 '큰아버지(伯父)'를 '마다바이'라고 불렀지 않았을까 생각된다.

[지도95] 고모부(친족 어휘)

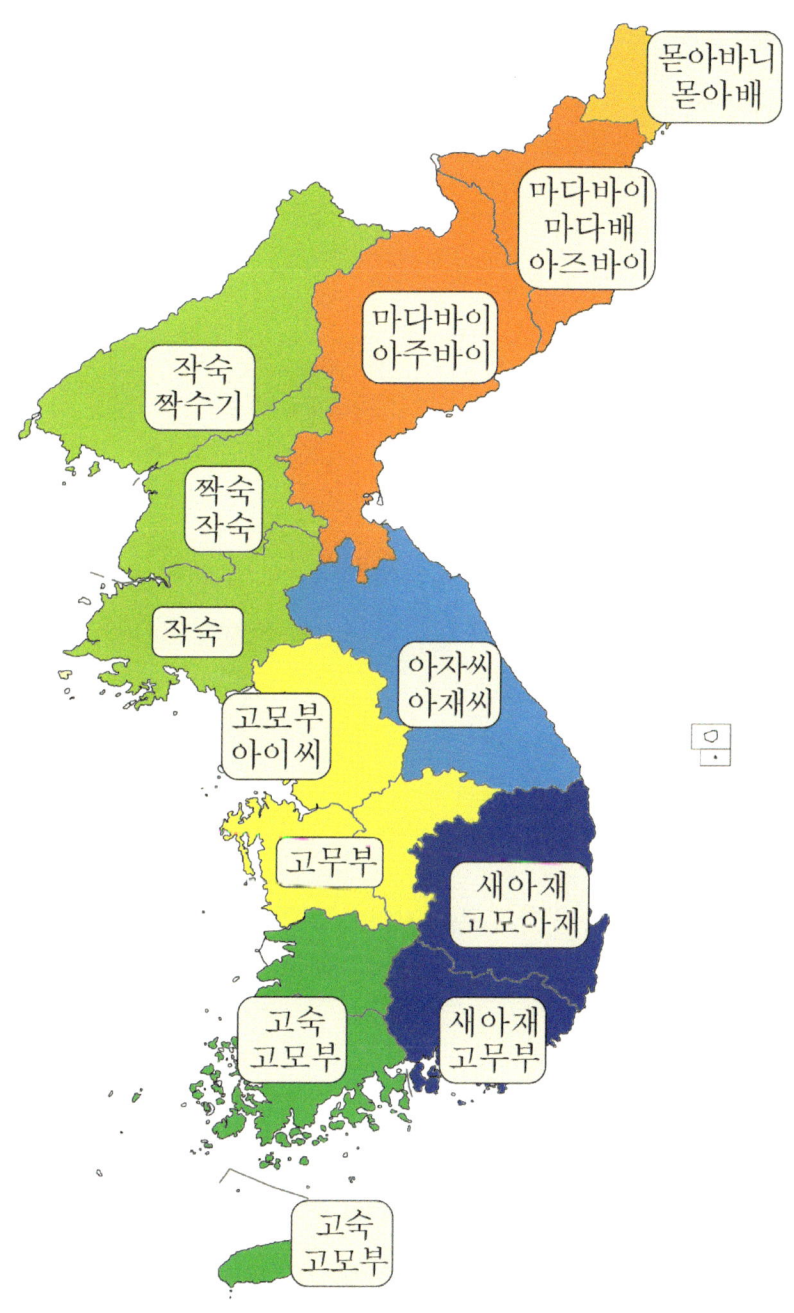

■ 고모부(호칭, 지칭) : 친족 어휘의 전국 분포

중부방언	평안도	함경도	전라도	경상도	제주도
고무(무)부 아자(제)씨 아이씨	작숙 짝숙	마다바이 아즈바이	고숙 고무부	새아재 고모아재	고숙 고모부

표준어 '고모부', '고숙'을 중부방언에서는 경기도, 강원도에서 '아이씨', '아제씨'라고 하고 충청도에서는 '고무부', 그리고 황해도에서는 평안도와 같은 '작숙'이라는 말을 사용한다.

평안도는 '작숙', '짝수기'라고 하는데 '작숙'은 '作叔(작숙)'으로서 그 의미는 고모로 인하여 혈연관계가 없이 맺어진 숙부(叔父-아버지의 남동생)란 뜻이다. 그런데 작숙은 평안도 황해도뿐만 아니라, 생각보다 널리 경상남도 남쪽 해안지대, 전라도의 남해안 완도 등지에서도 더러 사용되는 말이다.

경상도에서는 '새아재'라 부르는 지역이 있고, 함경도에서는 '마다바이', '아주바이'라고 한다. 그런데 함경도에서 '마다바이'는 '큰아버지'를 일컫는 말이기도 하다.
　그때는 고모도 아지매, 이모도 아지매 그랬어. 이모부 되는 이는 새아재라 그고, 고모부도 새아재라 그고 자형은 새형님이라 그고.(경북 영주)

[지도96] 홀어머니(친족 어휘)

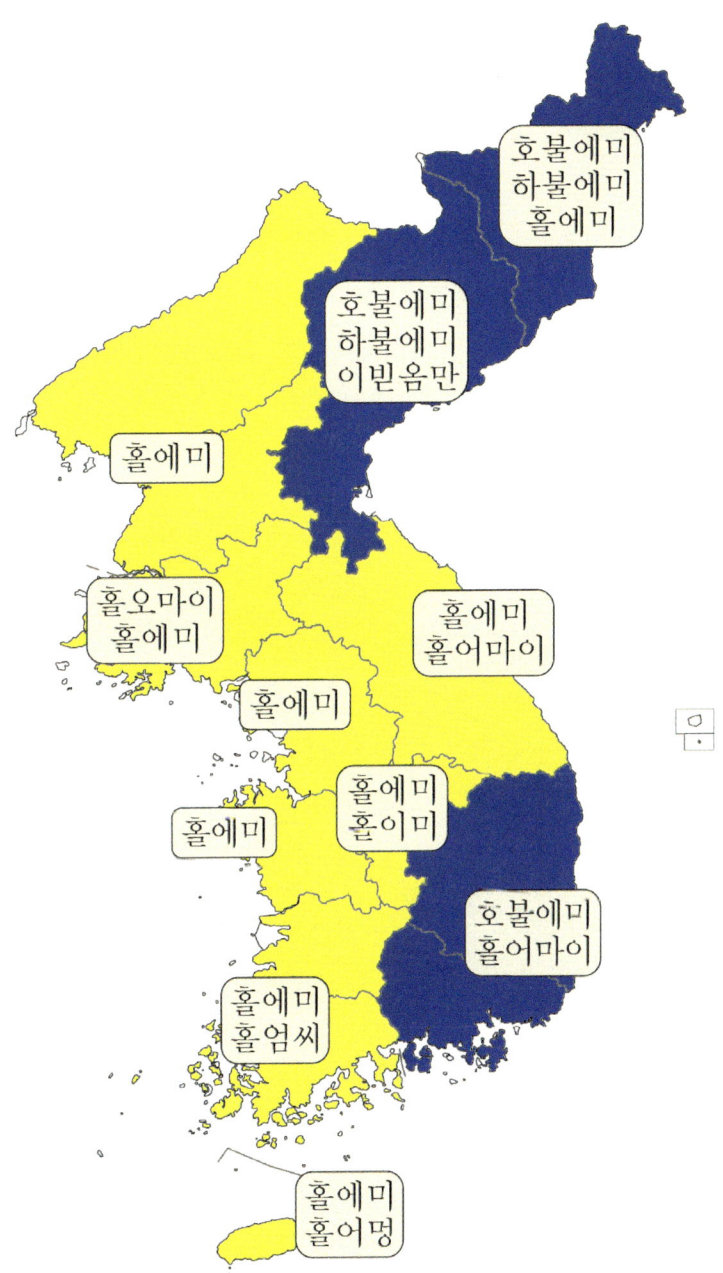

■ 홀어머니(지칭) : 친족 어휘의 전국 분포

중부방언	평안도	함경도	전라도	경상도	제주도
홀에미, 후래미 홀어마이(황해,강원)	홀에미	호불에미 하불에미	홀엄씨 홀에미	호불에미 홀어마이	홀에미 홀어멍

'홀어미'를 지칭하는 말은 전국적으로 대체로 '과부'라고도 하지만 많은 지역에서 '홀에미'가 우세하다. 특히 대부분의 지역에서 '과부'는 조심스러운 말이라고 주민들은 말한다. 서남방언에서는 '홀엄씨'를 볼 수 있고, 제주도에서 '홀어멍'이 눈에 띈다.

그런데 가장 눈에 두드러진 형태는 '호불에미', '하불에미'인 것을 알 수 있다.

'호불에미'를 알아보기 위해서 먼저 '혼자'를 뜻하는 '홀로'의 옛말이 'ᄒᆞᄫᆞ로'였다는 사실을 아는 것이 중요하다.

그래서 대부분의 지역에서 'ᄒᆞᄫᆞ어미(ᄒᆞᄫᆞ+어미) > 호올에미 > 홀에미'로 변해 왔으나, 함경도와 경상도에서는 'ᄒᆞᄫᆞ어미(ᄒᆞᄫᆞ+어미) > 호불어미 > 호불에미'와 같이 옛말 'ᄒᆞᄫᆞ'의 /ㅂ/의 잔재가 그대로 살아 있는 고어 형태라는 것을 짐작할 수 있을 것이다.

앞에서 '달비(다리)', '춥우면(추우면)' 등에서 보았듯 어중 자음 /ㅂ, ㄱ/을 간직한 방언이 대체로 우리나라의 동부 방언이라는 것을 확인해 보았는데, 이러한 내용의 연장선상에서 '호불에미'를 바라볼 수 있을 것이다. 특히 경북에서는 '호불-'은 '어미', '아비'에만 쓰이는 게 아니라, '호불할마시(홀 할머니)', '호불시아바이(홀 시아버지)', '호불늙은이' 등으로도 사용된다.

[지도97] 의붓어머니(친족 어휘)

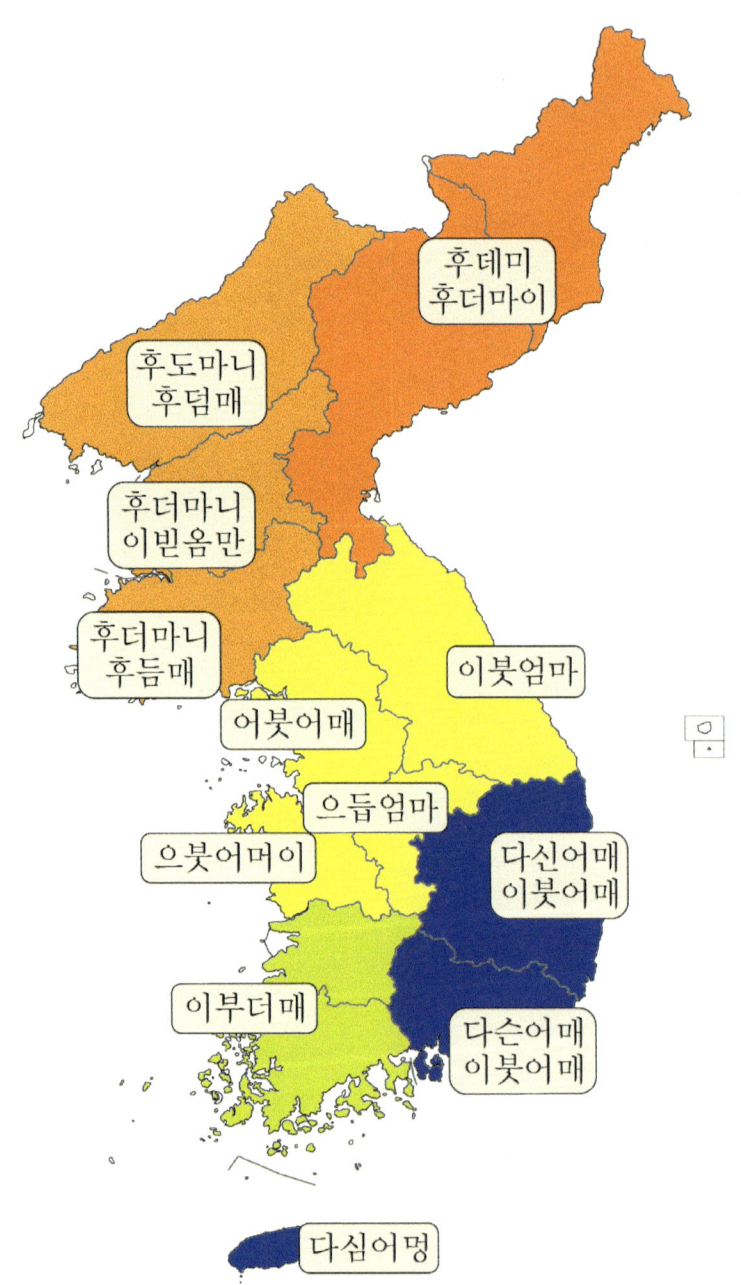

■ 의붓어미(지칭) : 친족 어휘의 전국 분포

중부방언	평안도	함경도	전라도	경상도	제주도
이붓엄마, 어붓어매 으붓어머이 후더마니(황해)	후더마니 이빈옴만 이붇오마니	후데미 후더마이	이붓어매	다신어매 다시어매 이붓어매	다심어멍

'의붓어머니'는 아버지가 재혼함으로써 생긴 어머니, 계모(繼母)를 말하는데, 부를 때는 그냥 '어머니'라고 하지만, 지칭하는 말은 크게 '이붓-', '훗-', '다시-'의 3가지 모습을 볼 수 있다.

중부방언과 서남방언에서 대체로 '이붓-', '으붓-'이 주를 이루고 있다. '이붓어매', '이붓어머이'는 '의붓어머니 > 이붓어매', '이붓어마이'로 변한 말인데, 원래 '의부(義父, 의로 맺은 아버지)'에 '어머니'가 합해진 말이다. '의부'는 자기를 낳지는 않았으나 길러 준 '아버지'를 말하는데 '계모'를 뜻하는 '의붓어머니'라는 말에 '아버지'라는 말이 포함돼 있어서 흥미롭다.

북한에서 주로 쓰이는 '후더마니', '후데미'는 훗(後, 나중)에 어마니가 합해진 말이다. '나중에 온 어머니'라는 뜻인데, 경상도와 제주도의 '다신어메', '다신어멍'과 같은 의미로 지어진 말인 것을 쉽게 알 수 있다. '다신어메', '다신어멍'은 바로 '다시(再)+어머니'라는 것을 바로 짐작할 수 있겠기 때문이다.

[지도98] 올케(남편 남동생 부인)(친족어휘)

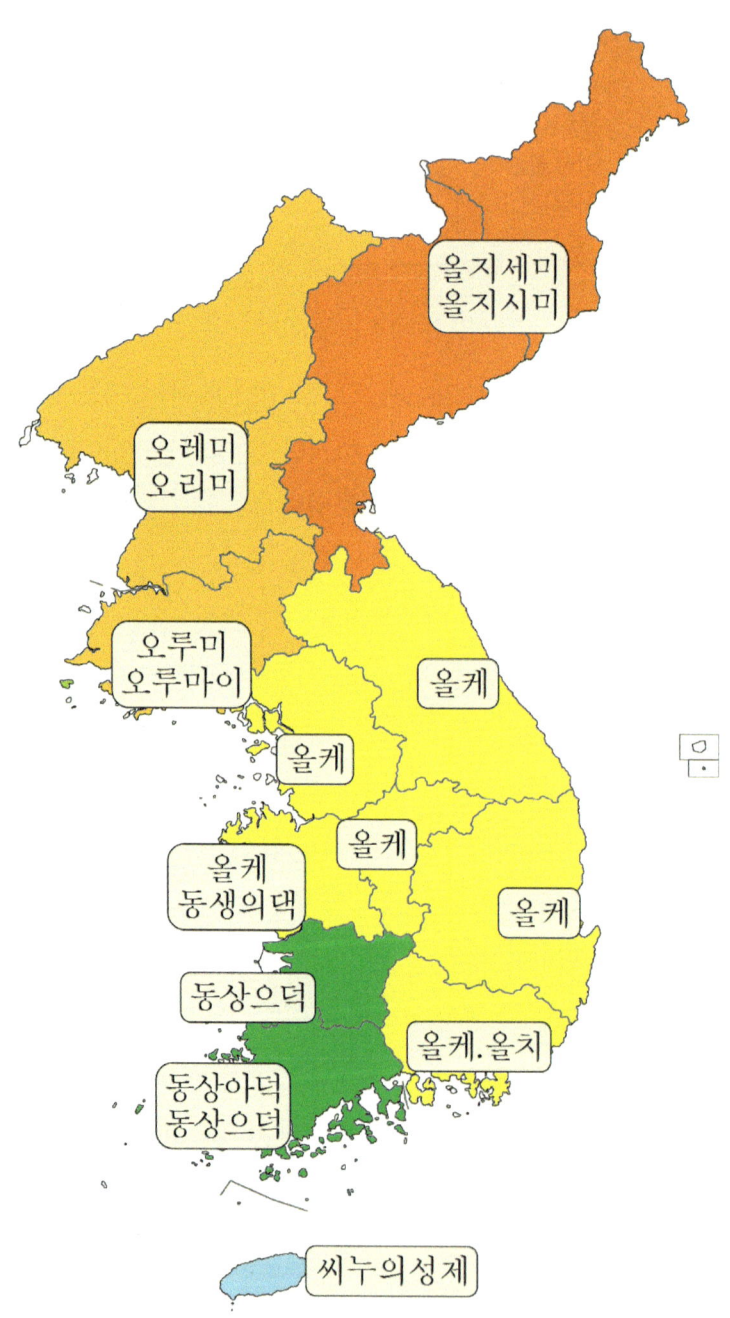

■ 올케(호칭, 지칭) : 친족 어휘의 전국 분포

중부방언	평안도	함경도	전라도	경상도	제주도
올케	오레미	올찌시미	동상아덕 동숭, 올케	올케, 올치 동생아댁	씨누의성제

표준어 '올케'는 '올아비(오빠)의 아내'와 '남동생의 아내'라는 2가지 뜻을 가진 말이다. 그래서 '동생의 아내'만을 일컬을 때는 '동생댁'처럼 '동생'이라는 말을 넣어 말하는 지역이 많다.

남부 방언에서는 대체로 '올케'라고 하는데, '올케'는 '오라비+계집'에서 변한 말이라고 보는 견해가 우세하다.
 저 산이루 보구리(바구니) 들구 아우 **올케**가 다 갔어요. 꽃구경을.(충남 공주)
 신랑 동생, 인제 처자가 신랑 동생이라. 머 그 **올켄**데, 한 바아 자지, 떡- 자는데.(경북 영덕)

함경노의 '올찌시미'는 '올아비의 아내'를 말하므로 원래 '올(올아비)+짓+어미(지어미, 아내)'로 이루어진 말로 볼 수 있는데, 차츰 그 의미가 '동생의 아내'까지 포함하게 되었고, '올짓어미 > 올짓에미 > 올지세미 > 올찌시미'의 변화를 겪은 듯하다.

전라도에서는 '동상으덕', '동상아덕'이라는 말을 주로 사용하는데 '동생의+댁'이라는 뜻이다.

제주도에서는 '올케'라는 말을 아예 쓰지 않고 '씨누의성제'라는 말이 쓰인다. '시누이 형제'라는 뜻이다.

[지도99] 시동생(남편의 동생)(친족 어휘)

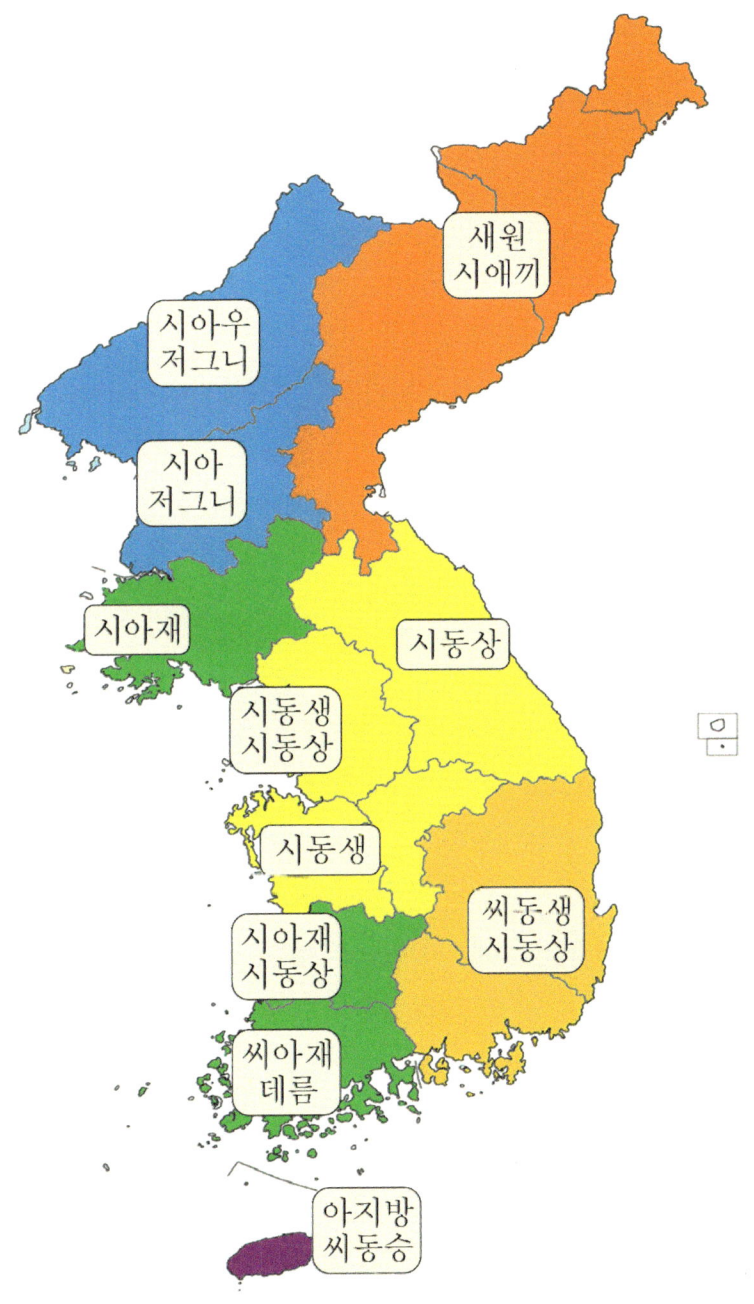

■ 시동생(지칭) : 친족 어휘의 전국 분포

중부방언	평안도	함경도	전라도	경상도	제주도
시동생 시동상(강원) 시아재(황해)	시아(이/우) 생완	새원 시애끼	시(씨)아재 되련님	씨동생 시동상 데림	아지방 시동승

표준국어대사전에는 남편의 동생을 지칭하는 말을 '시동생'이라 하고 결혼하지 않은 경우 '도련님'이라고 실려 있다. 그러나 실제 지역에 따라, 호칭이냐 지칭이냐에 따라 다양하게 쓰이고 있다. 평안도에서는 지칭은 '시아우', 호칭은 '저그니', '아우' 등으로 다르게 부른다고 한다.

지역에 따라 크게 '시동생', '시아재', '시아우', '새원(생원)', '아지방'으로 나눌 수 있을 것 같다.

부르는 지역과 거 보라구. 내 그럴줄 알구 우리 **시동상** 장개 드릴라구 한거지.(강원 횡성)

그래, 내일 저 **시동상**들 전부 우리 집으로 보내라.(경북 달성)

"아버니메 형이나 동생들이 있지 안나요? 건 어떠케 부르나요?" "**시아우**, 시훙(시형)."(평북 구장)

형수가 즈그 **시아재**를 찾아와서, "시아재. 아무날이 형님 생일 아니요.?"(전남 신안)

자기 시아버지, 시어머니, 뭐 **시아재** 옷 한 벌 해가주 가는 걸 그걸 봉성이라구 하는 건데.(황해 곡산)

제주도에서는 '아지방'을 지칭, 호칭에서 모두 사용하고, '씨아지방'은 남편의 형님을 일컬을 때 사용한다.

[지도100] '아재'의 뜻(친족 어휘)

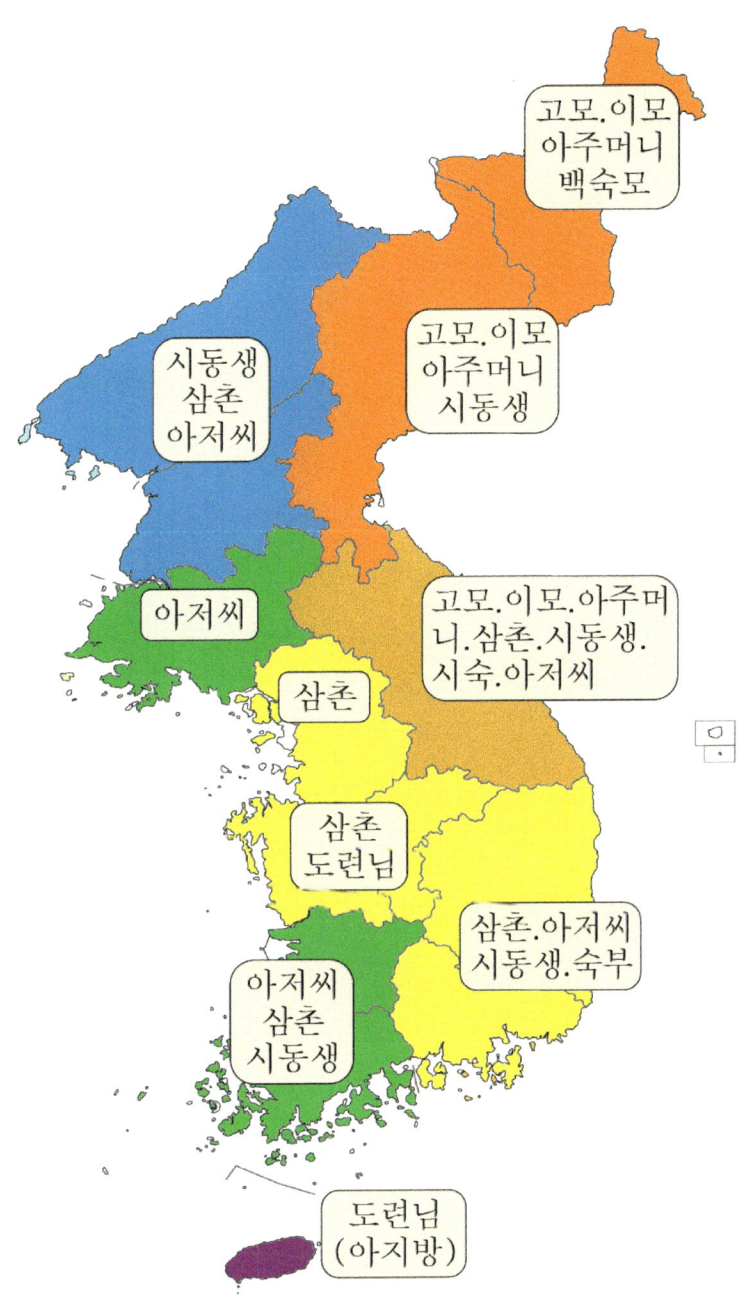

■ '아재'의 뜻: 친족 어휘의 전국 분포

중부방언	평안도	함경도	전라도	경상도	제주도
삼촌 (강원, 경기, 충북) 도련님, 시동생 (강원, 충북) 아주머니, 고모, 시누이 숙부(강원)	삼촌 시동생 아저씨	고모, 이모 숙모, 아저씨 아주머니 시누이 시동생	아저씨 (아버지항렬 가까운 친척) 삼촌 시동생	아저씨, 삼촌, 숙부 시동생 도련님(경남)	(아지방)

'아재'는 표준국어대사전에 '아저씨', '아주버니(남편보다 나이가 많은 같은 항렬의 남자)'의 뜻으로 풀이하고 있다. 그러나 '아재'처럼 지역에 따라서 많은 의미 차이를 보이는 말은 없을 것이다. 지역마다 '아재'라고 부르면서도 호칭, 지칭하는 대상이 달라서 인근 지역임에도 서로 오해를 하기가 쉽다고 한다.

'아재'는 결코 만만하지가 않다. 원래는 동일한 의미를 가졌던 호칭의 의미가 그 변화의 속도와 방향을 달리하면서 지역별로 전혀 다른 결과를 낳게 한 것이다.

'아재'는 대체로 표준어 '아주비(아저씨)'의 옛말 '아자비(15세기~19세기)'가 '아재(20세기~현재)'로 변한 말로, 그 어원은 '앚-(작다)'이고, 아버지와 같은 항렬에서 좀 낮은 위치의 대상을 말한다.

앞의 [지도100]에서 보듯 아재라는 호칭의 의미는 남한에서는 대체로

'시동생', '아주버님', '삼촌', '숙항의 어른', '아저씨' 등 '남자'에 대한 호칭이나 지칭을 의미하는데, 함경도나 강원도에서는 '여자', 즉 부모님보다 어린 '고모', '이모', 또는 '숙모', '아주머니', '시누이' 등을 부르거나 지칭할 때 두루 사용한다는 차이가 있다.

함북도는 '아지미 어디 가오?. 아지미(숙모, 형수, 아주머니)' 하는 거보고 양강도 사람들은 '아재, 아재' 이럼다.(함남 갑산)

강원도에서도 '아주머니', '고모', '부모와 같은 항렬의 여자', 일반적으로 '고모뻘이 되는 사람'에 대해 널리 쓰이는 여성에 대한 호칭이다. 물론 영동 일부에서는 '삼촌'이나 '삼촌뻘 남자 친족'이나 '아저씨'를 부를 때도 '아재'로 부르기도 한다.

그래서 삼척의 북부와 남부를 경계로 삼척 북부와 강릉, 양양에서는 '고모'의 의미로 사용되나 삼척 남부와 경북의 울진에서는 '시동생'의 의미로 쓰인다는 보고도 있다.

우리 아재(고모)는 그라나도(그렇지 않아도) 나를 제일 귀해(귀여워하여) 주신다와(주신다오).(강원 삼척)

경상도에서는 '아재'는 주로 '아저씨', '결혼하지 않은 삼촌', '시동생'을 일컫는 말인데, 지역에 따라 '고모부', '이모부'를 말하기도 하고, '외아재'는 '외삼촌'을 말하고, '새아재'라는 말은 '고숙'을 말하기도 한다.

우리 식구 소개부터 하겠심미더. 할부지, 할매, 그리고 두 분 아재(삼촌)가 기시는데 촌에서 농사지꼬 있심다.(경북 김천)

전라도에서는 '아재'는 주로 '아버지 항렬(숙항, 叔行)의 가까운 친척'을 부르거나 지칭할 때 사용하는 말인데, 일부 지역에서는 '시동생'을 일컫는 말로 쓰이기도 한다.

　아재(친척 아저씨), 아부지가 오늘 비 와서 쟁기질 못허겄다고 그럽디다.(전남 여수)

　한 두어 달 뒤에는 주그 형수가, "**아재**(시동생)" 그러고 부른디, "또 술을 받아가지고 성님 부어 주기도 하고 이렇고…"(전남 신안)

　제주도에서는 '아재'라는 말을 거의 쓰지 않고 이와 비슷한 형태 '아지방'이란 말이 있으나 이는 다른 지역의 '아재' 의미는 없고 '도련님(남편의 동생)'이나 '아주버니(동생의 남편)'를 부를 때 사용하는 말이다.

　참고로 앞에서처럼 함경도와 강원도에서는 다른 방언권과 달리 '아재'가 '여자'를 지칭하며 사용되는 경우가 많은데, 이와 같이 남녀를 바꿔 부르는 말은 제주도의 '삼춘'이란 말이다. 제주도의 '삼춘'은 '이모', '고모' 등의 여자에게도 삼촌이라고 한다. 물론 남녀 포함하는 부모님의 모든 형제를 말하며, 친척어른은 물론 비록 혈연관계가 아니라 하더라도 성별불문 일단 나이가 많은 사람에게 '삼춘'이라고 한다.

　현기영 작가의 〈순이 삼촌〉이 수능에 지문으로 출제된 적이 있었는데, 작품 속의 '삼촌'을 타 지역 학생들이 남자로 생각하고 문제를 푸는 데 어려움을 겪었다고 하여, 이후로는 특정 지역 학생들이 유리할 수 있는 지문을 출제하지 않기로 했다고 한다.

| 참고문헌 |

강신항(1978), 〈안동방언의 서술법과 의문법〉, 언어학 3, 한국언어학회.

강정희(1988), 《제주 방언 연구》, 한남대출판부.

강희숙(2005), 〈고모음화의 실현과 방언 분화 −전남방언과 서울말을 중심으로〉 《우리말글》 33, 우리말글학회.

고동호(1997), 〈제주방언의 모음조화 연구〉, 언어학 21호, 한국언어학회.

곽충구(1993), 〈함경도방언의 친족명칭과 그 지리적 분화〉, 《진단학보》 76, 진단학회.

곽충구(1998), 〈북한방언 연구의 현황과 과제-동북방언〉, 《새국어생활》 8-4, 국립국어연구원.

곽충구(1994ㄴ), 〈북한지역의 방언에 대한 연구 성과와 과제〉, 《인문과학》 10, 경북대학교인문과학연구소.

곽충구(2014), 〈육진방언의 종결어미와 청자높임법-중국 조선조자치주 육진방언을 중심으로〉, 방언학 20호, 한국방언학회.

김경숙(2015), 《한국 방언의 지리적 분포와 변화》, 역락.

김덕호(1997), 〈경북방언의 지리언어학적 연구〉, 경북대학교 박사학위논문.

김동은(2024), 〈남부 방언의 단모음 체계 변화에 관한 연구〉, 방언학 39호, 한국방언학회.

김무식(2023), 〈경상 방언 연구의 성과와 전망〉, 626돌 세종날 기념 전국 국어학 학술대회.

김병제(1988).《조선언어지리학시고》, 평양 : 과학백과사전종합출판사.

김선희(2013), 〈연변 방언 연구 - 조사와 연결어미를 중심으로 -〉,《한민족어문학》64, 한민족어문학회.

김수영(2019), 〈ㅅ 불규칙 활용의 변화〉, 방언학 29호.

김영배(1997ㄱ),《평안방언연구(증보)》, 태학사.

김영배(1998), 〈서북방언〉,《새국어생활》8-4, 국립국어연구원.

김영황(1982),《조선어방언학》, 김일성종합대학출판사. (재출간: 1997, 한국문화사)

김웅배(1989), 〈전남방언의 서법 연구〉, 전남대학교 박사학위논문.

김이협(1981),《평북방언사전》, 한국정신문화연구원.

김정대(2006), 〈개별 방언의 자료 정리와 경어법 연구〉, 방언학 4호, 한국방언학회.

김정태(2010), 〈X]vst+어요' 충남방언형의 외연(外緣)과 특징〉, 방언학 11호, 한국방언학회.

김지홍(2016), 〈제주 방언의 선어말어미와 종결어미 체계〉, 한글 313호.

김태균(1986),《함북방언사전》, 경기대학교 출판국.

김홍실(2009), 〈평북 초산지역어의 종결어미 연구〉, 서울대학교 박사학위논문.

문순덕, 김원보(2016), 〈제주방언에서 '가지다'의 문법화 현상 연구〉, 언어학연구 제21권 2호.

박종주(1938, 7) 〈시골말-함흥〉, 〈한글〉58호, 한글학회.

박경래(1998), 〈중부 방언〉,《새국어생활》8-4, 국립국어연구원.

배주채(1997), 〈고흥방언의 장형부정문〉, 애산학보20.

백두현(1992), 〈원순모음화 ㆍ〉ㅗ형의 분포와 통시성〉, 국어학 22.

서상준(1991), 〈동부 전남의 방언에 대하여〉, 《어문논총》 12,13, 전남대학교.

선덕오·조습·김순배(1990), 《조선어방언조사보고》, 연변인민출판부.

소신애(2009), 《음운론적 변이와 변화의 상관성》, 국어학회, 태학사.

손명기(2006), 〈대전에서의 종결어미 '-유' 사용에 대한 사회언어학적 연구〉, 방언학 3호, 한국방언학회.

손희하(1991), 〈새김어휘연구〉, 전남대 박사학위논문.

신승원(2014), 《새콤달콤한 우리 방언》, 역락.

안귀남(2006), 〈방언에서의 청자존대법 연구〉, 《국어학》 47, 국어학회.

양오진·황대화·김현주(2008), 〈평안도 서해안 방언의 지칭어·호칭어 연구: 용천·의주(평북)와 문덕·안주(평남)을 중심으로〉, 어문연구 36-2.

오구라신뻬이(1944ㄱ), 《조선어방언의 연구》(上), 동경: 암파서점. [국역 및 교열: 이상규·이순형 교열(2009), 《조선어방언사전》, 한국문화사]

오구라신뻬이(1944ㄴ), 《조선어방언의 연구》(下), 동경: 암파서점. [국역: 이진호 역주(2012), 《한국어방언연구》, 전남대학교출판부]

오종갑(2007), 〈부사형어미 '아X'의 음운론적 변화와 영남방언의 위상〉, 《어문학》 95, 한국어문학회.

오종갑(2021), 《국어 방언에 반영된 음운론적 변화》, 역락.

오청진(2008), 〈전남 지역의 친족어〉, 방언학 7호, 한국방언학회.

위 진(2015), 〈지역어 조사 방법 및 결과 분석〉, 방언학 22, 한국방언학회.

위평량(2000), 〈전남, 경남 접경지역의 언어 연구〉, 전남대학교 박사학위논문.

위평량(2021), 《전라도 말의 뿌리》, 북트리.

위평량(2023), 《팔도 말모이》, 21세기사.

유필재(2009), 〈서울방언과 국어사 연구〉, 방언학 10호, 한국방언학회.

유필재(2023), 〈경기(서울) 방언 연구의 성과와 과제〉, 한글 제84권 제3호.

윤예진·박미혜(2024: 73~94), 〈함북 육진방언의 '-아부라, -아부사라, -압사라'의 형성에 대하여〉, 국어국문학 203호, 국어국문학회.

윤평현(2021), 〈새로 펴낸 국어 의미론 강의〉, 역락.

이극로(1932), 〈조선말의 사투리〉, 《동광》 29, 동광사.

이금화(2022), 〈평북방언의 종결어미 연구〉, 방언학 36호, 한국방언학회.

이기갑(2003), 《국어 방언 문법》, 태학사.

이기갑(2018), 《국어 방언의 담화표지》, 역락.

이기갑(2022), 《서남방언의 문법》, 태학사.

이기동(2001), 〈북한의 방언 구획에 대한 고찰〉, 《한국학연구》 15, 고려대학교 한국학연구소.

이길재(2023), 《겨레의 작은 역사 방언》, 마리북스.

이돈주(1978), 《전남방언》, 형설출판사.

이병근·정승철(1989), 〈경기·충청 지역의 방언분화〉, 《국어국문학》 102, 국어국문학회.

이병근·정인호(1999), 〈중국 조선어 방언 조사〉, 《한반도와 중국 동북 3성의 역사 문화》, 서울대학교출판부.

이상규(1993), 《방언연구방법론》, 형설출판사.

이상규(1999), 《경북방언 문법연구》, 박이정.

이상규, 안귀남(2007), 《한국어방언학》, 학연사

이상복(1995), 〈강원도 방언에 대한 고찰〉, 《강원문화연구》 14, 강원대 강원문화연구소.

이숭녕(1978), 《제주 방언의 형태론적 연구》, 국어학 연구선서5, 탑출판사.

이승재(1985), 〈경기지역의 청자경어법 어미에 대하여〉, 《방언》8, 한국정신문화연구원.

이익섭(1976a), 〈아재고〉, 《동아문화》 13, 서울대 동아문화연구소.

이익섭(1981), 《영동, 영서의 언어분화》, 서울대학교출반부.

이정훈(2008), 《조사와 어미 그리고 통사구조》, 태학사.

이종희(2004), 〈국어 종결어미의 의미체계 연구〉, 연세대학교 박사학위논문.

이진숙(2012),《전남 진도의 언어의 문화》, 지식과교양.

이진호(2014),《국어 음운론 강의》, 삼경문화사.

이태영(2011),《전라북도 방언 연구》, 역락.

이현주(2023),〈충청방언 연구의 성과와 전망〉, 방언학 38호, 한국방언학회.

장승익(2019),〈황해도 방언 연구의 회고와 전망〉, 방언학 제30호, 한국방언학회.

전혜숙(2005),〈경상북도 영덕군 영해면 괴시 마을의 반촌언어에 대한 재고찰〉, 영남대 민족문화연구소.

정승철(2013),《한국의 방언과 방언학》, 태학사.

정승철(2024),《제주방언연구》, 태학사.

정용호(1988),《함경도방언연구》, 평양: 교육도서출판사.

정원석, 서윤환편(2010),〈함흥지방 방언집〉, 한국어린이 문화 연구소.

정원수(1992),〈충북 영동방언의 청자대우법 어미 연구〉, 언어연구》8, 한국현대언어학회.

정인호(2011),〈의문형 종결어미의 방언 분화〉,《방언학》14, 한국방언학회.

정인호(2014),〈평북방언 종결어미의 방언음운사적 검토〉, 방언학 20호, 한국방언학회.

정인호(2016),〈평북방언의 선어말어미 고찰〉, 방언학 24호, 한국방언학회.

조연수(2024),〈문장 유형과 연령에 따른 경상 방언 종결어미 '-지'와 '-제'의 실현 양상〉, 방언학 40호, 한국방언학회.

중국조선어실태조사보고(1985),《중국조선어실태조사보고》, 민족출판사.

최명옥(1980),《경북 동해안 방언 연구》, 영남대학교 민족문화연구소.

최명옥(1985),〈변칙동사의 음운현상에 대하여 - p-, s-, t- 변칙동사를 중심으로 -〉,《국어학》14, 국어학회.

최명옥(1985),〈서북방언의 문서술어에 대한 형태론적 연구〉,《방언》8, 한국정신문화연구원.

최명옥(2010),〈평안북도 운전지역어의 서법에 대하여〉, 방언학 11호, 한국방언학회.

최명옥(2015), 《한국어의 방언》, 세창출판사.

최명옥·곽충구·배주채·전학석(2002), 《함북 북부지역어 연구》, 태학사.

최병원1982), 〈친족명칭과 경어법 경북 북부지역의 반촌어를 중심으로〉, 《방언》 6, 한국정신문화연구원.

최전승(1995), 〈한국어 방언사 연구〉, 태학사.

최학근(1978), 《한국방언사전》, 현문사.

최학근(1980), 〈평안도 방언 연구〉, 방언학 1호, 한국방언학회.

하야육랑(1945), 《조선방언학시고―〈鋏, 가위〉어고》, 경성: 동도서적. [국역: 이진호 역주(2012), 《한국어방언학시론: 'ᄀ시개 鋏' 고찰》, 전남대학교출판부]

한성우(2013), 방언정담, 어크로스.

한성우(2019), 《문화어수업》, 2019, 어크로스.

한영순(1956), 〈평안북도 의주·피현 지방 방언의 어음론적 특성(상)〉, 《조선어문》4, 조선과학원 언어문화연구소.

한영순(1967), 《조선어방언학》, 김일성종합대학출판사.

허철구(1991), 〈국어의 보조 동사 연구〉, 한국어연구(서강대) 20.

현평효(1985), 《제주도 방언 연구》, 이우출판사.

홍윤표 외(1995), 《17세기 국어사전》, 태학사.

홍종림(1994), 〈제주 방언의 평서법 어미에 대한 고찰(1)〉, 《선청어문》 22, 서울대국어교육과,

황대화(1998), 《조선어 동서방언 비교연구》, 과학백과사전종합출판사. [재출간: 1998, 한국문화사]

황대화(1986), 《동해안 방언 연구》, 김일성종합대학출판사, 평양.

황대화(1999), 《조선어방언연구》, 료녕민족출판사.

황대화(2007), 《황해도 방언연구》, 한국문화사.

대한민국학술원(1993), 《한국언어지도집(Language Atlas of Korea)》, 성지문화사.

방언연구회(2003), 《방언학사전》, 태학사.

한국정신문화연구원(1980~1992), 《한국구비문학대계》.

한국정신문화연구원(1986~1995), 《한국방언자료집 I~IX》, 남한 전체 9권.

Chambers, J.K.andP.Trudgill(1998), Dialectology(2ndedn.), Cambridge University Press.

| 미주 |

1장
1) 오구라신페이의 방언 구획, 〈방언학사전〉: 377, '육진방언'은 저자가 추가한 내용임.
2) 그리고 황해도를 서북방언에 포함시키는 경우도 있고, 강원 영동 일부를 동남방언에 포함시키기도 한다.
3) 북한 학계에서는 '서북방언'에 황해도방언을 포함시키기도 한다.(김병제 1988: 208~216)
4) 정승철(2013: 209)
5) 대한민국학술원(1993),《한국언어지도집》, 성지문화사.
6) 최명옥(2015: 78~81)
7) 김덕호(1997: 101~102)
8) 한성우(2013)

2장
1) 그래서 연구자에 따라 서북방언의 격식체를 4등급(이기갑: 2003)과 3등급(김영배: 1997, 곽충구: 1998)으로 달리 보기도 하였다.
2) 최명옥(2010: 217~218)에서는 '존대', '평대', '하대'는 적절하지 않다며 '하라요체', '하시체', '하라체'로 나누어야 함을 강조하였다.
3) 이상규(1999: 128~131)
4) 황대화(2007: 211~213)
5) 《평북방언사전》에서는 '-슴메다, -슴네다'는 주로 '서부지역'에서, '-슴무다'는 주로 '동부지역'에서 쓰인다고 한다

6) '-습(읍)-'이 전혀 없는 '-니더', '-시더', '-니껴' 등의 형태들에서는 선어말어미 '-이-'가 분석될 수 있을 것으로 보인다.(강신항1978)
7) 황대화(2007: 238)
8) 이기갑(1997: 203)
9) 전혜숙(2005: 321~325)
10) 황대화(2007: 261)
11) 박경래(2003: 173)는 '-ㅂ소'를 하오체로 분류하면서 다만 '-ㅂ소'는 '-소'보다는 조금 더 존대해주는 표현이라고 하였다.(김선희, 2013: 94, 재인용)
12) 서울방언에서 확인되는 하오체의 경어법 등급은 그 폭이 넓었던 것으로 추정되며, 예사높임으로 주로 사용되었지만 그보다 약간 낮은 등급으로 사용되는 경우도 있었다. 서울방언 예사높임의 하오체가 공통어(서울말)가 되지 못한 이유는 당시 새롭게 세력을 확대해 가던 해요체와 등급상 겹쳤기 때문으로 추정된다. 현재도 계속 소멸 중이라고 한다.(유필재, 2023: 889)
13) 손명기(2006: 221~228)
14) 김이협(1981)
15) '-슈', '-시우'는 충남의 서산,당진,아산,천안,예산,청양,연기, 공주에 주로 나타나고, 전북(익산)과 강원도(홍천,영월,정선) 등에서도 실현되고 있음을 보이고 이 '-유'를 기준으로 하나의 방언권으로 묶어 보려는 시도를 하였다.(김정태, 2010: 71~78)
16) 이병근·정인호(2002: 28)
17) 이금화(2022: 233)
18) 정인호(2011: 95~99)
19) 평안도, 함경도의 '-슴메', '-슴마'는 이제 그 쓰임이 매우 약화되어 가고 있으며 '-슴메'는 '-소'에게, '-슴마'는 '-나'에게 자리를 내주고 있다고 한다.(정인호 2011: 99)
20) 김영배(1997: 463)
21) 안귀남(2006: 475~476)
22) 정승철(2001,《방언학사전》: 312)
23) 충남 홍성의 경우 오늘날 '-허소'는 쓰이지 않지만 예전에 사용했던 말이라고 한다.(왕한석, 2016: 159) 그런데 〈한국구비문학대계〉에서는 하게체 명령형에서 사용된 예가 많이 보인다. 참고로 서남방언에서는 지금도 '-소'를 쓰고 있으며,

자기보다 윗사람인 동네 형이나 어머니, 할머니에게도 '-소'를 사용하는 지역이 있다. 그리고 이와 같은 높임의 종결어미로 의문형에서는 '-가?', 청유형에서는 '-세'를 쓴다.

24) 박경래,《방언이야기》(2007: 142~144)
25) 김이협(1981: 425)
26) 정승철(2007: 157),《방언 이야기》, 국립국어연구원편, 태학사.
27) 이현주(2023: 67)
28) 곽충구(2014: 199~200)
29) 김지홍(2016), 〈제주 방언의 선어말어미와 종결어미 체계〉, 한글.
30) 황대화(2007: 257)
31) 조연수(2024) 〈문장 유형과 연령에 따른 경상 방언 종결어미 '-지'와 '-제'의 실현 양상〉, 방언학 40호.에서 '-제'가 판정의문문, 조건문에 주로 사용된다고 한다.

3장
1) 참고로 평안남도의 순천(順川)을 이 지역에서는 [순턴]으로 발음하기 때문에 전라남도의 [순천(順天)]과는 소리만 들어도 구분이 된다고 한다.(김영배, 1998)
2) 오종갑(2021: 443~468)
3) 제주도에서는 '밑에'를 '밋에(<밑에)', 또는 '밋듸(<밑에)'라고 한다.
4) 김경숙(2015: 382~383)의 비교 자료를 보면 약 1920년대 경북에서는 '헤(혀)'형이 4개 군에만 나타나지만, 1980년대의 자료에는([지도30]과 같음) 무려 12군데에서 '헤(혀)'형이 나타나는 것을 볼 수 있다.
5) 김봉국(2001,《방인휙시전》: 324)
6) 오종갑(2021: 346~359)
7) 박보연(2023) 〈경기도 방언의 특징〉, 방언학 제 38호, 한국방언학회.
8) 유필재(2009:178)에서는 서울방언에서도 ㅂ-불규칙용언일 경우 모음조화의 양상은 약간 있기는 하지만 일반적으로 어간말 모음이 고모음이 아니면 '아'계 어미를 취한다고 한다.(예: 드:러와, 헐거와서, 무서와요)
9) 장승익(2019: 106)
10) 그런데 최근의 연구에 의하면 경북을 중심으로 '-아〉-어'의 확산이 두드러진다고 말하며 그 이유는 '도시위계에 따른 확산'으로 설명하고 있다.(김동은(2020),

〈경상북도 방언 모음조화의 변화〉, 국어학 94집, 국어학회)
11) 고동호(1997: 34~38)
12) 《한국언어지도》(2008: 157)
13) 박경래(2007: 144), 《방언 이야기》, 국립국어원 편, 태학사.
14) 김수영(2019)에서는 ㅅ-불규칙 어간 가운데 '낫-', '잇-', '젓-'은 서북·중부 방언에 'ㅿ' 탈락형이, 동북·서남·동남·제주방언에 'ㅿ〉ㅅ'를 겪은 예들이 보인다. 그런데 '긋-', '붓-', '짓-', '줍-'은 'ㅿ' 탈락형이 동남방언에까지 확산되는 양상을 보인다고 한다.
15) 정승철(2007: 150), 《방언 이야기》, 국립국어원 편, 태학사.
16) 이상 군 단위 바탕 백지도는 Naver 블로그 nero Kuro의 지도를 활용하였음.

4장
1) 박용후(《제주방언연구》, 1988: 62), 이기갑(2003: 37, 재인용)
2) 김영배(2007: 194), 《방언 이야기》, 태학사. 평안도에서 '레'는 1980년대 초반까지 집에서 자주 들을 수 있었다 한다. 그리고 사람뿐만 아니라 동물, 식물, 무생물, 용언의 명사형에도 쓰이었다 한다.
3) 황대화(2007: 164~166)
4) 이기갑(2003: 90)
5) 정승철(2024: 486)
6) 이기갑(2003: 93)
7) 김무식(2023: 81)
8) 황대화(2007: 181)
9) 윤예진·박미혜(2024: 73~94)
10) 문순덕, 김원보(2016: 124~129)
11) 제주경제일보(2023.5.16.)
12) 이기갑(2018: 155~160)
13) 최명옥(2015: 214)
14) 그래서 평안도에서는 [업써서]는 '없었어'와 '없어서'의 두 가지 의미를 갖고 있는데 구별 방법은 둘째 음절 '써'에 고조가 놓이면 '없엇어'의 뜻이고 그렇지 않으면 '없어서'의 뜻으로 그 의미가 구별되는 것이다(이병근·정인호 1999:42)

15) 김영황(1982: 83)
16) 정인호(2016: 287)
17) 최명옥(2015: 208)에서 동남방언의 지도를 인용함.

5장
1) 김정대(2006: 108~111)

6장
1) 양오진·황대화·김현주(2008: 117~143)
2) 최명옥(1980: 147)
3) 장승익(2019: 111)